Sabine Herm

Gemeinsam spielen, lernen und wachsen

Psychomotorik
in der integrativen Arbeit mit behinderten
und nichtbehinderten Kindern

Luchterhand

Die Deutsche Bibliothek - CIP-Einheitsaufnahme

Herm, Sabine
Gemeinsam spielen, lernen und wachsen : Psychomotorik in der
integrativen Arbeit mit behinderten und nichtbehinderten Kindern /
Sabine Herm. - Neuwied ; Kriftel ; Berlin : Luchterhand, 1996
ISBN 3-472-02865-3

Satz: Cornelia Stauß
Druck: Neumann Druck, Heidelberg
Printed in Germany, August 1996

Gedruckt auf säurefreiem, alterungsbeständigem und chlorfreiem Papier

Inhalt

1. Einleitung 6

2. Gemeinsame Erziehung behinderter und nichtbehinderter Kinder......... 7
   Kinder in Integrationsgruppen 9
   Eltern und Integration 13
   Was ändert sich für Erzieherinnen 18

3. Bausteine für die pädagogische Arbeit 26
   Beobachtung von Kindern 26
   Projektarbeit in Integrationsgruppen 29
   Bewegungsspiele - Bewegungsräume 31
   Kooperation zwischen Erzieherinnen und Therapeuten 33

4. Kinder mit Behinderungen in der Integrationsgruppe 42
   Hörbehinderung 43
   Sprachbehinderung 46
   Sehbehinderung 52
   Geistige Behinderung 57
   Körperbehinderung 62
   Wahrnehmungsstörung 71
   Verhaltensauffälligkeit 85
   Mehrfachbehinderung 89
   Schlußbemerkung 91

5. Bewegen ist Leben 92
   Durch Bewegung die Welt begreifen 93
   Behinderte Kinder und ihre Bewegung 94
   Berühren und berührt werden 95
   Körperbewußtsein - Körperschema - Körperausdruck 100
   Im Gleichgewicht sein 103

6. Psycho-Motorik 105
   Psychomotorik in der integrativen Arbeit 109
      Kommunikation und Beziehung - Basis für kindliche Entwicklung 110
   Hinweise für die Psychomotorische Praxis 113
      Zielsetzungen 113
      Rahmenbedingungen 116
      Freies und geplantes Spiel 117
      Binnendifferenzierung 119
      Rituale in der Psychomotorik 119
      Zusammenarbeit mit den Eltern 121
   Qualifikation der Erzieherinnen 122

7. Psychomotorische Praxis 124
   Taktile Wahrnehmung 125
   Optische Wahrnehmung 136
   Akustische Wahrnehmung 144
   Körpererfahrungen 151
   Im Gleichgewicht sein 160
   Orientierung im Raum 171
   Fingerspiele und Bewegungsgeschichten 180

Literatur 190
Nachtrag 192

1.
Einleitung

Jedes Kind und jeder Erwachsene reagiert nur auf die Umwelt, so wie sie ihm erfahrbar und erfühlbar ist, dies ist seine Realität.

Zur Realität von vielen Kindern mit einer Behinderung gehört es, daß sie isoliert und ohne Kontakt zu nichtbehinderten Kindern aufwachsen. Realität für andere "nichtbehinderte" Kinder ist wiederum, daß sie keinerlei Alltagserfahrungen mit Menschen, die wir als "behindert" beschreiben, sammeln können. Ein Gefühl von Fremdheit, viele Verhaltensunsicherheiten, Kommunikationsprobleme u.a.m. sind die Folgen, die auch wir Erwachsene gut kennen.

Wenn wir kleinen Kindern die Möglichkeit zum gemeinsamen Aufwachsen in Kindertageseinrichtungen bieten, können sie frühzeitig mit den ganz unterschiedlichen Fähigkeiten und Entwicklungsverläufen anderer Kinder in Kontakt treten und voneinander und miteinander lernen. Wenn die erwachsenen Begleiter und Begleiterinnen dieses kindlichen Entwicklungsprozesses in erster Linie das gemeinsame aller Kinder, nämlich die Wünsche nach Annahme, Kommunikation und Beziehung, ihre kindliche Neugier auf die Welt, ihr Bedürfnis nach Bewegung und Eigenaktivität, ihre Freude und Lust, sich zu entfalten, wachsen und Grenzerfahrungen zu machen, wahrnehmen können, dann ist die Basis für das Konzept der "Gemeinsamen Erziehung behinderter und nichtbehinderter Kinder" geschaffen. Gemeinsam werden für alle individuelle Entwicklungsschritte möglich.

Das vorliegende Buch ist in meiner Praxis als Kindertagesstätten-Beraterin, Supervisorin und Psychomotorikerin entstanden und orientiert sich an den Fragestellungen der Erzieherinnen, Therapeuten und Eltern sowie an meinen Erfahrungen mit vielen behinderten und nichtbehinderten Kindern im alltäglichen Zusammenleben in Kindertagesstätten.

Das Buch will die Notwendigkeit der "gemeinsamen Erziehung" in Tageseinrichtungen nahebringen und konkrete Hilfestellungen dazu anbieten. Es wird auf die unterschiedlichen Behinderungen, aber auch auf das Gemeinsame in der frühkindlichen Entwicklung eingegangen.

Ein Schwerpunkt des Buches besteht darin, das kindliche Bedürfnis nach Bewegung als Motor der frühkindlichen Entwicklung zu verdeutlichen.

Erzieherinnen und Therapeuten können diesen Entwicklungsprozeß durch Psychomotorik in besonderer, kindgemäßer Weise begleiten.

Im Praxisteil finden sich dazu die verschiedenen psychomotorischen Spiele für die Arbeit in Gruppen, aber auch für die Einzelarbeit.

Ich habe meine Ausführungen an einigen Stellen durch Beispiele aus meiner Praxis veranschaulicht, alle Personennamen sind hierfür geändert worden.

Da der Beruf der Erzieherin nach wie vor ein typischer Frauenberuf ist, verwende ich durchgängig die weibliche Berufsbezeichnung. Die wenigen Erzieher mögen sich dadurch bitte nicht ausgeschlossen fühlen.

2.
Gemeinsame Erziehung behinderter und nichtbehinderter Kinder

In den letzten Jahren sind an mehreren Orten in der Bundesrepublik Modellversuche zur gemeinsamen Erziehung behinderter und nichtbehinderter Kinder gestartet worden. Die gemeinsame Erziehung soll dabei im Regelkindergarten "um die Ecke", im unmittelbaren Wohnumfeld und im Kontakt mit Kindern und Eltern aus der Nachbarschaft möglich werden.

Integrationskindergarten, Integrationskindertagesstätte, Integrationsgruppe oder integrative Arbeit sind neue Begriffe, die im Kern darauf verweisen, daß etwas zusammengefügt, integriert (lat. integrare) werden soll, das vorher getrennt war. Die große Mehrheit der behinderten Kinder wächst, getrennt von gleichaltrigen Kindern, in Sonderkindergärten und anschließend in Sonderschulen auf. Auch wenn in diesen Sondereinrichtungen engagierte und gut ausgebildete Fachkräfte arbeiten, bedeutet es für Kinder und Eltern Aussonderung und Isolation vom normalen gesellschaftlichen Lebensalltag.

Anfang der 70er Jahre begannen in der Bundesrepublik Deutschland engagierte Eltern behinderter Kinder und andere interessierte Eltern und Pädagogen mit ihren Bemühungen, behinderte und nichtbehinderte Kinder in Spielgruppen und Kindergartengruppen gemeinsam aufwachsen zu lassen.

Eines der ersten offiziellen Dokumente, in dem öffentlich über eine gemeinsame Erziehung von Kindern im Alter von 3 - 6 Jahren nachgedacht wurde, war die Empfehlung des Deutschen Bildungsrates "Zur pädagogischen Förderung behinderter und von Behinderung bedrohter Kinder und Jugendlicher" im Dezember 1973. Als Fazit wurde die Integration von Behinderten in die allgemeinen Bildungseinrichtungen empfohlen, weil, "...die Integration Behinderter in die Gesellschaft eine der vordringlichen Aufgaben jedes demokratischen Staates ist." (Deutscher Bildungsrat 1973, S. 16). Es wurde darauf aufmerksam gemacht, daß eine frühe Aussonderung im Kindesalter Gefahren von Desintegration erwachsener Behinderter birgt.

Empfehlungen, so bedeutsam sie auch sein mögen, sind unverbindlich und in den Jahren nach dieser Veröffentlichung blieb die "gemeinsame Erziehung" lange Zeit auf engagierte Einzelinitiativen beschränkt.

Erst 1981, im "Jahr der Behinderten" (UNO), in dem weltweit auf die Situation von behinderten Menschen aufmerksam gemacht wurde, bekam der integrative Ansatz des "Deutschen Bildungsrates" erneut öffentliche Bedeutung. Im Bericht der "Nationalen Kommission für das internationale Jahr des Behinderten" wurde gefordert, daß sich die Förderung behinderter Kinder vorwiegend an ihrer Lebenssituation orientieren soll und sich daher die Einrichtungen der öffentlichen Kindererziehung für behinderte Kinder öffnen müßten.

"Die allgemeinen Kindergärten müssen auf die sonderpädagogische Arbeit vorbereitet und entsprechend ausgestattet sein. Dies betrifft sowohl die bauliche Gestaltung als auch den Einsatz von Fachpersonal, die Verfügbarkeit über entsprechende Spiel- und Arbeitsmaterialien und eine Gruppengröße, die eine hinreichend individuelle Förderung ermöglicht." (Nationale Kommission für das Internationale Jahr des Behinderten 1981, zitiert nach J. Muth, S. 62).

In den folgenden Jahren öffneten sich einige Regelkindergärten für behinderte Kinder. Zumeist als Einzelintegration, aber auch in Form einer Kooperation zwischen Regel- und Sonderkindergarten konnten neue Ansätze des Zusammenlebens der Kinder erprobt werden. Die interessierte Öffentlichkeit beobachtete diese neuen pädagogischen Konzepte wohlwollend. In einem Bericht für die Konferenz der Jugendminister aller Bundesländer im Jahre 1985 war zu lesen: "Das besondere an dieser Entwicklung besteht darin, daß hier der Kindergarten als Elementarbereich des allgemeinen Erziehungs- und Bildungswesens zum Ort der gesellschaftlichen Eingliederung der Behinderten wird." (Muth, S. 63)

In verschiedenen Bundesländern, wie z.b. Bayern, Berlin, Hessen, Nordrhein-Westfalen, Rheinland-Pfalz und dem Saarland, folgten staatlich unterstützte Modellversuche zur "gemeinsamen Erziehung" im Elementarbereich. Die Ergebnisse ähnelten einander in den wesentlichen Punkten und zwar:

• Integrative Arbeitsformen wirken sich auf behinderte wie nichtbehinderte Kinder anregend und förderlich aus.

• Die vielfältigen Begegnungsmöglichkeiten von Kindern mit unterschiedlichen Voraussetzungen bringen Erfahrungen und Kompetenzen mit sich, wie es im Alltag eines Regelkindergartens schwer möglich ist.

• Die Familien von Kindern mit einer Behinderung können sich verstärkt in den normalen gesellschaftlichen Lebensprozeß eingliedern.

In allen Berichten werden als Voraussetzungen für das gute Gelingen dieses zukunftsorientierten pädagogischen Konzeptes eine adäquate bauliche und sachliche Ausstattung sowie die Qualifizierung und fachliche Begleitung der Erzieherinnen genannt. Zudem müssen die unterstützenden Therapeuten ihr Konzept an den situativen Bedingungen eines Kindergartenalltags orientieren.

Diese positiven und optimistischen Empfehlungen und Forderungen nach einer integrativen Erziehung in öffentlichen Kindereinrichtungen haben allerdings auch ein Jahrzehnt später (1996) noch nicht dazu geführt, daß das Bedürfnis nach einem gemeinsamen Aufwachsen der Kinder allgemeines Konzept für Kindergärten und Schulen und selbstverständlicher Anspruch von Eltern behinderter Kinder geworden ist.

Im Land Berlin stellte der Senat im Sommer 1987 Mittel zur Verfügung, um in Regelkindertagesstätten behinderte Kinder aufnehmen und integrieren zu können. Eine therapeutische Grundversorgung in der Kindertagesstätte, zusätzliche qualifizierte Erzieherinnen ("Stützpädagoginnen" genannt) mit einem festgelegten, zusätzlichen Stundenanteil in den Integrationsgruppen und einige Sachmittel bildeten das Fundament für diese neue pädagogische und gesellschaftliche Aufgabe.

Kindereinrichtungen in staatlicher wie freier Trägerschaft beteiligten sich an diesem Projekt und sammelten Erfahrungen. Mit viel Engagement wurden Konzepte zur gemeinsamen Erziehung entwickelt, diskutiert und immer wieder durch die alltägliche Praxis verändert und erweitert. Zunächst gab es nur wenige Plätze, die behinderten Kindern zur Verfügung standen. In den folgenden Jahren konnte die integrative Arbeit mit dem erklärten Ziel der politisch Verantwortlichen ausgeweitet werden: "Die Kita der Zukunft soll eine KITA FÜR ALLE KINDER sein, ohne Ausnahme, und zwar dort, wo die Kinder wohnen und leben." (Dries, A. u.a.: Gemeinsame Erziehung von behinderten und nichtbehinderten Kindern 1990, S. 7)

Leider erleben die betroffenen Kinder, Eltern, Pädagogen und Therapeuten derzeit, daß die Fortschreibung einer gemeinsamen Kindererziehung stagniert, sogar von Kürzungen betroffen ist und der Anspruch, eine Kita für alle Kinder gestalten zu wollen, in weite Ferne gerückt ist. Aufgrund allgemeiner finanzieller Schwierigkeiten werden die Prioritäten in Berlin und an anderen Orten ganz anders gesetzt und eine angemessene finanzielle Absicherung der bestehenden integrativen Arbeit oder gar eine Erweiterung dieses Projektes wird nicht gewährleistet.

Kinder in Integrationsgruppen

In einer integrativen Kindergruppe leben, spielen und lernen behinderte und nichtbehinderte Kinder miteinander.

* Was bedeutet dies für Kinder im alltäglichen Umgang miteinander?
* Wie nehmen kleine Kinder die Behinderungen und Einschränkungen ihrer Spielgefährten wahr, und wie verarbeiten sie diese Unterschiede?

Es gelingt nur im konkreten Einzelfall, mit Kenntnis der individuellen Bedingungen und Möglichkeiten, diese und andere wichtige Fragen hinreichend zu beantworten. Aus den vorhandenen Erfahrungen und Ergebnissen der bisherigen integrativen Arbeit möchte ich jedoch einige grundsätzliche Antworten geben.

Kindergärten oder Kindertagesstätten sind Bildungseinrichtungen, in denen kleine Kinder in ihrer Persönlichkeitsentwicklung unterstützt werden und gemeinsam Erfahrungen mit Menschen, Dingen und Ereignissen in ihrer Umwelt machen.
Sie entfalten mit Unterstützung durch Pädagogen ihre kreativen Fähigkeiten, ihre Motorik und ihre Sinneswahrnehmung. Sie entwickeln ihr Kontakt- und Sprachvermögen, ihre Fähigkeit zu selbständigem Handeln und erwerben Kompetenzen im sozialen Verhalten.
Durch vielfältige Bewegungsaktionen eignen sich die Kinder die noch unbekannte Umwelt an. Für jedes Kind (behindert wie nichtbehindert) sind hierfür ein geborgener und geschützter Raum (Kindertagesstätte) und verantwortungsbewußte, aufmerksame Begleiterinnen von derselben elementaren Bedeutung.
Behinderte Kinder haben die gleichen Bedürfnisse nach Bewegung, Sinneserfahrung, Kontakt, Zuwendung, Nahrung, Ruhe, Aktivität usw. wie alle anderen Kinder. Unterschiedlich ist oft die Art und Weise, wie sie ihre Bedürfnisse äußern können und welche zusätzlichen Unterstützungen und Fördermaßnahmen von Pädagogen und Therapeuten gegeben werden können.

Die Grundbedürfnisse der Kinder sind zwar ähnlich, dennoch bestehen, realistisch betrachtet, für viele Kinder Einschränkungen in der Entwicklung spezifischer Fertigkeiten. Mit diesen Einschränkungen leben zu lernen und akzeptiert zu werden und andererseits alle Ressourcen zu nutzen, ist ein Ziel der integrativen Arbeit.

Ein anderes Lernziel, die "soziale Kompetenz", erhält im Konzept der "gemeinsamen Erziehung" ein besonderes Gewicht. Wir wissen, daß in einer Kindergruppe jedes Kind für jedes andere Kind erzieherisch bedeutsam ist. Durch andere Kinder bekommen sie Entwicklungsanreize in großer Vielfalt und können im Zusammenleben Ähnlichkeiten wie Verschiedenheiten im Anderen entdecken. Im Miteinander und Gegeneinander können die Kinder Stärken und Schwächen erkennen, lernen damit umzugehen und toleranter zu sich und anderen Spielgefährten zu sein. Die Akzeptanz von Verschiedenartigkeit und Verschieden-Sein der Menschen ist in integrativ arbeitenden Kindergruppen alltägliches Lernziel und nicht an besondere Projekte gebunden.

Was verbinden kleine Kinder mit dem Begriff "behindert" und wie nehmen sie im Zusammenleben behinderte Kinder wahr?

Mit dem Begriff "behindert" verbindet ein Kind von zwei, drei oder vier Jahren zunächst wenig, ein Kind kann einfach noch nicht laufen, nicht sprechen oder sich nicht alleine anziehen. Dies ist ihnen aus der eigenen Entwicklungsgeschichte noch gut vertraut. Sie registrieren eher die Fakten, d.h. ein Spielgefährte greift eben nur mit einer Hand, juchzt komisch beim Liedersingen oder hat Schwierigkeiten beim Treppensteigen. Der kindlichen Erfahrungswelt liegt noch fern, daß diese Besonderheiten in der Gesellschaft mit dem Begriff "behindert" belegt sind. Für Kinder sind in erster Linie konkret sinnliche Erlebnisse und individuelle Erfahrungen im Kontakt miteinander von Bedeutung. Diese werden beobachtet und, wenn nötig, auch (kritisch) kommentiert.

Die gesellschaftlich negative Wertung im Begriff "behindert" erkennen und spüren die Kinder, behinderte wie nichtbehinderte, im Verlaufe der Kindergartenzeit jedoch deutlich.

In der Regel fallen kleinen Kindern als erstes die Einschränkungen im motorischen Bereich auf. Die Fähigkeiten zu gehen, rennen, klettern usw. sind gerade erworben, tragen zur Selbständigkeit bei und haben daher eine große Bedeutung.

Aufmerksamkeit erhalten auch die Kinder der gleicher Altersstufe, die kaum hören oder sehen und nicht alleine essen können. Aufgrund der voranschreitenden Entwicklung in diesen Bereichen und der damit verbundenen größeren Autonomie und den eigenständigen Möglichkeiten zur Bedürfnisbefriedigung verwundert es nicht, daß Kinder auf die Schwierigkeiten anderer, nahezu gleichaltriger Kinder aufmerksam werden und sich Gedanken machen.

Dagegen fallen kleinen Kindern Verständnisprobleme oder gravierende geistige Beeinträchtigungen von Spielgefährten zunächst nicht als bemerkenswert auf. Geistige Fähigkeiten kann man nicht sehen, sie können nur im Umgang miteinander, durch Handlungen oder Sprache, erlebt werden. Wenn Kinder mit einer geistigen Behinderung Schwierigkeiten im Äußern von Bedürfnissen haben, Spielregeln nicht durchschauen oder ein mangelndes Verständnis für bestimmte Situationen im Gruppenalltag zeigen, so ist dieses Verhalten jüngeren Kindern noch vertraut und wenig bemerkenswert.

Geistige Beeinträchtigungen nehmen die Kinder allerdings mit zunehmendem Alter in bestimmten Situationen auf der Sprach- und Handlungsebene deutlicher wahr. Fragen werden laut, wie z.b.: Warum antwortet ein Kind nicht? oder: Warum kann ich etwas nicht verständlich machen?

Trotz gelegentlich mißglückter Interaktionen lassen sich die Kinder nicht davon abhalten, auf geistig behinderte Kinder ebenso wie auf die übrigen Kinder in der Gruppe einzugehen und Gemeinsamkeiten für ein beiderseits befriedigendes Spiel herauszufinden. Anregungen durch andere Kinder können oft zu besseren Entwicklungsimpulsen für geistig behinderte Kinder führen, als es selbst verständnisvollen Erwachsenen gelingt.

Mitunter stoßen kleine Kinder auf einen Widerspruch mit ihrem bisherigen Weltbild, wenn größere und ältere Kinder bestimmte Fertigkeiten noch nicht erworben haben, z.b. noch nicht laufen oder alleine essen können. Dies gibt zunächst Anlaß zu Irritationen, und die Kinder werden in sehr direkter Weise nach Erklärungen fragen.

Manchmal werden auch eigene unbefriedigte Bedürfnisse nach Zuwendung und Versorgung aktualisiert, z.b. dann, wenn ein Kind die Erzieherin in liebevollem Kontakt mit einem behinderten Kind beim Buchvorlesen in der Kuschelecke, beim Schmusen oder vertieft in ein gemeinsames Spiel erlebt. Nicht selten schließt sich dann ein nichtbehindertes Kind dem anderen Kind an, um auch von der gemütlichen Atmosphäre, von der Zuwendung und der besonderen Ansprache zu profitieren. Wichtige soziale Kontakte können auf diese Weise für beide Kinder entstehen.

Als entlastend erleben viele Kinder in einer gelungenen integrativen Arbeit die Gelassenheit und Akzeptanz der Erzieherinnen im Umgang mit Fehlern und Schwächen. Gerade Kinder stehen in unserer leistungsorientierten Gesellschaft schon im vorschulischen Alter unter hohem Erwartungsdruck von Eltern, Verwandten, Nachbarschaft, Pädagogen usw. Gelingt es den Erzieherinnen, ihren Kindern in der Gruppe diesen Leistungsdruck zu nehmen und sie in ihrer individuellen Persönlichkeit ernst zu nehmen, dann beobachten wir in integrativen Kindergruppen einen deutlich verminderten aggressiven Umgang miteinander.

Lied aus dem GRIPS-Theater in Berlin

Manche von uns fahren Rollstuhl,
manche von uns gehen auf Krücken,
manche haben steife Hände,
manche einen krummen Rücken.
Manche gucken komisch,
oder ducken sich komisch,
oder schlucken komisch,
oder zucken ganz komisch.
Manche hinken komisch,
oder winken komisch,
oder reden oder essen oder trinken komisch.
Manche von uns wirken fröhlich,
manche andere sehr, sehr ernst.
Doch du wirst nichts dabei finden,
wenn du uns erst kennenlernst.
Manchen zittern alle Glieder,
manche lachen schrecklich laut.
Doch lernst du uns erst mal kennen,
sind wir dir sehr schnell vertraut.
Wie ein Baum an Blättern reich ist,
und kein Baum dem andern gleich ist,
sind wir hunderte Millionen ganz verschiedene Menschen
wie du!

(MC "Die große Gripsparade Nr. 3", Pläne-Verlag)

Eltern und Integration

Schon lange vor der Geburt ihres Kindes machen die werdenden Mütter und Väter Pläne für die gemeinsame Zukunft und sind voller Erwartungen, Wünsche und Hoffnungen. Heimliche Befürchtungen, ob wohl alles in Ordnung und das Kind gesund sein wird, begleiten mitunter die Schwangerschaft. Nur wenige Anomalien oder Behinderungen können während der Schwangerschaft herausgefunden werden (z.B. das Down-Syndrom). Einige Schädigungen ereignen sich während oder kurz nach der Geburt (z.B. durch Sauerstoffmangel im Gehirn) und können bald festgestellt werden. Andere Behinderungen, vor allem Hör- und Sehstörungen, werden häufig erst im Verlauf der ersten beiden Lebensjahre deutlich. Hinzu kommen Behinderungen durch Krankheiten oder Unfälle in der frühen Kindheit. Zu welchem Zeitpunkt auch immer Eltern kleiner Kinder mit Gewißheit erfahren, daß ihr Kind behindert und die normale Entwicklung beeinträchtigt ist, es bedeutet zunächst das Ende aller Pläne und Hoffnungen auf eine unbeschwerte Zukunft. Mit dem Schock, der Verzweiflung und der tiefen Trauer nach der Diagnose "behindert" sind die Eltern meistens allein. Oft ziehen sich Bekannte, Freunde oder Verwandte aufgrund eigener Ängste und Unsicherheiten zurück und isolieren damit die Eltern noch mehr.

Zur Trauer um das gemeinsame Schicksal gesellen sich Fragen wie:
• Warum gerade unser Kind?
• Was haben wir falsch gemacht?
• Was wird später werden?
• Kann unser Kind jemals mit anderen Kindern spielen?
• Welche Schule wird das Kind besuchen?
• Kann es ein eigenständiges Leben führen?

Diese Fragen und die damit verbundenen Sorgen und Ängste der Eltern sind sehr gut zu verstehen. In unserer Gesellschaft gibt es noch immer eine mangelhafte Unterstützung und zu selten konkrete Beispiele für eine befriedigende Lebensperspektive von Kindern, Jugendlichen oder erwachsenen Menschen mit schwerwiegenden Behinderungen.

Der Italiener Adriano Milani-Comparetti, ein Kinderarzt, Sozialmediziner und Psychiater (gestorben 1986), hat die integrative Arbeit auch in Deutschland beeinflußt. In seinem Institut in Florenz widmete er sich engagiert der Integration von Kindern mit Behinderung, neuen pädagogischen und therapeutischen Ansätzen und der Entwicklung der bestehenden "Medizin der Krankheit" zu einer "Medizin der Gesundheit".

Die wesentliche Kritik an der "Krankheitsmedizin" bezieht sich darauf, daß eine Konzentration auf die Krankheit des Patienten stattfindet und den Menschen deshalb in kranke und gesunde Teile aufspaltet. Die ganzheitliche Persönlichkeit, eingebunden in den individuellen und sozialen Lebenskontext, wird auf diese Weise völlig aus den Augen verloren.

Diese Aufspaltung in Gesundes und Krankes oder Behindertes und Nicht-behindertes hat zur Folge, daß wir Menschen aus Angst vor Leid und dem dadurch verkörperten "Bösen" (Milani-Comparetti benutzt diesen Begriff in Anlehnung an die psychoanalytische Terminologie von Melanie Klein) unbewußt Abwehr-mechanismen aufbauen. Milani-Comparetti geht davon aus, daß die Begegnung mit einem behinderten Kind oder einem behinderten Erwachsenen Angst macht. Die Hintergründe für diese Angst können ganz unterschiedlich sein, z.b. Angst, ein ähnliches Schicksal zu erleiden, Angst vor tiefen Gefühlsregungen, Angst vor die-ser Andersartigkeit oder Ängste aufgrund einer großen Unsicherheit und Hand-lungsunfähigkeit im Umgang mit behinderten Menschen.

Zur Abwehr oder Bewältigung dieser Angst, die Milani-Comparetti "Angst vor dem Bösen" nennt, werden verschiedene Wege beschritten. Er beschreibt drei unterschiedliche Positionen und Haltungen, die bei Menschen (Eltern der behin-derten Kinder, ebenso wie anderen Erwachsenen) in unserer Gesellschaft anzu-treffen sind. Diese Verhaltensweisen, die Milani-Comparetti beschreibt, reichen von einer Verleugnung der Behinderung bis hin zum Akzeptieren dieser Andersar-tigkeit als Basis für eine reale Auseinandersetzung mit dem behinderten Kind.

Die erste und zweite Position nennt Milani-Comparetti "Formen der Abwehr", die dritte Position "Realitätsbewußtsein".

---

1. POSITION DER VERLEUGNUNG
Verleugnung des Bösen
- Schockphase
- Ablehnung der Realität
- Ablehnung des Bewußtseins der Unterschiedlichkeit

2. SCHIZO-PARANOIDE POSITION
Aggression gegen das Böse
- Schuldgefühl
- phobische Angst, magische Rituale
- Reparaturtherapie (= bedrängende "Verbesserungs"-Abwehr)
- wilde Rehabilitation

Aggression gegen den Kranken
- Ablehnung der Andersartigkeit
- Rassismus, aggressive Maßnahmen, Aussonderung und totale Institutionalisierung

3. DEPRESSIVE POSITION
Akzeptieren des Bösen
- Trauerverarbeitung
- Akzeptieren der Realität ohne Verfolgungsangst
- Integration in das Beziehungssystem
- Verantwortung der Familie und der Gemeinschaft für die Rehabilitation
- Integration in das System der sozialen Bindungen
- Eingliederung in das Schul- und Arbeitsleben,
- Abbau von Barrieren
(zitiert nach Milani-Comparetti, S. 1O)

Auch wenn die Positionen oder Haltungen gegenüber Behinderten selten in dieser klaren Kategorisierung zu finden sind, so wird doch deutlich, daß ohne ein Akzeptieren der Andersartigkeit des Kindes keine adäquate Förderung und keine wirkliche Integration geleistet werden kann.

Die dritte Position stellt an den Beginn von "Akzeptieren der Realität" und Integration in die Gemeinschaft die Trauerverarbeitung.

Diese Phase des Spürens, Zulassens und Durchlebens des Gefühls von tiefer Trauer ist für Eltern zu ihrer inneren Entlastung und Befreiung (Katharsis) notwendig und wichtig. Nur so kann später der Blick nach vorne gerichtet und alle Energien positiv und konstruktiv zum Aufbau der Beziehung mit dem kleinen Kind genutzt werden. Ein großer Schritt in Richtung Normalisierung des gemeinsamen Lebens ist getan, wenn die Eltern eines behinderten Kindes, wie alle Eltern, Pläne für gemeinsame Aktivitäten schmieden.

Im Vordergrund stehen dann nicht mehr ausschließlich die Defizite, Schwächen und zukünftigen Probleme mit dem Kind, sondern es wird möglich, das ganze kleine Wesen, auch seine Stärken und Besonderheiten, wahrzunehmen.

Wenn die Personen im Umfeld der Familie den Säugling trotz seiner Entwicklungsstörungen herzlich willkommen heißen und zugleich die Eltern in ihrer Sorge und Trauer verstehen, ist ein Anfang zur Integration in die Gemeinschaft gelungen.

Die meisten Eltern von behinderten Kindern wünschen sich ein gemeinsames Aufwachsen ihres Kindes mit Spielgefährten in der Nachbarschaft, im Kindergarten und später in der Schule. Gleichzeitig gibt es Befürchtungen, im Zusammensein mit den anderen Eltern immer wieder die besonderen Schwierigkeiten des Kindes erläutern zu müssen und im Vergleich mit altersgleichen Spielgefährten ständig auf die Defizite aufmerksam gemacht zu werden.

Wenn sich Eltern für eine gemeinsame Erziehung in einer Kindereinrichtung entschieden haben, stellt sich die Frage nach dem günstigsten Zeitpunkt für den Beginn.

Ebenso wie bei Eltern nichtbehinderter Kinder muß nach der individuellen Lebenssituation, den Bedürfnissen des Kindes und dem Angebot an Kindereinrichtungen im Wohnumfeld entschieden werden.

Väter und Mütter von Kindern mit einer Behinderung setzen sich im allgemeinen mit folgenden Fragen sehr intensiv auseinander:

- Darf ich mich schon von meinem Kind trennen?
- Wird die Erzieherin mein Kind annehmen und liebhaben können?
- Geht mein Kind in der Kindergruppe mit nichtbehinderten Kindern unter?
- Kann es genügend gefördert werden?
- Wie nehmen uns die anderen Eltern auf? u.a.m.

Die Eltern sind auf eine verständnisvolle Beratung und realistische Antworten von der zukünftigen Gruppenerzieherin angewiesen.

Wann soll das Kind in den Kindergarten?

In meiner Beratungs- und Supervisionsarbeit habe ich die Erfahrung gemacht, daß ein frühzeitiger Eintritt in eine Kindertagesstätte für die meisten Kinder und Eltern von Vorteil ist. Zwei Beispiele dazu:

Von einer Gruppenerzieherin werde ich zur Beratung in ihre Kindergruppe gebeten und lerne die Geschichte von Marek kennen.

Marek P., ein Junge mit einem Down-Syndrom, wurde mit 3¾ Jahren in einer Kindertagesstätte, die viel Erfahrung mit der integrativen Arbeit hat, aufgenommen. Bis zu diesem Zeitpunkt lebte Marek nur zu Hause und vorwiegend mit seiner Mutter zusammen. Der Vater mußte beruflich viel unterwegs sein, Sorge und Verantwortung für Marek lasteten daher hauptsächlich auf der Mutter. Frau P. konnte sich mit der Behinderung ihres Sohnes und dem gemeinsamen Schicksal schwer abfinden. Sie reiste häufig in andere Städte zu "Wunderärzten", die mit Frischzellen und anderen Methoden Besserung oder Heilung versprachen.

In der Öffentlichkeit, in der Nachbarschaft oder beim Einkaufen zeigte sich Frau P. kaum mit ihrem Sohn, sie konnte die Blicke der Menschen nicht ertragen. Zwar war die Anmeldung in die Kindertagesstätte ein erster Schritt in die Öffentlichkeit und heraus aus der Isolierung, aber dieser Schritt war von vielen zwiespältigen Gefühlen, Ängsten und großem Mißtrauen begleitet.

Marek wurde von den Erzieherinnen und Kindern liebevoll aufgenommen, aber für Frau P. begannen neue Schwierigkeiten. Bisher, für knapp 4 Jahre, war sie der Mittelpunkt für ihren Sohn gewesen und hatte ihr eigenes Leben auf die Sorge um Marek konzentriert. Die freien Stunden am Vormittag, in denen Marek nun in der Kindergruppe spielte, waren zwar eine Entlastung, aber für Frau P. schwer anderweitig auszufüllen. Die Mutter freute sich, wenn Marek morgens von ihrem Arm sofort auf den Arm der Gruppenerzieherin wechselte, war aber zugleich auch enttäuscht, daß der Junge sich so einfach anderen Personen (Ersatzmüttern) zuwandte. Sie korrigierte die Erzieherinnen häufig in ihrem Tun mit Marek, aber äußerte auch Freude darüber, daß sie so gut mit ihrem Kind umgehen könnten. Oft klagte sie in den Bringe- oder Abholzeiten über ihre schwierige Situation, Kontaktangebote anderer Eltern konnte sie hingegen schwer annehmen.

Die ambivalenten Gefühle der Mutter in bezug auf die Unterbringung des behinderten Sohnes in einer öffentlichen Kindereinrichtung, verbunden mit Schuldgefühlen, Erziehungsunsicherheiten, Problemen mit der Ablösung und zusätzlichen Sorgen um die Zukunft, begannen auch Marek zu verunsichern. Er weinte viel, störte andere Kinder und zeigte viele weitere problematische Verhaltensweisen in der Kindertagesstätte. Die Erzieherinnen waren ratlos und enttäuscht.

Viele Gespräche mit den Erzieherinnen und der Mutter und schließlich auch gemeinsam mit beiden Elternteilen, waren notwendig, um die Situation für Marek und alle übrigen Beteiligten zu verbessern.

Im zweiten Beispiel handelt es sich ebenfalls um ein Kind mit Down-Syndrom. In einer neu errichteten Kindertagesstätte mit Plätzen für Krippenkinder meldeten Eltern aus dem Wohnumfeld ihre Kinder schon frühzeitig an, um einen der wenigen Krippenplätze zu erhalten.

Herr und Frau K. wohnten unmittelbar neben der neuen Kita, sie erwarteten ein Kind und hatten frühzeitig einen Krippenplatz beantragt. Ihr Baby sollte mit etwa 9 Monaten in die Kindergruppe eingewöhnt werden.

Sebastian, das erste Kind in dieser Familie, wurde mit einem Down-Syndrom geboren. Der Schock der jungen Eltern saß tief, und sie waren ratlos, wie alles weitergehen würde.

Nachdem die Eltern in der Lage waren, der Kita-Leiterin die neue Situation zu schildern, und zaghaft nach der Möglichkeit eines Platzes trotz dieser Behinderung fragten, wurde ich um ausführliche Beratungsgespräche gebeten. Die Erzieherinnen hatten zwar noch keine Erfahrung mit integrativer Erziehung, entschlossen sich aber, Sebastian aufzunehmen, und zwar wie ursprünglich geplant, d.h. mit 9 Monaten. Allerdings sollte die tägliche Verweildauer in der Kindergruppe auf nur zwei Stunden am Vormittag begrenzt sein.

Dieser frühe Zeitpunkt der Kontaktaufnahme zwischen Eltern und Erzieherinnen hatte sehr positive Auswirkungen auf die Entwicklung von Sebastian und seine Familie. Die Mutter nahm frühzeitig Kontakt mit der zukünftigen Gruppenerzieherin auf und besuchte mit ihrem Sohn gelegentlich die Kinder und Erzieherinnen auf dem Kita-Spielplatz. Beide wurden mit Interesse aufgenommen. Hier kam sie auch ins Gespräch mit einigen anderen Eltern. Im Alter von 9 Monaten wurde Sebastian dann in der Kinderkrippe eingewöhnt. Diese Phase verlief für Eltern, Erzieherinnen und den Jungen ganz unproblematisch. Die Erwachsenen hatten bereits Vertrauen zueinander, die Familie fühlte sich in der Kita nicht als Außenseiter, und das wirkte sich auf Sebastians neue Lebenssituation sehr förderlich aus.

Auch wenn trotz dieser ersten Schritte in ein "normales" Kinderleben, Trauer und Sorge der Eltern oft zu spüren waren, und die Eltern ihre vorher geplante Lebensgestaltung verändern mußten, hatte dieser frühe Schritt in die Öffentlichkeit den Eltern geholfen, sich realitätsbezogen auf die neue Situation einzustellen und mit ihrem Kind einen Platz in der Nachbarschaft zu finden. Inzwischen besucht Sebastian, gemeinsam mit den altersgleichen Kindern, die Vorschulgruppe dieser Integrations-Kindertagesstätte.

An diesen Beispielen wird deutlich, welch unterstützende Funktion die gemeinsame öffentliche Kindererziehung für die ganze Familie haben kann und daß sich eine frühzeitige Aufnahme in eine Integrationsgruppe entwicklungsfördernd auswirken kann. Veränderte Rahmenbedingungen für die Anfangsphase, wie z.B. kürzere Verweildauer in der Kita, ein sensibles Konzept zur Eingewöhnung, spezifische Fortbildungen und außerdem Beratung und personelle Unterstützung sind notwendige Voraussetzungen für das Gelingen eines frühzeitigen gemeinsamen Zusammenlebens.

Wenn die Integration auch auf der Ebene der Erwachsenen, d.h. unter den Eltern, gelingen soll, sind unterstützende Hilfen durch die Erzieherinnen notwendig (vergl. Abschnitt Elternarbeit).

Bisher wurde die integrative Erziehung aus der Sicht von Eltern eines behinderten Kindes betrachtet. Welche Position vertreten nun Eltern von nichtbehinderten Kindern? Einige Eltern von nichtbehinderten Kindern sind vertraut mit dem Konzept der gemeinsamen Erziehung und melden ihre Kinder bewußt in einer Integrations-Kindertagesstätte an. Andere Eltern hegen erhebliche Zweifel, ob ihr Kind dort auch richtig gefördert wird, neben den behinderten Kindern nicht zu kurz kommt oder vielleicht sogar schädliche Verhaltensweisen annimmt u.a.m. Diese Eltern sind meistens auch sehr unsicher, wie sie auf behinderte Kinder und deren Eltern zugehen sollen.

Diese Unsicherheiten und Sorgen der Eltern sind zunächst verständlich und müssen ernst genommen werden. Sie spiegeln die gesamtgesellschaftliche Realität von Ängsten und Unsicherheiten im Umgang mit behinderten Menschen wider. Eigene Erfahrungen haben die Eltern im allgemeinen nicht, aber hier, im vertrauten Rahmen einer Kindertagesstätte, können behutsam eigene Vorurteile überwunden und Kontakte geknüpft werden.

Bei der Anmeldung im Kindergarten oder auf Elternabenden bekommen die Eltern Gelegenheit, sich mit diesem Konzept vertraut zu machen und die positiven Auswirkungen für alle Kinder nachzuvollziehen.

Was ändert sich für Erzieherinnen

Die wenigsten Kindertagesstätten beginnen von Anfang an mit der "gemeinsamen Erziehung". In den meisten Kindergärten gibt es ganz unterschiedliche Anlässe für die Erörterung dieses Themas in Mitarbeitergesprächen:
• Ein behindertes Geschwisterkind soll aufgenommen werden.
• Eltern aus der Umgebung fragen nach einem Platz für ihr behindertes Kind.
• Kinder leben schon einige Zeit in der Kindergruppe, eine Behinderung stellt sich heraus, und pädagogische wie therapeutische Unterstützung wird nötig.
• Das Erzieherinnen-Team hat sich mit dem Konzept der "gemeinsamen Erziehung" befaßt und möchte diese neue pädagogische Zielsetzung erproben.
• Der Träger der Einrichtung ordnet integrative Erziehung an u.a.m.

Den Erzieherinnen bleibt selten genügend Zeit, um sich auf die neue Aufgabe ausführlich vorzubereiten und eine umfassende Konzeption zu entwickeln. Erzieherinnen mit Erfahrung in der Behindertenarbeit oder ausgebildete Heilpädagogen, die unterstützen können, stehen nicht immer zur Verfügung. Das schafft verständlicherweise oft eine unsichere, manche Mitarbeiterinnen auch ängstigende Ausgangsposition. Ich möchte hier einige Punkte ansprechen, um die Entscheidung für die integrative Arbeit zu erleichtern.

Eine Voraussetzung für das Gelingen dieser Arbeit ist, daß sich alle Mitarbeiterinnen einer Kindertagesstätte ausführlich mit dieser Thematik befassen, insbesondere mit der Frage: "Was ändert sich in einem Kindergarten mit gemeinsamer Erziehung behinderter und nichtbehinderter Kinder?"

"Einerseits wird sich in einer Integrationsgruppe sehr viel ändern - jedoch unter einem anderen Blickwinkel betrachtet, ändert sich fast gar nichts." (Herm (4), S.

17). Diese beiden Blickwinkel sollen etwas genauer erörtert werden. Zunächst wird die Eingangsfragestellung um einige weitere Fragen, die besprochen werden müssen, ergänzt.

- Welche Gruppenerzieherinnen sind für diese Aufgabe bereit, und in welcher Weise können alle übrigen Mitarbeiterinnen unterstützen?
- Sind unsere räumlichen und materiellen Bedingungen ausreichend, müssen wir etwas ändern?
- Wie werden die Kinder in der Gruppe oder in der ganzen Einrichtung auf die Aufnahme behinderter Kinder vorbereitet? - Ist dies überhaupt notwendig?
- Wie soll die Eingewöhnungsphase aussehen, und wer ist dafür zuständig?
- Wie werden die übrigen Eltern in der Einrichtung informiert und eventuelle Vorurteile abgebaut?
- Welche Art der Zusammenarbeit wünschen sich die Erzieherinnen in der Integrationsgruppe von den Eltern?
- Wie können die behinderten Kinder angemessen gefördert werden?
- Wer kann fachliche Unterstützung leisten?

Wenn behinderte Kinder in den Kindergarten aufgenommen werden sollen, ist die Erörterung dieser Fragen unabdingbar, aber im Grunde sind es Überlegungen, die bei jedem neuen Kind als Fundament einer professionellen, sinnvollen pädagogischen Arbeit gelten.

Team-Voraussetzungen für die "gemeinsame Erziehung"

Die integrative Arbeit beginnt in der Mitarbeiterrunde und nicht in der Kindergruppe. Ich habe selten so ergiebige und inhaltsreiche Mitarbeitergespräche erlebt, wie in Kindertagesstätten mit integrativer Erziehung. Die pädagogische Arbeit mit behinderten und nichtbehinderten Kindern berührt jeden Pädagogen weitaus mehr in seiner ganz persönlichen Lebensphilosophie, seinen Grundwerten, Einstellungen oder persönlichen Grenzziehungen als in einem "normalen" Kita-Betrieb. Daher sind diese Gespräche, in denen es notwendig ist, sich selber und die Kolleginnen aufmerksam wahrzunehmen, oft die Basis für die Integration der unterschiedlichen Erzieherpersönlichkeiten in ein kooperationsfähiges Team.

Wer ist geeignet für die Übernahme einer Integrationsgruppe? Einige Jahre Praxiserfahrung in der Erzieherinnentätigkeit und Sensibilität für Eltern und Kinder in besonderen Lebenssituationen sind zunächst notwendig, wenn in dieser Kindertagesstätte noch keine Erfahrungen mit behinderten Kindern gemacht worden sind. Eine heilpädagogische Zusatzqualifikation oder Erfahrungen mit behinderten Kindern sind wünschenswert, aber nicht grundsätzlich erforderlich. Aber in jedem Fall ist die Bereitschaft zu Fortbildung und Beratung notwendig.

Diese Erzieherinnen (zwei Erzieherinnen zumindest in der Kernzeit) sind von einer guten Zusammenarbeit aller Mitarbeiterinnen abhängig, Leiterin und Träger der Einrichtung müssen die Rahmenbedingungen gewährleisten, z.B.:

- Bereitstellung von angemessenen Räumlichkeiten, auch für Kleingruppenarbeit, Therapie und Gesprächsrunden

- Veranlassung von baulichen Veränderungen, die für das behinderte Kind eine Erleichterung für ein selbständiges Leben in dieser Gemeinschaft sind, z.B. Haltegriffe in Wasch- und Toilettenräumen, niedrigere Garderobenhaken, eine Rampe für Rollstuhlfahrer u.ä.
- Flexibilität im Tagesablauf, z.b. veränderte Essens- oder Schlafenszeiten bei Bedarf
- Gewährleistung von Vorbereitungszeit sowie Zeit für Gespräche mit Eltern, Therapeuten oder Beratern
- Unterstützung des notwendigen Anspruchs auf Fortbildung und Supervision.

Diese basalen Rahmenbedingungen sind für die integrative Arbeit unbedingt notwendig, aber im Grunde gelten die meisten dieser Forderungen auch für die ganz "normale" Erziehungsarbeit.

Auch die notwendige Unterstützung durch die anderen Kolleginnen mit Akzeptanz und Aufmerksamkeit, Hilfe in Notsituationen und Bereitschaft zum fachlichen Austausch - unerläßliche Prämissen für die integrative Arbeit - sind im Grunde Bausteine für jede gute pädagogische Arbeit.

Die Wirtschaftskräfte, wie z.b. Koch oder Reinigungspersonal, tragen auf ihre Weise zum Gelingen der "gemeinsamen Erziehung" bei und sollten an Vorbereitungsgesprächen teilnehmen.

Eingewöhnung von Kindern mit Behinderungen

Die Kinder im Kindergarten müssen nicht in besonderer Weise auf die Behinderung der neuen Spielgefährten vorbereitet oder aufmerksam gemacht werden. Besonderheiten sollten verständlich gemacht werden, wenn dies für die Interaktion von Bedeutung ist, z.b. wenn bei einem schwerhörigen Kind mit Blickkontakt gesprochen werden muß oder wenn ein spezieller Stuhl für ein Kind mit einer Körperbehinderung angeschafft wird, weil es darauf sicherer sitzen kann u.ä. Die Erzieherinnen können darauf vertrauen, daß Kinder die für sie bedeutsamen Fragen von sich aus stellen werden.

Die gemeinsame Diskussion um Information und Vorbereitung auf neue, behinderte Kinder gibt allen Mitarbeiterinnen die Möglichkeit, Grundsätzliches zu überlegen:
- Wie werden in unserem Kindergarten Kinder in der Gruppe und in der ganzen Einrichtung willkommen geheißen, und wie werden die übrigen Kinder informiert?
- Gibt es ein bestimmtes Begrüßungsritual? Diese Rituale gelten dann ebenfalls für Kinder mit einer Behinderung.
- Wie sieht in unserer Kindertagesstätte die Eingewöhnungsphase für das Kind und seine Eltern aus?

Die Eingewöhnungsphase für Eltern und Kind ist stets die erste wichtige Stufe für das Einleben und Wohlfühlen in einer Kindertagesstätte. In der Reggio-Pädagogik (Italien), die auch in Deutschland großes Ansehen genießt, wird nachdrücklich auf die Bedeutung einer sorgfältigen Eingewöhnung aufmerksam gemacht. Die körperliche, seelische und emotionale Entwicklung von kleinen Kindern wird dadurch entscheidend beeinflußt. In dieser Eingewöhnungszeit, die konstant von einem Elternteil begleitet wird, wächst zudem das Vertrauen zwischen Eltern und Erzieherinnen und die Eltern lernen den Gruppenbetrieb, die Atmosphäre und die Menschen kennen.

Die Dauer der Eingewöhnungszeit ist abhängig von persönlichen Faktoren, wie Alter des Kindes, familiäres Beziehungsmuster oder Erfahrungen mit der Trennung von Bezugspersonen. Diese Zeit wird für jedes neue Kind gemeinsam mit den Eltern und einer festen Bezugsperson in der Kindertagesstätte geplant und durchgeführt. Für die Eingewöhnungsphase von Kindern mit Behinderung ist dieses Konzept genauso gut geeignet. Viele wichtige Informationen über die Entwicklungsgeschichte, über Vorlieben, Abneigungen usw. können in dieser Zeit erfahren und gesammelt werden. Sind besondere Handgriffe (handlings) in der Pflege wichtig, kann sich die Erzieherin in dieser Zeit damit vertraut machen.

Was ändert sich in der Elternarbeit?

Die Elternarbeit ist in jeder Kindereinrichtung ein wichtiger Bestandteil und trägt zum Gelingen der pädagogischen Arbeit bei. Verständnis und Unterstützung durch die Elternschaft in einem Integrations-Kindergarten sind von großer Bedeutung, sie setzen Signale nach Innen wie nach Außen.

Eine positive Einstellung der Eltern zur gemeinsamen Erziehung hat Auswirkungen auf die Interaktionsfähigkeit der Kinder untereinander und zugleich auch Bedeutung für die gesellschaftliche Öffentlichkeit. Es ist aber nichts Ungewöhnliches oder Besorgniserregendes, wenn die Eltern der nichtbehinderten Kinder zunächst Berührungsängste mit behinderten Kindern und deren Eltern haben oder in Sorge sind, ob ihr eigenes Kind noch genügend wahrgenommen und gefördert werden kann. Ebenso verständlich ist es, wenn die Eltern des behinderten Kindes sehr empfindlich auf Mitleidsäußerungen reagieren oder befürchten, daß ihr Kind oder sie selbst nicht richtig akzeptiert und angenommen werden.

Miteinander leben und sich verstehen ist von vornherein nicht selbstverständlich, sondern ein gemeinsamer Lernprozeß, der manchmal auch mit Stolpersteinen versehen ist. Auch Erwachsene (Eltern, Pädagogen, Therapeuten) müssen eigene Erfahrungen sammeln. Moralische Appelle nutzen hierbei nur bedingt.

Der erste Elternabend in der Gruppe ist eine Herausforderung an Sensibilität und fachliche Kompetenz der verantwortlichen Erzieherinnen. Eine gute inhaltliche Vorbereitung und Beratung mit den Kolleginnen oder der Beraterin gibt Sicherheit im Ablauf. Eltern behinderter Kinder empfinden es als kränkend, wenn sie über die Probleme ihrer Kinder berichten müssen und die anderen Eltern nur zuhören. Wenn beispielsweise reihum alle Eltern ihre Kinder vorstellen und von Stärken und Eigenarten berichten, ist dies entlastend und gibt Möglichkeiten zu ersten Gesprächen untereinander.

Sensibilität im Wahrnehmen von Ängsten und Befürchtungen einzelner Eltern und das Ansprechen von Ängsten befreien von der Tabuisierung und eröffnen neue Wege für Verständnis und gegenseitiges Kennenlernen. Die Vorstellung des pädagogischen Konzeptes und eine Einladung an die Eltern zu gelegentlichen Besuchen in der Gruppe oder die Bitte um Unterstützung bei gemeinsamen Außenaktivitäten und anderen Aktionen, hilft mögliche Vorurteile oder Unsicherheiten abzubauen und Nähe und Mitverantwortung zu schaffen. Weitere Anregungen sind z.b. gemeinsame Spielnachmittage, Eltern-Kaffeeklatsch oder gemeinsame handwerkliche Aktivitäten.

Diese Aspekte beziehen sich zwar auf das Konzept der integrativen Erziehung, sie sind aber im Grunde keine außergewöhnlichen oder neuen pädagogischen Meilensteine, sondern Basis des alltäglichen pädagogischen Handelns. Ständiger Personalmangel, schlechte materielle und räumliche Ausstattung, zu geringe Angebote an Beratung, Supervision oder Fortbildung, geringes Interesse vieler Eltern oder mangelhafte Wertschätzung der öffentlichen Kleinkinderziehung in der Gesellschaft beeinträchtigen allerdings oft das verantwortliche Planen und Handeln und somit die professionelle Arbeit der Erzieherinnen.

In meinen Beratungs- und Supervisionssitzungen habe ich anfangs oft gehört:
- Das können wir nicht schaffen, soviel Zeit für Gespräche mit Therapeuten, Eltern, Kollegen, Beratern oder Mitarbeitern in Ämtern haben wir nicht.
- Wir haben nicht genügend Spielmaterial.
- Ich habe keine Möglichkeit, mit diesen Eltern in Kontakt zu kommen, ich brauche Hilfe bei der Gesprächsführung mit schwierigen Eltern, aber wer hilft mir?
- Ich kann dieses (hypermotorische) Kind nicht in der Gruppe behalten, denn es sind zu viele andere Kinder da und ich bin fast immer allein.
- Mit einem behinderten Kind in der Gruppe muß ich meine pädagogischen Angebote anders vorbereiten, wie und wann soll ich dies tun?
- Es gibt so viele Kinder mit Problemen in meiner Gruppe, wie soll ich nun auch noch behinderten Kindern wirklich gerecht werden?

Gemeinsam haben wir im Laufe der Zeit festgestellt, daß die integrative Arbeit nicht viel schwieriger geworden ist, sondern der eigene Anspruch an die Verwirklichung von Erziehungszielen größer und das pädagogische Handeln bewußter geworden sind. Alle Einschränkungen und Behinderungen durch schwierige Rahmenbedingungen oder sogar Mängel in der Erzieherausbildung werden nun deutlicher erlebt.

Unter diesem Blickwinkel betrachtet, hat sich durch ein Konzept der gemeinsamen Erziehung vieles für Kinder und Erzieherinnen verändert, Forderungen zur Verbesserung der unbefriedigenden Verhältnisse werden vehementer vertreten (auch wenn dies nur in Ansätzen Erfolg bringt), und kreative Fähigkeiten für Innovation unter den gegebenen Umständen werden sichtbar (z.B. gruppenübergreifendes Arbeiten, Elternmitarbeit, Organisationsveränderungen, um Zeit für Vorbereitung und Gespräche zu schaffen u.v.m.).

Förderbedarf der Kinder mit Behinderungen

Ein wichtiges Thema in der integrativen Erziehung ist die angemessene Förderung. Die meisten Kinder mit einer Behinderung haben einen besonderen Förderbedarf. Erzieherinnen müssen jedoch nicht fürchten, daß von ihnen eine therapeutische oder die Behinderung "reparierende" Arbeit erwartet wird. Die vordringlichste Arbeit besteht weiterhin darin, in der Kindergruppe eine Atmosphäre zu schaffen, in der sich alle Kinder wohlfühlen, Regeln im Umgang miteinander begreifen und Spaß und Freude am Lernen miteinander teilen. Erzieherinnen sind Begleiterinnen und Stützen in diesem Prozeß des Lernens, Wachsens, Entfaltens von kindlichen Fähigkeiten und des Lebens in der Gemeinschaft.

Der Förderbedarf eines Kindes wird durch umfassende interdisziplinäre Diagnostik (Ärzte, Psychologen, Therapeuten, Heilpädagogen) festgestellt und in gemeinsamen Gesprächen mit Eltern und Erzieherinnen geplant. Bei der Erstellung von Förderplänen sind die Erzieherinnen wichtige Gesprächspartner, denn sie kennen die Kinder in den Alltagssituationen und beobachten die Interaktionen mit anderen Kindern oder mit Erwachsenen. Die Erzieherinnen müssen sich nicht an den Schwächen und Defiziten der Kinder orientieren, ein häufiger Kritikpunkt an isolierten, funktionellen Therapiemaßnahmen, sondern sie können Vorlieben und Stärken aller Kinder in den Mittelpunkt ihrer pädagogischen Arbeit stellen (vergl. auch Abschnitt Psychomotorik in der integrativen Arbeit).

Supervision und Beratung - eine unverzichtbare Basis

Ich habe versucht zu begründen, daß sich viele Anforderungen in der integrativen Arbeit nicht wesentlich von einer "normalen" Erziehertätigkeit unterscheiden. Dennoch wird deutlich, daß Erzieherinnen mit ihren Emotionen und mit ihrer persönlichen Lebensgeschichte tiefer eingebunden werden. Treten Ängste und Unsicherheiten auf, so entstehen sie selten wirklich durch die Behinderung eines Kindes, sondern primär durch die Konfrontation und Auseinandersetzung mit der eigenen Lebensgeschichte oder mit Unzulänglichkeiten und Behinderungen in eigenen aktuellen Lebensbereichen.

Dazu ein Beispiel aus meiner Supervisionsarbeit:

Brigitte M. ist eine erfahrene, sehr engagierte Erzieherin, die lange in einem Sprachheilkindergarten gearbeitet hat. Seit etwa zwei Jahren werden auch Kinder mit anderen Behinderungen und nichtbehinderte Kinder aufgenommen, die Kindertagesstätte ist nun Integrations-Kita geworden.

In einer Supervisionssitzung berichtet Brigitte, daß sie ein behindertes Kind in eine andere Gruppe geben will, weil sie meint, den Jungen nicht mehr richtig fördern zu können. Mit dieser Behinderung (der Junge hat einen Wasserkopf) hätte sie auch sowieso nicht genügend Erfahrung.

Brigitte ist traurig, weil sie den Jungen eigentlich gern hat, sie hat ein schlechtes Gewissen und ist betrübt, wenn sie an die Situation denkt und davon berichtet. Aber sie ist der Meinung, daß eine Trennung unvermeidbar ist.

Ich arbeite in meiner Gruppen-Supervision mit der Methode des "Psychodramas", d.h., Probleme und Fragestellungen werden nicht nur verbal erörtert, sondern auf der "Bühne" (eine Ecke des Beratungszimmers) in Szene gesetzt. Auf diese Weise kann der Protagonist (die Person, die ein Thema bearbeiten will) noch einmal die schwierige Situation durchleben, in andere Rollen schlüpfen und wichtige Erfahrungen sammeln. Die übrigen Gruppenteilnehmer sind aktiv beteiligt, indem sie Rollen in der Szene übernehmen und durch sachliche wie emotionale Reflexion in der Abschlußrunde neue Einsichten in das Geschehen ermöglichen.

Auf diese Weise kommen wir auch den Hintergründen für Brigittes Verhalten auf die Spur.

Die Erzieherin hatte vor etwa sechs Monaten den knapp vierjährigen Martin in ihrer Gruppe aufgenommen. Der Junge ist durch einen Wasserkopf (Hydrocephalus) und andere Entwicklungsverzögerungen behindert. Er spricht wenig und bewegt sich auf Knien oder krabbelnd vorwärts.

Erzieherin und Kind werden schnell miteinander vertraut und mögen sich. Brigitte kann Martins Äußerungen durch Mimik, Körpersprache und den wenigen Worten bald verstehen. Sie kennt seine Wünsche und Bedürfnisse. Martin freut sich, wenn Brigitte mit ihm spielt oder etwas vorliest.

Dann muß Martin für knapp zwei Wochen ins Krankenhaus, eine neue Dränage (zum Abfluß der Gehirnflüssigkeit) wird gelegt. In dieser Zeit trennen sich seine Eltern, die Mutter zieht aus der Wohnung aus. Brigitte ist nach wie vor mit beiden Elternteilen im Kontakt und äußert, daß sich beide um den Jungen kümmern.

Wieder zurückgekehrt in die Kindergruppe, ist Martin durch nichts mehr zu begeistern, jedes Spielangebot lehnt er ab, sein Verhalten ist völlig passiv. Ab und zu fragt Martin traurig "Mama?". Brigitte ist ratlos, weil keine ihrer vielen Aktivitäten vom Kinde akzeptiert wird und sie bei Martin deutliche Entwicklungsrückschritte beobachtet. Sie kann die Situation nicht mehr ertragen und denkt, daß Martin bei einer anderen Erzieherin, die Erfahrung mit dieser Art der Behinderung hat, besser aufgehoben ist. Deshalb soll Martin nun in die andere Gruppe wechseln.

In der Supervisionsarbeit (vor allem im Rollentausch von Brigitte mit dem kleinen Jungen) finden wir gemeinsam heraus, daß Martins Verhalten der Situation entsprechend völlig angemessen ist. Er spürt einerseits starke körperliche Schmerzen infolge der Operation, der Kopf ist schwerer als gewöhnlich, der Körper ist antriebsarm und schlaff. Noch schwerwiegender, von der Umwelt jedoch wenig registriert, ist der psychische Schmerz. Die Mama ist fort, was bei ihm große Verlustängste auslöst. Nichts ist mehr so wie vor dem Krankenhausaufenthalt.

Das einzige Förderprogramm für Martin in dieser Zeit heißt: gemeinsam die körperlichen und psychischen Schmerzen auszuhalten und darauf zu vertrauen, daß sich wieder etwas ändern wird. Dieses vordergründige "Nichtstun", keine sichtbaren Aktivitäten zu entfalten, nur Innehalten, das Kind in den Arm nehmen und spüren, daß man im Augenblick auch hilflos ist, ist für fast jeden schwer auszuhalten. Dabei wird Brigitte mit ihrer eigenen Hilflosigkeit und Verletzlichkeit, mit verschütteten Ängsten und im hektischen Alltag verdrängter eigener Trauer konfrontiert. Ein innerer Prozeß vollzieht sich, der zwar nicht wirklich ins Bewußtsein tritt, aber dennoch das Handeln bestimmt. Brigitte ist privat derzeit sehr belastet und ratlos, außerdem kennt sie den Trennungsschmerz von kleinen Kindern aus der eigenen Lebensgeschichte. Viele dieser verwickelten Hintergründe können in dieser Supervision aufgearbeitet werden. Es entsteht Verständnis für Martins und Brigittes Verhalten, weitere Handlungsschritte können nun überlegt werden, denn Brigitte will Martin nicht mehr in die andere Gruppe geben. Sie will aber dringend mit den Eltern sprechen, und mit sich selber will sie nachsichtiger umgehen.

Mit diesem Beispiel möchte ich einerseits auf das innere Berührtsein und die unterschiedlichen Verwicklungen der Erzieherinnen (oder Menschen in "helfenden Berufen" ganz allgemein) aufmerksam machen und gleichzeitig die Notwendigkeit von begleitender Supervision und Beratung verdeutlichen.

In allen "helfenden Berufen" kann nur ein Teil der offenen Fragen oder Ideen für neue Handlungsschritte in kollegialen Gesprächsrunden behandelt werden. Weitere Unterstützung der Arbeit muß von Dritten, die außerhalb des Systems stehen, geleistet werden, um beispielsweise "blinde Flecken", Verstrickungen, verschüttete Ängste, Abhängigkeiten oder Tabuthemen u.a.m. herausarbeiten zu können.

3.
Bausteine für die pädagogische Arbeit

Die pädagogische Arbeit in einer Kindertagesstätte mit integrativer Erziehung unterscheidet sich nicht wesentlich von der allgemeinen pädagogischen Praxis, allerdings werden die Rahmenbedingungen oder das pädagogische Handeln und seine Auswirkungen bewußter erlebt. Im vorhergehenden Abschnitt habe ich dies ausführlicher dargelegt.

Wenn eine Kindertagesstätte ein Konzept für die "gemeinsame Erziehung" entwickelt, fließen stets ganz konkrete räumliche und soziale Bedingungen oder spezifische Schwerpunkte der Pädagogen mit in die Diskussion ein. Aus der Vielfalt der pädagogischen Handlungsgrundlagen möchte ich vier "Bausteine", die mir wesentlich erscheinen, herausnehmen und näher erläutern.

Beobachtung von Kindern

Wir wissen, daß jedes Kind vom ersten Lebenstag an seine eigene Zeit für Entwicklung und sein eigenes Tempo für Lernschritte hat. In jeder altershomogenen Kindergruppe finden wir daher deutliche Unterschiede in Entwicklungsstand, Fähigkeiten, Vorlieben usw. Damit ist allerdings nicht gemeint, daß sich Entwicklung ohne inneren Plan und ohne überprüfbare altersadäquate Kompetenzen vollzieht. Viele Entwicklungstabellen, die genormte Funktionsleistungen für eng eingegrenzte Altersbereiche abverlangen oder als Norm für Entwicklung vorsehen, werden individuellen Entwicklungsverläufen eines Kindes nicht gerecht. Hier wird eine Normalität vorgegeben, die Eltern, Erzieherinnen oder Therapeuten in ihrem Blick auf das Kind in enge Bahnen preßt und letztlich auch das Kind in seinen Entfaltungsmöglichkeiten und seiner Kreativität einengt.

Eine wichtige Entwicklungshilfe, die Eltern, Pädagogen oder Therapeuten Kindern geben können, ist die sorgfältige Beobachtung.

Alle pädagogischen oder therapeutischen Angebote, so umfassend und liebevoll sie auch geplant und durchgeführt sein mögen, können kindliche Bedürfnisse, Ängste, Interessen, Fähigkeiten oder andere Persönlichkeitsmerkmale nicht hinreichend einbeziehen, wenn sie nicht durch intensive Beobachtungen wahrgenommen, d.h. gewahr oder "für wahr" genommen worden sind.

Sinnvolle, kindorientierte Beobachtung muß strukturiert und gut vorbereitet werden und ist zu unterscheiden von Zufallsbeobachtungen, bei denen Erzieherinnen ein aktuelles Geschehen in der Kindergruppe auf sich einwirken lassen.

Nach Armin Krenz ist "... Beobachtung eine aktive, planmäßige, auf ein ganz bestimmtes Ziel gerichtete und vor allem durch Aufmerksamkeit gekennzeichnete bewußte Wahrnehmung von Verhaltensweisen oder Ereignissen in Abhängigkeit von bestimmten Situationen oder Rahmenbedingungen." (Kindergarten heute, Heft 4/88, S. 185)

Um wirklich gut vorbereitet, zielgerichtet, nicht abgelenkt durch anderes Geschehen und sinnzusammenhängend, d.h. den jeweiligen Kontext einbeziehend, beobachten zu können, müssen vorab einige Fragen gründlich geklärt sein:

- In welcher Situation, zu welcher Zeit und wie lange will ich das Kind beobachten?
- Was genau will ich beobachten? Will ich spezifische Fähigkeiten wie Sprache, Motorik, Spielverhalten, Selbständigkeit usw. beobachten, oder gilt mein Interesse der Art und Weise von Interaktion und Kommunikation in der Gruppe oder bestimmten sozialen Verhaltensweisen?
- Warum will ich dieses Kind beobachten? Gab es Beschwerden? Sind mir bestimmte Defizite aufgefallen? Will ich Fähigkeiten und Interessen genauer kennenlernen? Will ich mein eigenes Verhalten dem Kinde gegenüber hinterfragen und verändern? u.a.m.
- Mit wem zusammen kann ich beobachten (z.B. Kollegin, Praktikantin, Beraterin), um Übereinstimmungen oder auch Differenzen der Beobachtung aus unterschiedlichen Blickwinkeln zu erkennen?
- In welcher Form soll das Ergebnis festgehalten werden?
- Bin ich im Augenblick in der Lage, unvoreingenommen beobachten zu können?

Beobachtungen sind Feststellungen von Fakten.

Es geschieht allerdings häufig, daß diese Sammlung von Fakten durch persönliche Erfahrungen, Mitteilungen anderer Personen, Verhaltenserwartungen, Zuneigung oder Abneigung zu diesem Kind oder der augenblicklichen emotionalen Gestimmtheit des Beobachters beeinflußt werden. Diese Fakten können dann schnell interpretiert, beurteilt und aus dem Kontext des Gruppengeschehens oder der Lebensrealität des Kindes isoliert werden, was Konsequenzen für das pädagogische Handeln haben kann. Ein Beispiel:

Lena, ein neues Kind in der Gruppe, soll 10 Minuten lang, nach dem morgendlichen Weggang der Mutter, beobachtet werden. Die Frage ist, wie gelingt dem Mädchen der Einstieg in die Gruppe? Fühlt sie sich hier wohl?

In den ersten Minuten beobachtet die Erzieherin, daß das Mädchen, nach dem Abschied von der Mutter an der Tür stehen bleibt, ihren Teddy in beiden Händen festhält und, ohne sich zu bewegen, mit leicht gesenktem Kopf in den Gruppenraum blickt. Hier sind bereits 11 Kinder anwesend, die lebhaft in kleinen Gruppen miteinander spielen. Lena reagiert nicht auf freundliche Zurufe von zwei Jungen. Die Kinder spielen weiter und Lena bleibt regungslos fast 10 Minuten lang an der Tür stehen. Sie spricht in dieser Zeit nicht.

So weit das beobachtbare Verhalten in diesen Minuten. Interpretationen sind schnell zur Hand: Lena ist traurig, weil die Mutter fort ist (bei einem neuen Kind wird dies erwartet), oder Lena ist noch müde, weil sie viel zu früh aufstehen mußte (die beobachtende Erzieherin fühlt sich an diesem Morgen sehr müde), oder Lena hat kein Interesse an Jungen (das Thema Junge - Mädchen spielt in der Kindergruppe gerade eine Rolle) u.v.m.

Diese und andere Interpretationen können stimmen, sie sind aber aus dem beobachtbarem Verhalten nicht abzulesen und engen die Sichtweise ein, weil andere Möglichkeiten ausgeschlossen werden. Damit werden auch die pädagogischen Handlungsmöglichkeiten der Erzieherin beschränkt. Beispielsweise kann der morgendliche Lärm für Lena ungewohnt und zu viel sein, vielleicht benötigt sie Zeit (und Hilfe), um sich darauf mit ihren Sinnen und ihren Gefühlen langsam einstellen zu können. Ist dies der Fall, so wird eine andere Hilfestellung von der Erzieherin erforderlich als bei den anderen, vorher beschriebenen Interpretationen.

Nur wenn es gelingt, Beobachtungen von Beurteilungen und Interpretationen zu trennen, ist es wirklich möglich, Ereignisse in der Kindergruppe oder Fähigkeiten einzelner Kinder zu erfassen und als Grundlage für pädagogisches Planen und Handeln zu nutzen.

Zur Protokollierung von Beobachtungen haben sich Arbeitsblätter bewährt, die immer wieder verwendet werden können und nach einiger Erfahrung damit leicht auszufüllen sind. Fester Bestandteil dieser Arbeitsblätter sind folgende Angaben:

Datum
Name des Kindes
Name des Beobachters (evtl. mehrere)
Zeitspanne der Beobachtung
Ziel der Beobachtung
Stichworte zur allgemeinen Gruppensituation (Kontext)

Das Protokollschema auf Arbeitsblättern richtet sich nach der Zielsetzung oder Fragestellung für die Beobachtungsphase. Für ein erstes, genaueres Kennenlernen, bei dem es noch nicht um spezifische Fragestellungen geht, genügt das Beobachten des allgemeinen Verhaltens in einem festgelegten Zeitraum (etwa 10 - 15 Minuten). Nach Möglichkeit sollte diese Beobachtung an zwei bis drei verschiedenen Tagen stattfinden.

allgemeines Geschehen in der Gruppe	Beobachtungen beim Kind	eigene Bemerkungen

Soll das Verhalten des Kindes in einer ganz bestimmten Situation (z.B. Mittagessen, Abholsituation, bei besonderen Anforderungen oder im Freispiel) beobachtet werden, kann das Protokollschema folgendermaßen aussehen:

ausgewählte Situation	Verhaltensweisen des Kindes	eigene Bemerkungen

Spezifische Fähigkeiten oder bestimmte Verhaltensweisen einzelner Kinder, wie z.B. Kontaktaufnahme zu anderen Kindern, Sprachverständnis, selbständiges Essen, Konzentrationsfähigkeit mit selbstgewähltem Spielmaterial u.ä., sind oft im Gruppengeschehen mit 15 oder mehr Kindern schwer wahrzunehmen. Um diese Entwicklungsmerkmale genauer kennenzulernen und in das pädagogische Handeln einbeziehen zu können, wird dieses ausgewählte Verhalten benannt und innerhalb eines angegebenen Zeitraumes beschrieben (mittlere Spalte).

Jede Beobachtung von Kindern muß stets im Zusammenhang des Gruppengeschehens und auf dem Hintergrund der institutionellen Rahmenbedingungen oder der momentanen psycho-sozialen Situation des Kindes ausgewertet werden. Beobachtungen von Verhalten haben daher für diesen Augenblick Gültigkeit und können an anderen Tagen, in anderen situativen Zusammenhängen ganz anders verlaufen.

Beobachtungen sollten nicht in erster Linie dazu dienen, Defizite (Unvermögen) bei einem Kind herauszufinden, sondern vielmehr dazu genutzt werden, das "Vermögen" des Kindes zu entdecken. Entwicklungsunterstützende Angebote können dann bei den Fähigkeiten eines Kindes ansetzen.

Bei Besprechungen mit Kollegen oder Therapeuten sind diese präzisen Beobachtungsergebnisse hilfreiche Hinweise, um kindorientiertes pädagogisches wie therapeutisches Handeln zu ermöglichen.

Auch für Elterngespräche sind fundierte Beobachtungen, z.b. über Fähigkeiten des Kindes oder über die Beziehungsaufnahme zu anderen Kindern in der Gruppe, hilfreiche Gesprächsgrundlagen und verdeutlichen die Kompetenz der Pädagogin.

Die Beobachtung als Methode pädagogischen Handelns bekommt in diesem Kontext eine Bedeutung, die in der Gesamtarbeit von Erzieherinnen gleichrangig zu pädagogischen Angeboten und anderen bedeutsamen Handlungsschritten gewichtet werden muß.

Möglicherweise gibt es zunächst Bedenken, diesen Aufwand an Zeit und Arbeit neben den alltäglichen Anforderungen in der Gruppe einzuplanen. Die Praxis hat jedoch gezeigt, daß die erworbenen Kenntnisse und die allmählich entwickelte Sicherheit in der gezielten, strukturierten Beobachtung die Wahrnehmung für einzelne Kinder und die Gesamtgruppe schärft. Die Ergebnisse bringen Klarheit für die Beurteilung von Verhaltensweisen der Gesamtgruppe oder einzelner Kinder.

Wenn Beobachtungen strukturiert, gut vorbereitet und in Ruhe durchgeführt werden, verhelfen sie den Erzieherinnen zu kompetentem pädagogischen Handeln. Fähigkeiten oder Lern- und Entwicklungsschwierigkeiten von Kindern können genauer erfaßt und Entwicklungsfortschritte besser bemerkt werden. Somit wird auch die tägliche Arbeit erleichtert und befriedigender.

Projektarbeit in Integrationsgruppen

Ein wichtiges Fundament des frühkindlichen Lernens in der Kindertagesstätte ist das "Lernen in Zusammenhängen" - die Projektarbeit.

Gerade in Integrationsgruppen ist die Arbeit mit pädagogischen Projekten eine hervorragende Möglichkeit, Lernen in sinnvollen Zusammenhängen, gut überschaubar und nachvollziehbar für alle Kinder (und Eltern) zu gestalten.

Durch Projektarbeit wird ein Rahmen geschaffen, in dem sich die Kinder an einem gemeinsamen Thema orientieren und nach ihren eigenen Fähigkeiten, Interessen und dem jeweiligen Entwicklungsstand miteinander aktiv werden können.

Die Themenfindung für ein Projekt ergibt sich aus der Lebenssituation von Kindern (und Eltern), aus besonderen aktuellen Anlässen in der Kindergruppe, aufgrund des Jahreszeitenwechsels oder auch durch Routineabläufe, wie z.b. Essen oder Schlafen (Stichwort: Situationsansatz).

Zum Beispiel kann das Interesse der Kinder beim morgendlichen Frühstück an den vielen unterschiedlichen Frühstückspaketen zu Projektthemen wie "Essen in anderen Ländern" oder "Brotbacken" u.a.m. anregen.

Der Einstieg in ein konkretes Projekt und der spätere Verlauf sind an den kindlichen Interessen orientiert. Die Erzieherin schafft mit ihrer Planung zwar einen Rahmen, er kann jedoch im Verlaufe des Projektes verändert, ergänzt oder unterbrochen werden, wenn neue Fragen oder Bedürfnisse auftauchen. Flexibilität und Kreativität der Erzieherin werden hierbei notwendig. Aus meiner Erfahrung entfalten die Pädagoginnen in der Projektarbeit häufig eigene, noch unbekannte Ressourcen, wenn auch ihnen das Projektthema Spaß macht und sie sich von der Neugierde der Kinder leiten lassen können.

Der Bezug zum ursprünglichen situativen Anlaß bleibt während des Gesamtverlaufes eines Projektes für die Kinder sichtbar und durchschaubar.

Wichtigstes pädagogisches Prinzip der Projektarbeit in der integrativen Erziehung ist die Binnendifferenzierung, d.h.: **Nicht alle Kinder machen zur gleichen Zeit die gleiche Tätigkeit mit den gleichen Mitteln.**

Für ausgewählte Teile des Projektes können unterschiedliche Aktivitäten einzelner Kinder eingeplant werden, um so ihrem Entwicklungsstand und den aktuellen Interessen zu entsprechen. Bei der Projektplanung können besondere Formen für die Unterstützung behinderter Kinder, ebenso für jüngere Kinder in einer altersgemischten Gruppe im voraus bedacht und organisiert werden (z.b. zusätzliches Material, Einführung oder Veränderung bestimmter Regeln usw.).

Die Förderung in Kleingruppen ist im Zusammenhang mit Projektarbeit kein aus dem Gruppenzusammenhang gerissenes, isoliertes Training, sondern vollzieht sich themenbezogen im Gesamtrahmen des Gruppengeschehens. In der Kleingruppe bleibt Raum für Wiederholungen, Vertiefung oder Vorbereitung auf neue komplexe Spielregeln u.a.m., Sicherheit und Erfolgserlebnisse später in der Großgruppe sind auf diese Weise für Kinder mit Lernbeeinträchtigungen oder schwierigen Entwicklungsverläufen impliziert.

Strukturierte Projektarbeit ermöglicht auch Therapeuten, pädagogischen Vertretungskräften oder anderen Personen, die zeitweilig die Gruppenarbeit unterstützen (z.b. Eltern, Einzelfallhelfer), eine sinnvolle, strukturierte Mitarbeit und eine adäquate Unterstützung der Kinder.

Einige methodische Prinzipien der Projektarbeit sind:
• vom Bekannten zum Unbekannten
• vom Konkreten zum Abstrakten
• vom Handeln zum Begreifen

Projektarbeit ist mit Kinder in jeder Altersstufe unter Berücksichtigung von Alter, Entwicklungsstand, Interessen, Bedürfnissen und Konzentrationsfähigkeit möglich.

Durch eine kleinkind-orientierte und sensibel gestaltete Projektarbeit wird die Entwicklung einer vertrauensvollen Beziehung zwischen Kind und Erzieherin unterstützt, und die Kinder spüren die Gruppenzusammengehörigkeit aller Kinder. Einwände gegen diese Form der pädagogischen Arbeit können lauten, das ist zu viel Arbeit, zu viel Vorbereitung, wir haben so häufig Personalmangel u.ä. Eine realistische Einschätzung von Arbeitsumfang und Konzentration auf bedeutsame Inhalte kann sich allerdings erst in der Praxis durch vielfältiges Ausprobieren entwickeln. Die Erzieherin wird dann erfahren, daß die Strukturierung der Arbeit durch Projekte (roter Faden) mehr Spaß und Befriedigung bereitet als zufälliges, unvorbereitetes Handeln.

Projekte sind Haltepunkte und Orientierungshilfen für Erwachsene und Kinder.

Bewegungsspiele - Bewegungsräume

Ein anderer wesentlicher Bestandteil der integrativen Erziehung ist die Bewegung.

Durch Bewegungsimpulse und Bewegungsaktivitäten werden alle Kinder zur aktiven Auseinandersetzung mit ihren eigenen Fähigkeiten und mit unterschiedlichen Materialien und Spielgeräten angeregt. Sie lernen, Fähigkeiten anderer Spielgefährten einzuschätzen, treffen Absprachen im Spiel, begreifen Regeln, streiten miteinander und entwickeln auf diese Weise ihre sozialen Kompetenzen.

Es ist schon mehrfach darauf hingewiesen worden, daß Denken, Fühlen, Wahrnehmen, Sprachentwicklung, Sozialverhalten und Bewegungshandlungen unabdingbar miteinander verknüpfte frühkindliche Entwicklungsprozesse sind. Maria Montessori bemerkte sehr treffend, daß nichts im Verstand ist, was nicht vorher in der Hand gewesen ist. Sinneseindrücke werden mit dem ganzen Körper wahrgenommen, Gefühle, angenehme wie unangenehme, in Bewegungen ausgedrückt, Kontakte über Bewegungsbotschaften mit Mimik, Gestik oder Körperhaltung geknüpft u.v.m. (ausführlicher in den folgenden Abschnitten).

Und schließlich ist Bewegung die Voraussetzung für Gesundheit und körperliches Wohlbefinden. Bereits im Kindergartenalter bereiten alarmierende Befunde über Haltungs- und Bewegungsauffälligkeiten, Übergewicht, Fußschwächen oder Herz-Kreislauf-Störungen große Sorgen. In dieser frühen Entwicklungsphase ist der kindliche Organismus besonders anfällig gegen Einschränkungen oder Behinderungen des vitalen Bewegungsbedürfnisses, hier wird die Basis für Beweglichkeit, Haltung und Leistungsfähigkeit gelegt.

Bewegungsspiele, die die Fähigkeiten und Bedürfnisse der Kinder berücksichtigen, bereiten allen beteiligten Kindern wie Erwachsenen Vergnügen und unterstützen die kindliche Entwicklung.

Auch wenn behinderte Kinder oftmals in ihrer Bewegungs- oder Wahrnehmungsfähigkeit eingeschränkt sind und behutsame Unterstützung bei manchen Aktionen benötigen, so gelten dennoch alle getroffenen Aussagen gleichermaßen für behinderte wie für nichtbehinderte Kinder. Jedes Erfolgserlebnis bei Bewegungsaktivitäten gibt Selbstvertrauen, macht Mut für die Bewältigung neuer Herausforderungen und trägt zur Stabilisierung der Persönlichkeit bei.

Bewegungsspiele, die Kinder allein oder in Gruppen frei gestalten können oder auch gemeinsam mit der Erzieherin ausprobieren, sollten alltäglich Raum und Zeit im Kindergarten erhalten.

Gezielte und geplante Bewegungsangebote werden nach den besonderen Bedürfnissen und Möglichkeiten in der Wochenplanung fest verankert (vergl. Kap. 6).

Räume, in denen Kinder leben, spielen und lernen, sind Erfahrungsräume. Damit die Kinder aktiv werden können, bekommt die Ausgestaltung der Kindergartenräume besondere Bedeutung. Es ist für Kinder wie für Erzieherinnen hilfreich, einmal kritisch durch die Einrichtung zu wandern und Gruppenräume, Flure, Mehrzweckräume und das Außengelände genauer zu betrachten und hinsichtlich ihrer Nutzbarkeit zu hinterfragen:

* Gibt es in unserer Einrichtung genügend Platz für großräumige Bewegungen, wie Rennen, Roller- und Dreiradfahren, Flitzen auf Rollbrettern, Toben, Ringen und Tanzen?
* Ist unser Mobiliar flexibel verwendbar und nutzbar für unterschiedliche Bewegungsaktivitäten?
* Durch welche Materialien oder Spielgeräte in den Innen- wie Außenräumen werden die Sinne angeregt?
* Gibt es Hängematten, Schaukeln und Klettertaue, die ohne Hilfe der Erwachsenen gefahrlos benutzt werden können?
* Gibt es Höhenunterschiede z.b. durch Podeste, Mattenberge oder einem aufgeschütteten Erdhügel im Freigelände, die das Krabbeln, Klettern, Rollen, Steigen usw. interessant machen?
* Müssen für die behinderten Kinder bestimmte Spielgeräte gesichert oder umgestaltet werden, damit sie gefahrlos und eigenständig benutzt werden können?
* Gibt es in den Gruppenräumen Rückzugsecken zum Ausruhen, Kuscheln und "Für-Sich-Sein"?

Häufig gelingt es, die Kinderräume durch einfache Umbauten oder geringfügige, phantasievolle Veränderungen zu interessanten, lebendigen Erfahrungsräumen zu gestalten.
* Ein Planschbecken, gefüllt mit Schaumstoffresten, kleinen Plastikbällchen, Kastanien oder anderen "Fühl-"Materialien, kann im Herbst und Winter eine wunderbare Möglichkeit für vielerlei Körpererfahrungen sein.
* Matten, die für eine bestimmte Zeit im Tagesablauf (oder im Verlauf der Woche, besonders an Regentagen) auf die Treppenstufen im sonst nicht genutzten Treppenhaus gelegt werden, laden zum Klettern, Rutschen, Balancieren u.a.m. ein und unterstützen die Entwicklung der Grobmotorik und Fähigkeiten wie Mut, Geschicklichkeit oder Gleichgewichtsvermögen.
* Dünne, durchsichtige Gardinen (vielleicht von Eltern ausrangiert) können kleine Ecken im Gruppenraum oder auf dem Flur abtrennen, geheime Rückzugsecken bilden oder ganz neue "Durchblicke" ermöglichen.

Viele Ideen für Veränderungen und Bewegungsangebote entstehen spontan beim Beobachten der kindlichen Bewegungsaktivitäten. Sie müssen nicht dauerhaft gestaltet werden, sondern können immer wieder verändert oder abgebaut werden.

Kooperation zwischen Erzieherinnen und Therapeuten

Viele Kinder mit Behinderung haben schon vom Säuglingsalter an eine spezielle Entwicklungsförderung durch Therapeuten. Für andere Kinder und deren Eltern beginnt der Kontakt zu Therapeuten, wenn sie in eine Integrations-Kindertagesstätte aufgenommen sind. Der Wunsch und die Hoffnung auf eine "normale" Entwicklung ihrer Kinder veranlaßt Eltern häufig dazu, die vielfältigsten Therapieverfahren zu erproben.

In meinen Beratungsgesprächen mit Eltern oder Erzieherinnen erlebe ich oft eine große Ambivalenz in der Einschätzung der Bedeutung von Therapie und Therapeuten. Die wirklich "richtige" Entscheidung für das Wohl des Kindes zu treffen, ist nicht immer einfach.

Das Wort "Therapie" stammt aus dem Griechischen und bedeutet soviel wie "Krankenbehandlung". Damit wird auf die Nähe zur ärztlichen Versorgung und Heilung in seiner positiven Bedeutung verwiesen, jedoch zugleich auch auf die umstrittene rein naturwissenschaftliche und an Defiziten und kranken Anteilen orientierte medizinische Sichtweise des Menschen. Hinzu kommt das wir heute ein Maß an Therapieangeboten vorfinden, daß weder hinreichend durchleuchtet, noch für den einzelnen Hilfesuchenden überschaubar ist.

Mitunter wenden sich Eltern ratsuchend an die Pädagogen, wenn ihr Kind eine Therapie bekommen soll. Damit Erzieherinnen sich einen Überblick über die geläufigsten in Berufsverbänden zusammengeschlossenen Therapieverfahren verschaffen und Eltern mit Verständnis und Rat zur Seite stehen können, werden im folgenden die klassischen Therapieverfahren Krankengymnastik, Logopädie und Beschäftigungstherapie kurz beschrieben. Weitere therapeutische Konzepte, die ebenfalls als sinnvolle Unterstützungen in der integrativen Pädagogik gelten, sind die Psychomotorische Therapie, die Behandlungsweise nach Petö und die Musiktherapie.

Krankengymnastik

Krankengymnastik - oder auch umfassender Physiotherapie genannt - ist eine medizinisch orientierte Behandlungsmethode, deren wichtigstes Behandlungsziel die Verbesserung oder Beseitigung von Störungen des Bewegungsapparates ist. Hinzu kommen Aufklärungsarbeit im Präventionsbereich (z.B. Haltungsschulung) und Beratung im Umgang mit Hilfsmitteln wie Gehstützen und Prothesen.

Der Wirkungsbereich von Krankengymnastik (KG) reicht von der Frühförderung im Säuglingsalter bis zur Behandlung von chronisch kranken, älteren Menschen im Krankenhaus.

Die Behandlung wird nach einer ärztlichen Diagnose verordnet. Diese Diagnose ist Grundlage der therapeutischen Maßnahmen (das gilt auch für die krankengymnastische Arbeit in einer Kita). Ergänzt wird die ärztliche Diagnose durch eine krankengymnastische Befunderhebung (Funktionsanalyse des Bewegungsapparates). Einfluß auf die Behandlung hat außerdem noch die individuelle physiotherapeutische Orientierung des Physiotherapeuten, die in zusätzlichen Fort- und Ausbildungen erworben wird. Im frühkindlichen Bereich sind vor allem die Ausbildungen nach Bobath, Vojta (Behandlungsmethoden auf neurophysiologischer Grundlage) oder die Psychomotorik (Mototherapie) bekannt.

Schwerpunkte der krankengymnastischen Arbeit, die in einer Integrations-Kita für behinderte Kinder relevant sein können:

• Behandlung von statomotorischen (den Halteapparat betreffenden) Störungen, wie z.b. Haltungsschäden, Muskel- und Bindegewebsschwächen, Gelenkschäden oder Knochenbrüche.

• Behandlung von cerebral (im Gehirn) oder spinal (Rückenmark/Wirbelsäule) bedingten motorischen und sensomotorischen Störungen oder Schädigungen. Dazu gehören motorische Entwicklungsverzögerungen, Wahrnehmungsstörungen, schlaffe und spastische Lähmungen oder Muskelveränderungen.

• Information und Beratung der Eltern (und Erzieherinnen) über Erleichterungen bei notwendigen pflegerischen Maßnahmen oder über Hilfestellungen durch bestimmte Handhabungen (handlings) und orthopädische Hilfsmittel.

Logopädie

Die Aufgaben der Logopädin umfassen Beratung, Diagnostik und Therapie hinsichtlich aller Probleme, die mit Sprache und Sprechen bei Kindern oder Erwachsenen verbunden sind.

Ein großes Arbeitsfeld der Logopädinnen ist die Frühförderung, die sprachtherapeutische Arbeit mit Kindern im vorschulischen Alter.

Logopädinnen arbeiten auf ärztliche Verordnung und entwickeln ihren Behandlungsplan aufgrund der logopädischen Befunderhebung (vorwiegend Funktionsdiagnostik). Die häufigsten Störungen, die bei kleinen Kindern behandelt werden, sind:

• Sprach- und Entwicklungsverzögerungen unterschiedlichster Ursachen.

• Stimm-, Sprech- und Sprachstörungen, die auf neurologische Erkrankungen zurückzuführen sind.

• Störungen des Redeflusses und der Artikulation.

• Hörstörungen, die Einfluß auf die Sprachentwicklung haben.

• Zentralnervös bedingte Sprach- und Sprechstörungen, die durch minimale Hirnschädigungen (vor, während oder kurz nach der Geburt) oder durch Schädel-Hirn-Verletzungen in einem späteren Lebensabschnitt verursacht wurden.

Im allgemeinen beginnt eine logopädische Behandlung frühestens im 4. Lebensjahr, wenn das Kind die Grundlagen unseres Sprachsystems erworben hat und mögliche Sprach- und Sprechstörungen deutlich werden.

Bei Kindern mit anderen Befunden wie, z.b. Hörstörung, Kiefermißbildung oder cerebralen Schädigungen, ist eine frühzeitige Behandlung notwendig, um die Voraussetzungen für Sprach- und Sprechentwicklung rechtzeitig zu unterstützen. Die logopädische Behandlung in dieser frühkindlichen Phase wird dann als logopädische Therapie im vorsprachlichen Raum bezeichnet.

Der enge Zusammenhang zwischen Sprachstörungen und motorischen Auffälligkeiten oder auch psychischen Belastungssituationen kleiner Kinder wird in neueren logopädischen Behandlungskonzepten durch spielerische Unterstützung der Bewegungs- und Wahrnehmungsfähigkeit und des Selbstwertgefühls immer mehr berücksichtigt.

Beschäftigungstherapie

Beschäftigungs- und Arbeitstherapie (BT) wird international auch als Ergotherapie bezeichnet.

Das Ziel dieses Therapieverfahrens ist "... die Wiederherstellung oder erstmalige Herstellung verlorengegangener oder verzögerter Funktionen und Fähigkeiten von Körper, Seele und Geist zu fördern. Sie soll den bestmöglichen Einsatz dieser Funktionen und Funktionsabläufe erreichen, um den gesamten Menschen am Leben in seinem umfassendsten Sinn teilhaben zu lassen." (Verband der Beschäftigungs- und Arbeitstherapeuten, 1985)

Die Beschäftigungstherapeutin arbeitet auf ärztliche Verordnung, u.a. in der Unfallchirurgie, Neurologie, Orthopädie, Pädiatrie, Psychiatrie und Psychosomatik.

In der Frühförderung ist das Ziel der Beschäftigungstherapie (Ergotherapie) die möglichst umfassende Förderung der Fertigkeiten, die Kinder benötigen, um selbständig alltägliche Verrichtungen ausüben zu können. Die ergotherapeutische Befunderhebung richtet sich zum einen nach grundlegenden Kriterien der Fachschulausbildung, und zum anderen weiteren Zusatzqualifikationen wie z.b. Diagnostikverfahren nach Jean Ayres, Doman-Delcato, Kiphard, Hellbrügge, Frostig oder Affolter.

Einige Schwerpunkte dieser Überprüfungen sind:
• Störungen oder Einschränkungen des motorischen, insbesondere des feinmotorischen Bewegungsablaufes,
• Retardierungen (Entwicklungsverzögerungen) oder Ausfallserscheinungen im Bereich des Geruchs-, Geschmacks- oder Gehörsinns, der Tiefensensibilität, der visuellen Wahrnehmung und der Integration dieser Sinnesleistungen,
• Antriebsschwäche in Spielsituationen.

Die Ergotherapeutin verfügt über handwerklich-gestalterische Techniken, sowie über Kenntnisse der kindlichen Spielentwicklung und entwicklungsfördernder Spielmaterialien, die für die therapeutische Behandlung genutzt werden.

In einigen Teilaspekten überschneidet sich die ergotherapeutische Behandlungsweise mit Aufgabenfeldern von Logopädie oder Krankengymnastik.

Psychomotorische Therapie - Mototherapie

Da ein Schwerpunkt dieses Buches die Psychomotorik ist, möchte ich auf die "Psychomotorische Therapie", als einem Teilbereich der Psychomotorik, etwas ausführlicher eingehen.

Die Wurzeln der Psychomotorischen Therapie reichen bis in die 50er Jahre zurück, als Ernst J. Kiphard und Helmut Hünnekens im Rahmen ihrer kinderpsychiatrischen Arbeit in Hamm/Westfalen die "Psychomotorische Übungsbehandlung" entwickelten.

"Die Psychomotorische Übungsbehandlung verdankt ihr Entstehen der Begegnung von Arzt und Leibeserzieher in der heilpädagogischen Arbeit am behinderten Kind." (Kiphard (1), S. 8)

In ihrer Entwicklung gehemmte, erziehungsschwierige, motorisch oder psychisch gestörte Kinder und Jugendliche sollten durch eine besondere Art der Leibeserziehung (damals gebräuchlicher Begriff für Sport- und Bewegungserziehung) in ihrer Persönlichkeitsentwicklung unterstützt werden. "In der heilpädagogischen Praxis bedienen wir uns Erziehungsformen, welche die kindliche und jugendliche Selbsterziehung trotz schwieriger Voraussetzungen zu verwirklichen suchen. Eine der erfolgreichsten, weil kindgemäßen Erziehungspraktiken, ist die der therapeutischen Leibesübung. Richtig gelehrt, verhilft sie dem schwierigen, dem gehemmten, dem gestörten Kind zu ersten Lebenserfolgen. Die Bewegungserziehung wird so zum Meilenstein auf dem Wege zur Selbsterziehung." (Kiphard (1), S. 7)

Diese entwicklungsunterstützende Arbeit, gerichtet auf die Aktivierung der eigenen kindlichen Energien, wurde im Schnittpunkt zwischen Heilpädagogik und Leibeserziehung und eng angelehnt an die Erfahrungen und Erkenntnisse von Medizin, Psychologie und Soziologie angesiedelt. "Wir nannten die Übungen psychomotorisch deshalb, weil durch Übungen im leiblichen Bereich ein besonders guter und kindgemäßer Zugang zum Psychischen gelingt." (Hennekens/Kiphard, S. 4)

In den 70er Jahren gründeten Fachleute aus medizinisch, pädagogisch-heilpädagogisch, sportwissenschaftlich, psychologisch und therapeutisch orientierten Fachrichtungen einen interdisziplinär orientierten Zusammenschluß, den "Arbeitskreis Psychomotorik". Von diesem Verbund gingen dann Impulse zu einer wissenschaftlichen Durchdringung diesen neuen Ansatzes der "Psychomotorik" aus.

In den folgenden Jahren entwickelten sich aus der Psychomotorischen Übungsbehandlung die Anwendungsfelder der Motodiagnostik, Motopädagogik und Mototherapie, die als Kernaussagen stets die Beeinflussung und Wechselwirkung von Bewegung und psychischen Vorgängen beinhalten. Störungen von Erleben, Wahrnehmen und Handeln können durch umfassende spielerische Bewegungsübungen und Bewegungserfahrungen gebessert oder beseitigt werden.

"Die Grundlage zum wissenschaftstheoretischen Ansatz bildet ein Modell der Persönlichkeitsentwicklung, bei dem als ganzheitliches Konzept des Lernens durch Aufnahme neuer Informationen und Modifikation des erworbenen Erfahrungsgutes die sich entwickelnde Persönlichkeit zu mehr Ich-, Sach- und Sozialkompetenz geführt wird." (Paula Tietze-Fritz, S. 2)

In der konsequenten Weiterentwicklung des Grundgedanken der Psychomotorischen Übungsbehandlung etablierte sich nun an einigen Universitäten mit der

"Motologie" (Lehre von der menschlichen Bewegung) ein neues Forschungs- und Wissenschaftsgebiet. Es entstand ein neues Berufsbild, der Diplom-Motologe. Zu den Verdiensten von Professor Dr. Kiphard gehört es, daß er in einem späteren Lebensabschnitt, zusammen mit anderen Mitstreitern, den gesellschaftswissenschaftlichen Blick auf die fundamentale Bedeutung der Bewegung für die menschliche Persönlichkeitsentwicklung gerichtet hat.

Die Psychomotorische Übungsbehandlung (PÜ) - oder später die Psychomotorische Therapie bzw. Mototherapie - war zunächst nicht als eigenständiges Therapieverfahren konzipiert, sondern eine Zusatzqualifikation. Daher wurde sie als ganzheitlich orientierte, heilpädagogische oder therapeutische Weiterbildung für Berufsgruppen angeboten, die schon auf ihre Weise mit entwicklungsgestörten oder behinderten Kindern und Jugendlichen arbeiteten. Vor allem Physiotherapeuten, Beschäftigungstherapeuten oder Heilpädagogen erweiterten damit ihre häufig primär medizinisch ausgerichtete und an den Defiziten orientierte Behandlungsmethode.

In den letzten Jahren hat sich die Mototherapie zu einer eigenständigen Behandlungsmethode entwickelt, die die Lücke zwischen Physiotherapie und Psychotherapie füllen will, "... indem sie zwar an der Störungssymptomatik im Bewegungs- und Wahrnehmungsbereich ansetzt, damit aber gleichzeitig eine Besserung der emotional-sozialen Verhaltenssteuerung bewirkt." (Kiphard (3), S. 7)

Die Psychomotorik ist heute aus der Frühförderung und Therapie von entwicklungsverzögerten oder entwicklungsgestörten Kindern und Jugendlichen nicht mehr wegzudenken. Die Wirkungsweise der Therapeuten und die Zielgruppen unterscheiden sich jedoch je nach Ausbildung oder Vorerfahrungen. Derzeit bestehen zwei Möglichkeiten der therapeutischen Ausbildung:
• Psychomotorik als Zusatzausbildung für Berufsgruppen wie z.B. Physiotherapeuten (KG), Beschäftigungstherapeuten, Logopäden, Heilpädagogen.
• Umfassende eigenständige Ausbildung zum Mototherapeuten oder Motologen.

Die Grundlage für eine mototherapeutische oder psychomotorische Behandlung bilden motodiagnostische Verfahren unter Einbeziehung der medizinischen, psychischen und sozialen Bedingungsfaktoren für die jeweilige Entwicklungsstörung. Auffällig werden diese Kinder vor allem durch:
• Bewegungsunruhe, überschießende, Bewegungen (Hypermotorik),
• Bewegungsarmut (Hypomotorik),
• eine nicht altersgemäße Entwicklung der Motorik (psychomotorische Entwicklungsrückstände),
• Wahrnehmungsstörungen,
• Kontakt- und Beziehungsschwierigkeiten, die sich im Bewegungsverhalten äußern.

Ursachen für diese Bewegungs- und Wahrnehmungsstörungen können sehr unterschiedlich sein, sie gründen häufig auf:
• Hirnfunktionsstörungen,
• Sinnes- und Wahrnehmungsverarbeitungsstörungen,

- frühkindliche Kommunikations- und Beziehungsstörungen,
- allgemeine Retardierung,
- entwicklungshemmende Umwelteinflüsse, die vor allem Bewegungserfahrungen einschränken.

Das vorrangige Ziel der Therapie ist, "... das Kind im Rahmen seiner Bewegungsmöglichkeiten zu einer positiv-bejahenden Begegnung mit seiner Leiblichkeit zu führen. Daraus können ihm dann neue Entwicklungsimpulse und Bewegungsformen vermittelt werden." (Pia Marbacher Widmer, S. 43)

Die Psychomotorische Therapie mit Kindern und Jugendlichen wird vorwiegend in Kleingruppen angeboten, um die psychosozialen Verhaltenserfahrungen in der Interaktion und Kommunikation mit anderen Kindern nutzbar zu machen.

Es gibt jedoch keineswegs **die** Psychomotorik und **die** Psychomotorische Therapie, das konkrete pädagogische oder therapeutische Handeln wird vielmehr beeinflußt von unterschiedlichen entwicklungspsychologischen Ansätzen und von individuellen Erfahrungen des Psychomotorikers (vgl. auch Kap. 6 und 7).

Pädagogisch-therapeutische Arbeitsweise nach Petö

Andreas Petö, ein ungarischer Arzt, begann etwa um 1940 an seinem Budapester Institut eine interdisziplinäre Behandlungsmethode für cerebral bewegungsgestörte Kinder zu entwickeln. In Deutschland gewinnt diese Methode in den letzten Jahren zunehmend an Bekanntheit und Akzeptanz.

Die Petö-Behandlung wird auch "konduktive (zusammenführende) Bewegungspädagogik" genannt; abgeleitet aus einer ganzheitlichen Sichtweise des Kindes, wird eine interdisziplinäre Methode oder Arbeitsweise praktiziert. Der von Petö erschaffene Heilberuf nennt sich "Konduktorin" (Zusammenführerin) und vereint Grundlagen aus unterschiedlichen Therapieverfahren wie:

- Logopädie,
- Krankengymnastik,
- Rhythmik,
- Motopädie.

Die Konduktorin soll in einer Person für das Kind Erzieherin, Lehrerin, Therapeutin sowie vertraute Bezugsperson ein. Die wesentlichen Aspekte dieser vielen beruflichen Kompetenzen sind zu einem neuen Berufsbild zusammengefügt, daß bewußt nicht den Namen Therapeut, sondern die Bezeichnung "Konduktor" erhalten hat. Die Konduktorin unterstützt die Kinder mit einer cerebralen Bewegungsstörung in der Anbahnung und Entwicklung altersgemäßer Fertigkeiten für das tägliche Leben.

Ein wichtiges Ziel in der Petö-Behandlung ist das Erlernen des aufrechten Ganges mit dem Ziel einer selbständigen Teilhabe am gemeinschaftlichen Leben. Die meisten cerebral bewegungsgestörten Kinder erreichen dieses Ziel durch geplante und gezielte Förderung und eine interdisziplinäre (ganzheitliche) Arbeitsweise.

Die Petö-Methode legt großes Gewicht auf eine Zusammenarbeit mit den Eltern der Kinder, daher liegt der Schwerpunkt aller "therapeutischen" Bemühungen in der Frühphase darin, die positive und damit entwicklungsfördernde Beziehung zwischen Mutter (Eltern) und Kind zu stärken oder überhaupt erst aufzubauen. Dies geschieht nach einem besonderen Plan in Mutter- oder Eltern-Kind-Gruppen.

Musiktherapie

In zahlreichen Integrationsgruppen unterstützen Musiktherapeuten mit guten Erfolgen die Entwicklung behinderter Kinder.

Eine präzise Beschreibung von musiktherapeutischen Maßnahmen und die eindeutige Erläuterung der Wirkungsweise auf die jeweilige Behinderung ist schwierig. Musiktherapie gehört nicht zu den medizinisch orientierten Behandlungsverfahren, und ihre Ausgestaltung ist in besonderer Weise abhängig von der Erfahrung des Therapeuten und den Ausbildungsinhalten seines musiktherapeutischen Studiums. Daher reichen die Erläuterungen der Wirkungsweise von Musiktherapie je nach Schule und Lehrmeinung von anthroposophischen bis hin zu rein neurophysiologischen Erklärungen.

Unstrittig ist allerdings die kommunikative Funktion von Musik und die emotionale Berührung mittels Musik, wodurch ein Zugang auch zu schwer gestörten Menschen gelingen kann.

Mit den folgenden Definitionsversuchen aus der Fachliteratur möchte ich dieses umfangreiche Gebiet und einige unterschiedliche Ansätze der Musiktherapie etwas näher beleuchten:

"Unter Musiktherapie ist eine diagnosespezifische Behandlungsmethode zu verstehen, welche, nach psychologischen Erfordernissen ausgerichtet, das spezifische Kommunikationsmedium Musik rezeptiv und aktiv anwendet, um therapeutische Effekte in der Behandlung von Neurosen, psychosomatischen Störungen, Psychosen und neuropsychiatrischen Erkrankungen zu erzielen." (Walter Simon, S. 82)

"Musiktherapie, als psychotherapeutische Methode, ist der Versuch, geistige, psychische oder körperliche Leiden bei einem Patienten mit den Mitteln der Musik fühlbar und bewußt zu machen und sie dadurch einer Heilung zuzuführen." (Fritz Hegli, S. 125)

"Die Musiktherapie ist wie die Musik selbst, gleichzeitig eine Wissenschaft und eine Kunst. Ein guter Musiktherapeut müßte gleichzeitig Musiker, Psychologe und Therapeut sein." (Edgar Willems, in K. Pahlen, Musiktherapie, S. 61)

Musiktherapie wird in Einzelarbeit oder in Kleingruppen angeboten. Sie umfaßt therapeutische Angebote über unterschiedliche Instrumente, Klänge, Stimme, Sprache und Bewegung.

Als umfassendes Ziel des therapeutischen Prozesses wird die Wiedergewinnung körperlicher und geistiger Gesundheit und dadurch eine wirksame Eingliederung in die Gesellschaft genannt.

Möglichkeiten zur Kooperation in der Kita

Kinder mit einer Behinderung erhalten in der Integrations-Kindertagesstätte entsprechend der festgestellten Notwendigkeit eine therapeutische Unterstützung. In welcher Weise diese Therapiemaßnahmen gestaltet werden, ist nicht nur abhängig von fachlichen und im Kindeswohl begründeten Gesichtspunkten, sondern leider in hohem Maße auch von der Bereitstellung finanzieller Mittel.

So gehörten beispielsweise in Berlin zur personellen Ausstattung der ersten Modell-Kindertagesstätten, die integrative Arbeit erprobten, auch Therapeuten, die mit einem festen Stundenanteil in das Kindertagestätten-Team integriert waren und das Projekt der "gemeinsamen Erziehung" unterstützten. Später wurde für jedes Kind ein Therapieanspruch von etwa 2½ Stunden pro Woche, einschließlich aller Gespräche mit Eltern, Erzieherinnen oder Ämtern, festgelegt. Die Therapeuten arbeiteten auf Honorarbasis oder kamen für die Zeit der Therapie aus einem Kinder- und Jugendambulatorium.

Aufgrund von Sparmaßnahmen hat sich der Umfang von therapeutischen und beraterischen Maßnahmen weiter verringert, so daß die Mitarbeiter und Mitarbeiterinnen der Ambulatorien nur noch in geringerem Umfang in der Kindertagesstätte tätig werden können.

Einigkeit besteht stets darüber, daß die Therapie in der integrativen Arbeit in erster Linie in der vertrauten Umgebung des Kindergartens stattfinden soll. Auf diese Weise bietet sich die Möglichkeit, therapeutische Situationen optimal in Alltagssituationen des gemeinsamen Lebens in der Kindergruppe einzubinden. Künstlich geschaffene und häufig vom Alltag separierte Therapiestunden können damit vermieden werden. Beispielsweise kann die Beschäftigungstherapeutin, die am gemeinsamen Gruppenfrühstück teilnimmt, das ihr anvertraute Kind mit einer Behinderung beobachten und gut erkennen, was das Kind an therapeutischer Unterstützung benötigt, um selbständig essen zu können.

Alle therapeutischen Bemühungen sollten im Einklang mit pädagogischen Zielsetzungen gesehen werden, denn das gemeinsame Leben und Lernen in der Kindergruppe ist das Fundament der integrativen Erziehung. Hieraus ergibt sich jedoch die Notwendigkeit der Kooperation zwischen Erzieherinnen und Therapeuten sowie die Frage nach der Priorität von Erziehung oder Therapie.

Notwendig für eine gelungene Kooperation zwischen Erzieherinnen und Therapeuten ist der Kompetenz-Transfer, d.h. Verantwortungen und Zuständigkeiten müssen deutlich gemacht werden, es sind aber auch die Schnittpunkte der jeweiligen Arbeit sind zu besprechen. Beide Fachkräfte können so aus ihrer jeweils unterschiedlichen Berufsrolle und den verschiedenen Kompetenzen gemeinsam mitwirken, daß sich behinderte und nichtbehinderte Kinder in der Gruppe wohlfühlen, sich gegenseitig wertschätzen und daß alle Kinder ihre Fähigkeiten und Interessen aktiv entwickeln können.

Die Therapie kann also begleitend und unterstützend innerhalb des Gruppengeschehens stattfinden (vergl. Abschnitt Projektarbeit), wenn dabei eine ständige Sonderstellung (Isolation) des Kindes vermieden werden kann. Oder die Therapie kann in einer Kleingruppe zusammen mit anderen Spielgefährten durchgeführt werden. Nur in Ausnahmefällen und zeitbegrenzt sollte die therapeutische Versorgung in der Einzelsituation stattfinden, denn die Unterstützung der kindlichen Fähigkeit zu Interaktion, Kommunikation und Erlebnissen in der Gemeinschaft hat hohe Priorität.

Absprache und Reflexion der pädagogischen wie therapeutischen Arbeit sind für eine gute Kooperation unverzichtbar.

Bei meiner Arbeit in der Beratung und Supervision für Erzieherinnen und Therapeuten, die in Integrationsgruppen arbeiten, bemerke ich einen deutlichen Anstieg der gegenseitigen Akzeptanz und Wertschätzung sowie der Bereitschaft voneinander zu lernen und miteinander zu kooperieren.

4.
Kinder mit Behinderungen in der Integrationsgruppe

In sonderpädagogischen Einrichtungen (Sonderkindertagesstätten) werden vorwiegend Kinder mit ähnlichen Behinderungen aufgenommen und betreut. Erzieherinnen und Therapeuten können sich bei dieser Konzeption zwar zu Experten für eine spezifische Behinderungsart entwickeln, sie sammeln jedoch keinerlei Erfahrungen mit Kindern, die andere Behinderungen haben oder ganz "normal" entwickelt sind.

Für eine Regelkindertagesstätte, die behinderte Kinder aus dem Wohnumfeld aufnimmt, bedeutet dies, daß Kinder mit ganz unterschiedlichen Behinderungen und Entwicklungsauffälligkeiten angemeldet und aufgenommen werden können. Grundlegende Informationen über verschiedene Behinderungen werden nun notwendig, damit die Mitarbeiterinnen von Anfang an angemessen und verständnisvoll mit den Kindern und deren Eltern umgehen können.

Behinderte Kinder sind in erster Linie Kinder wie alle übrigen Kinder in der Gruppe, dennoch gilt es spezifische Entwicklungsverläufe zu berücksichtigen, besondere Fördermaßnahmen zu begleiten und den Eltern in bestimmten Situationen beratend zur Seite zu stehen.

Im folgenden Abschnitt werden einführende Informationen über Kinder mit unterschiedlichen Behinderungen vermittelt. Dabei habe ich mich auf jene Kinder beschränkt, die sehr häufig in Integrations-Gruppen anzutreffen sind.

Die anfänglichen Ängste und Unsicherheiten vieler Erzieherinnen im Umgang mit behinderten Kindern sind sehr verständlich. Viel zu selten gehören sonderpädagogische Inhalte zur Ausbildung an den Erzieherfachschulen, und im eigenen Umfeld wird die Erzieherin, ähnlich wie alle übrigen Menschen, wenig Gelegenheit für persönliche Erfahrungen mit behinderten Menschen erhalten. Diese Ängste und Unsicherheiten können gemindert werden, wenn Erzieherinnen über ein Fundament an Hintergrundwissen über Behinderungen verfügen und sich auf dieser Basis individuelle Verhaltensweisen erklären können.

Außerdem erleichtern Kenntnisse über spezifische Entwicklungsverläufe den Beziehungsaufbau zwischen Erzieherin und Kind oder zwischen der Erzieherin und den Eltern des Kindes.

Behinderte wie nichtbehinderte Kinder haben neben ihren ganz individuellen Entwicklungsverläufen und besonderen Fähigkeiten auch ihr eigenes Lerntempo, daher sind die folgenden Ausführungen eher als typische Entwicklungsmerkmale zu betrachten. Abweichungen von diesen Beschreibungen sind immer möglich. In kontinuierlichen Gesprächen mit Kolleginnen, Therapeuten, anderen Fachkräften und vor allem mit den Eltern können Besonderheiten erkannt und in die pädagogische Arbeit einbezogen werden.

Am Ende eines jeden Abschnitts wird das Bewegungsverhalten der Kinder mit einer spezifischen Behinderung etwas genauer, aber dennoch in verallgemeinerter Weise betrachtet und soll als Fundament für eine psychomotorische Entwicklungsunterstützung dienen.

Hörbehinderung

Bereits im Mutterleib kann das ungeborene Kind Töne und Geräusche von außerhalb wie von innen hören und darauf reagieren (Ultraschallaufnahmen des Embryos machen dies deutlich). In den ersten Lebensmonaten nach der Geburt lernt der Säugling, vertraute Personen an der Stimme zu erkennen und zu unterscheiden. Mit großer Freude und Ausdauer wiederholt der Säugling etwa ab dem 6. Lebensmonat seine selbst produzierten Laute (Lallmonologe) und ahmt die Laute von Bezugspersonen nach. Ein erster vorsprachlicher Dialog mit den Menschen im Umfeld des kleinen Kindes, vor allem mit den Eltern, kann nun beginnen.

Wenn ein Säugling aufhört zu lallen oder nur noch sehr selten Laute produziert, kann dies ein erster Hinweis auf das Vorhandensein einer Schwerhörigkeit sein. Ein weiteres Anzeichen für eine Hörstörung in diesem Alter ist, wenn sich das Baby in einem vollständig ruhigem Raum nicht nach einer plötzlich ertönenden, lauten Geräuschquelle umschaut.

Im allgemeinen fallen Kinder, die eine Hörbehinderung haben, kaum auf, denn äußerliche Merkmale, wie beispielsweise bei körperbehinderten Kindern, sind nicht vorhanden. Meistens reagieren diese Kinder auf Aufforderungen oder andere Formen sprachlicher Kommunikation wenig auffällig, sondern eher ganz angemessen, weil Eltern, Erzieherinnen oder andere Erwachsene mit Kleinkindern nicht nur über Worte, sondern zusätzlich über Mimik, Gestik oder einem nonverbalen Gesamtkörperausdruck kommunizieren.

Ein hörgeschädigtes Kind, dessen Behinderung von der Umwelt nicht wahrgenommen wird, muß sich immer wieder mißverstanden, abgelehnt oder ungerecht behandelt fühlen. Kommt es einer Aufforderung nicht nach, weil es die Worte nicht hören und somit nicht verstehen konnte, kann dies von der Umwelt als Ungehorsam oder Trotz aufgefaßt werden. Eltern, Erzieherinnen oder Spielgefährten werden dann ärgerlich, ungeduldig oder greifen zu Strafmaßnahmen. Eine Folge dieses für das Kind unbegreiflichen Geschehens ist häufig, daß es seine Hilflosigkeit oft in Wutausbrüchen zum Ausdruck bringt oder sich mehr und mehr von der Umwelt abkapselt.

Zusätzlich zur Hörbehinderung entsteht auf diese Weise eine sekundäre frühkindliche Entwicklungsstörung, die sich um so schwerwiegender manifestiert, je später die Hörbehinderung als primäre Entwicklungsstörung entdeckt wird.

Wie funktioniert das Hören und das Unterscheiden der akustischen Signale einschließlich der Sprache?
Die Schallwelle eines Tones oder Wortes wird von der Ohrmuschel aufgenommen und in den Gehörgang geleitet. Sie stößt auf das Trommelfell, welches nun zu schwingen beginnt.
Diese Schwingungen werden, verstärkt von den Gehörknöchelchen (Hammer, Amboß und Steigbügel) des Mittelohrs, auf die Schnecke im Innenohr übertragen.

44

Außenohr

1 Ohrmuschel

2 Gehörgang

Mittelohr

3 Trommelfell

4 Hammer

5 Amboß

6 Steigbügel

Innenohr

7 Schnecke

8 Hörnerv

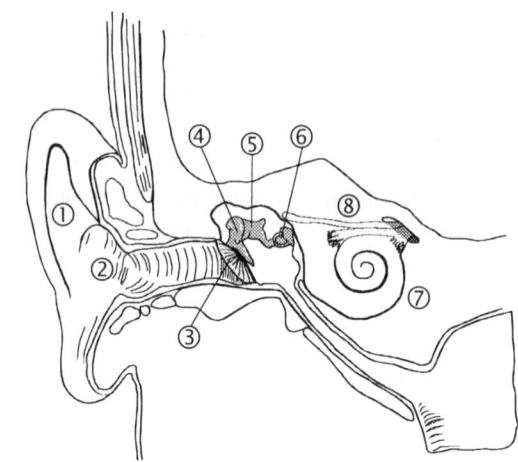

Aus: Strauß, E. u.a.: Biologie heute 1, Hannover, S. 45

Das Innenohr (Schnecke) ist mit tausenden, sehr empfindlichen Härchen auf einer Membrane ausgestattet, die je nach Tonhöhe und -stärke unterschiedlich starke Reize auf den Hörnerv übertragen. Der Hörnerv leitet die Reize ins Hörzentrum des Gehirns, wo diese Reize verarbeitet und entschlüsselt werden. Spezielle Abschnitte der Hirnrinde sind für das Erkennen von Sprache und dem Unterscheiden von Lauten zuständig (vgl. auch S. 65).

Alle Teile des Ohres und die entsprechenden Abschnitte des Gehirns arbeiten bei diesem komplexen Vorgang des Hörens, Wiedererkennens und Entschlüsselns eines Tones zusammen. Störungen oder Schädigungen des gesamten Hörvorganges oder von Teilfunktionen können ganz unterschiedliche Ursachen haben. Erkrankungen während der Schwangerschaftszeit (z.B. Röteln), Geburtskomplikationen verbunden mit Sauerstoffmangel (minimale oder schwere Hirnschädigungen), schwere frühkindliche Erkrankungen oder eine verzögerte Reifung des zentralen Nervensystems sind mögliche organische Ursachen für Hörbehinderungen.

In einigen Fällen von kindlicher Hörstörung lassen sich keine organischen Defizite finden, die Ursache muß eher schweren psychischen Belastungen des Kindes zugeschrieben werden. Beispielsweise kann ein kleines Kind in einem schweren, sehr belastenden und ängstigenden Familienkonflikt die Verweigerung des Hörens als einzige Möglichkeit des "Standhaltens" benutzen.

Je früher Hörbehinderungen eines Kindes entdeckt, Fachleute hinzugezogen werden, unterstützende Gespräche mit den Eltern stattfinden und die Erzieherinnen diesem Kind aufmerksam begegnen, um so günstiger verläuft die Entwicklung.

Schon im Säuglingsalter sind genaue Untersuchungen des Hörvermögens möglich. Hörgeräte zur Optimierung des Hörens oder zur Verstärkung von Hörresten für Säuglinge und Kleinkinder unterstützen die Hör- und Sprachentwicklung. Die Hörgeräte verstärken jedoch alle Geräusche im Umfeld des Kindes, daher schalten viele Kinder zeitweilig, z.B. bei großem Lärm in der Kindergruppe, ihr Hörgerät aus. Einige Hörstörungen sollen knapp beschrieben werden.

Mittelohrschwerhörigkeit

Die Mittelohrschwerhörigkeit wird durch Schalleitungsschwierigkeiten im Mittelohr verursacht. Die Hörfähigkeit ist eingeschränkt. Eine Operation kann den Kindern in den meisten Fällen helfen.

Eine zeitweilige Mittelohrschwerhörigkeit kann bei akuten Erkrankungen (z.B. im Nasen-Rachenraum) auftreten, sie klingt bei angemessener Behandlung nach einiger Zeit wieder ab.

Innenohrschwerhörigkeit

Diese Behinderung, primär eine Störung der Schallempfindung im Innenohr, ist schwerwiegender als die Mittelohrschwerhörigkeit. Das Hörvermögen ist erheblich gemindert. Rechtzeitige Untersuchungen geben Auskunft über den Grad der Hörminderung und sind die Basis für medizinische, therapeutische und pädagogische Maßnahmen.

Für die meisten Kinder mit einer Innenohrschwerhörigkeit ist ein Hörgerät, das schon für sehr kleine Kinder entwickelt wurde, hilfreich. Auch wenn bei diesen hörgeschädigten Kindern das Hörvermögen stark eingeschränkt ist, so sind sie dennoch lärmempfindlich und reagieren nervös auf laute Geräusche.

Sprachverständnisstörung

Bei dieser Form der Hörstörung liegt die Ursache nicht im Ohr, sondern in den Zentren des Gehirns, die für das Sprachverständnis zuständig sind. Töne, Laute oder Worte erreichen zwar das Sprachzentrum des Gehirns, können aber nicht angemessen entschlüsselt, verglichen oder wiedererkannt werden (vgl. auch Abschnitt Wahrnehmungsstörungen, S. 79ff).

Zur Motorik von Kindern mit einer Hörbehinderung

Zunächst fallen bei den Kindern keine gravierenden Besonderheiten in ihrem motorischen Verhalten auf. Ihr Bewegungsverhalten entspricht in etwa jenem der gleichaltrigen Kinder in der Gruppe. Dennoch haben Untersuchungen an stark hörbehinderten oder nahezu tauben Kindern einen motorischen Entwicklungsrückstand von bis zu 1½ Jahren ergeben. Dieses Ergebnis kann dadurch erklärt werden, daß sich alle Sinne in Abhängigkeit voneinander entwickeln und sich Beeinträchtigungen einer Sinnesfunktion auch auf andere Bereiche des sensorischen Systems auswirken.

Darüber hinaus arbeitet dieses akustische Sinnesorgan eng mit dem Gleichgewichtssystem zusammen; dies bewirkt, daß Gleichgewichtsvermögen und Körperkoordination bei Kindern mit Hörstörungen gemindert sind. Eine Beeinträchtigung der Gesamtmotorik unterschiedlicher Ausprägung ist die Folge.

Neben diesen sensomotorischen Beeinträchtigungen, wirken sich psychische Belastungen, wie z.B. Kommunikationsschwierigkeiten, geringes Selbstwertgefühl,

Ängste in unbekannten Situationen oder das Gefühl, nicht gemocht zu werden u.v.m., in ähnlicher Weise auf die psycho-motorische Entwicklung aus. Psychomotorische Spiele fördern durch die vielfältigen Spielangebote mit Geräuschen, Tönen und Sprache nicht nur die akustische Wahrnehmungsfähigkeit, sondern auch die sensorische Integration aller Sinne, das Gleichgewichtsvermögen und die Körperkoordination. Als ganzheitliche Fördermaßnahme unterstützen sie die motorische Entwicklung des Kindes, seine nonverbalen und emotionalen Ausdrucksmöglichkeiten und die Entwicklung von Sicherheit und Selbstwertgefühl.

Sprachbehinderung

Die Entwicklung der Sprache beginnt in den ersten Lebenstagen eines Säuglings, wenn er durch sein Schreien auf sich aufmerksam macht oder wenn er Geräusche und Sprachlaute seiner Bezugspersonen wahrnimmt.

Im den ersten Monaten, vorsprachliche Phase genannt, können aufmerksame Beobachter eines Säuglings viele kleine Entwicklungsschritte auf dem Weg zum Erwerb der Sprache miterleben. Den emotionalen Gehalt von Sprache "versteht" das Kind schon sehr früh. Beispielsweise kann der Säugling unterscheiden, ob die Eltern oder nahen Bezugspersonen gerade liebevoll mit ihm sprechen oder verärgert sind.

Im ersten Vierteljahr ist das Schreien die vorrangige Ausdrucksmöglichkeit. Auf ganz unterschiedliche Weise (Jammern, Juchzen, Schreien usw.) teilt der Säugling sein Wohlbefinden oder seine Wünsche mit.

Im zweiten Vierteljahr beginnt die Lallphase, in der auf spielerische Weise die Bewegungsmöglichkeiten von Lippen, Zunge, Kiefer und Gaumen erprobt werden. Die Eltern erleben in dieser Zeit bei ihrem Kind ein erstes aufmerksames Lauschen, wenn sie mit ihm sprechen.

Im zweiten Halbjahr differenziert sich das Gehör für Sprache immer weiter. Das Eigenhören, ein Wahrnehmen der selbst produzierten Laute, spornt die Kinder zu ganz unterschiedlichen, teilweise sehr melodischen Lallmonologen an.

Etwa ab dem 9. Lebensmonat erhält das Fremdhören große Bedeutung, das Ohr übernimmt nun immer mehr die leitende Rolle bei der Sprachentwicklung. In dieser Zeit entwickelt sich auch das Sprachverständnis, Worte oder Begriffe werden allmählich im Zusammenhang mit konkreten Handlungen begriffen (z.B. mit dem Arm winken und "auf Wiedersehen" sagen). Zum Ende des ersten Lebensjahres versteht das Kind schon die Bedeutung vieler Worte, bevor es diese Worte aussprechen kann. Wir sprechen hier vom "passiven" Wortschatz, im Gegensatz zur "aktiv" gesprochenen Sprache. Aber auch der "aktive" Wortschatz vergrößert sich in schnellem Tempo. Das Kind beginnt, bestimmte Situationen, Dinge oder Personen mit immer wiederkehrenden Lauten zu bezeichnen, wie z.B. dada, papa, ata usw., und kann sich dadurch schon gut verständlich machen. In den folgenden Monaten und Jahren differenziert sich die Fähigkeit zu sprechen. Schwierige Konsonanten und Lautverbindungen werden gelernt, der Wortschatz erweitert sich nahezu täglich, und eine einfache Grammatik wird beherrscht.

Bis zum Ende des 4. Lebensjahres hat sich das Kind den größten Teil unseres komplexen Sprachsystems angeeignet. Diese ersten vier Lebensjahre sind für die menschliche Sprachentwicklung am bedeutendsten und werden die "sensible Phase" für den Spracherwerb genannt.

Die Sprache entwickelt sich jedoch nicht von selber, sondern durch vielfältige aktive Handlungen (Spracherwerb durch Handeln und Begreifen) und immer im Dialog mit den erwachsenen Bezugspersonen oder sprachkundigen, älteren Spielgefährten (vergl. Herm, (3)).

Nicht nur Sprache und Emotionalität, sondern ebenso Sprache und Denken sind eng miteinander verknüpft. Denken wird auch als "innere" Sprache bezeichnet, und wir können bei jüngeren Kindern beobachten, daß sie Denkvorgänge laut mit Sprache begleiten.

Über Sprache werden nicht nur Informationen oder kulturelle und traditionelle Werte vermittelt (kognitiver Aspekt), sondern auch Trost, Zuspruch, Anerkennung, Freude oder Ärger (emotionaler Aspekt), und schließlich ist Sprache die Basis der menschlichen Kommunikation (sozialer Aspekt). Aus all diesen Gründen ist das frühzeitige Erkennen von Störungen der Sprachentwicklung und die Einleitung fördernder Maßnahmen für die kindliche Persönlichkeitsentwicklung von großer Bedeutung.

Was geschieht beim Erwerb der Sprache, und was sind notwendige Voraussetzungen?

- Der Erwerb der Sprache ist ein komplexer Vorgang, an dem das Gehirn, das sensorische System, der motorische Sprachapparat und die Psyche beteiligt sind, und zwar folgendermaßen:
- Physikalisch betrachtet, handelt es sich beim Sprechen um das Erzeugen von Druckschwankungen der Luft in einem bestimmten Frequenzbereich, hervorgehoben durch Vibrationen der Stimmritze.
- Der motorische Sprachapparat, ausgestattet mit zahlreichen Muskeln von Lippe, Zunge, Kehlkopf und Stimmbändern, ist verantwortlich für das Hervorbringen menschlicher Sprachlaute, Silben, Wörter oder Sätze.
- Das sensorische System erfaßt die Informationen des Sprechenden (Auge und Tastsinn haben eine besondere Bedeutung bei schwerhörigen oder tauben Kindern) und leitet sie über Nervenbahnen weiter zum Gehirn, zum sensorischen Zentrum.
- Im sensorischen Zentrum wird der Gesamteindruck der Sprache wahrgenommen, aber noch nicht der Inhalt begriffen.
- Der Inhalt der sprachlichen Form wird im Begriffszentrum decodiert. Dieser Abschnitt des Gehirns umfaßt nicht nur das verstandesmäßige Denken, sondern auch das intuitive, das "fühlende" Denken. Ohne dieses Sprachverständnis ist kein sinnvolles Sprechen möglich.

Im motorischen Zentrum des Gehirns werden Bewegungsabläufe geordnet und Handlungspläne entworfen, um über spezifische Bewegungen des Mundes, der Zunge und der Lippen eine gute Artikulation des Tones oder Wortes zu ermöglichen. Sprache ist also auch Bewegung und erfordert eine komplexe Bewegungsplanung. Motivation, Neugier und Freude sind einige psychische Voraussetzungen für den Spracherwerb. Das Kind kann sie am besten entfalten, wenn es Zuneigung und Vertrauen spürt.

Ich habe den komplexen Sprechvorgang so ausführlich beschrieben, weil dadurch deutlich wird, in welch beeindruckender Weise sensorische, motorische und psychische Prozesse aufeinander abgestimmt und voneinander abhängig sind.

Wolfgang Wendlandt hat in Form eines Sprachbaumes das Zusammenwirken sensorischer, motorischer und psychischer Entwicklungsprozesse anschaulich dar-

Der Sprachbaum, Wendlandt, S. 9

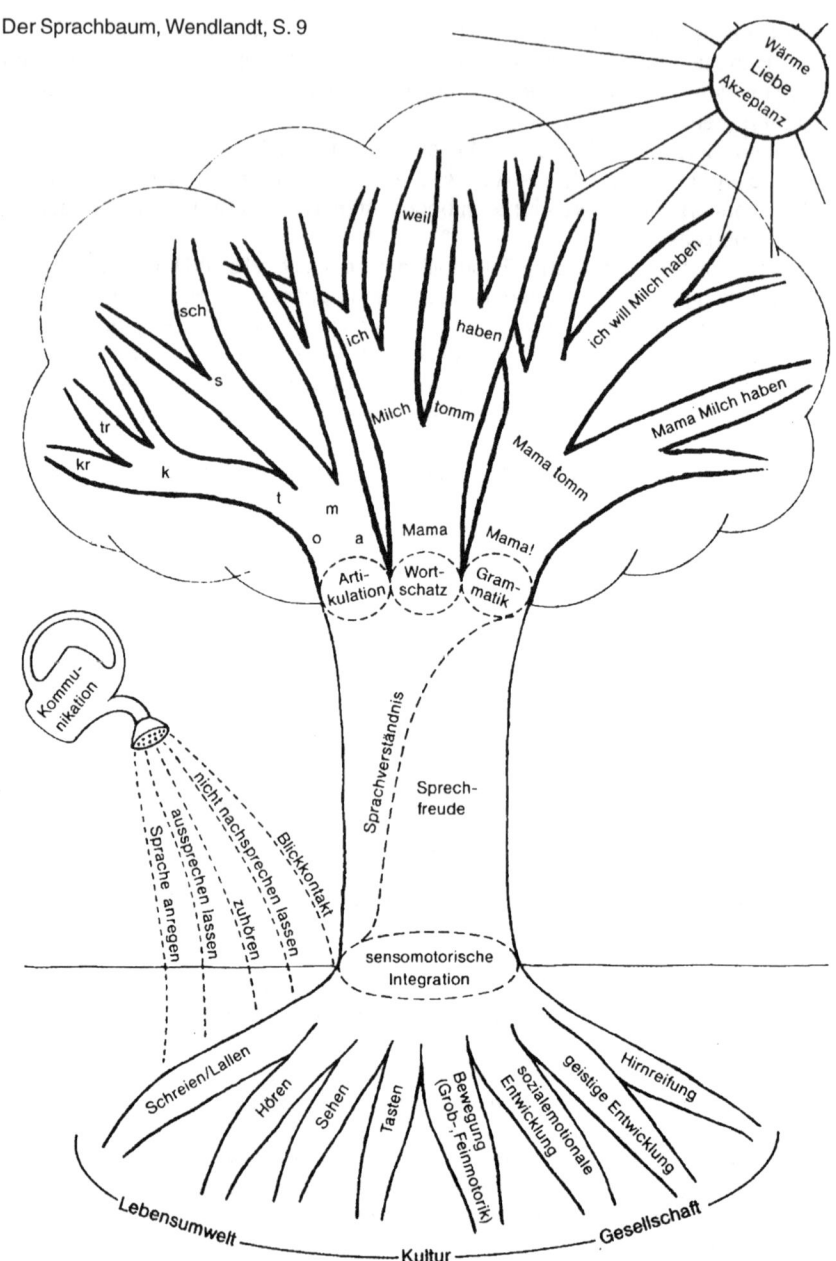

gestellt. Der "Sprachbaum" verdeutlicht, daß sich die Sprache des Kindes (Krone) mit ihren drei Bereichen Artikulation, Wortschatz und Grammatik nur dann entwikkeln kann, wenn eine Reihe grundlegender Fähigkeiten, wie z.B. Sehen, Hören und Feinmotorik, angemessen ausgebildet ist (Wurzeln) und wenn bereits Sprachverständnis und Motivation zum Sprechen vorliegen. Der Baum entfaltet sich in seiner Pracht allerdings nur dann, wenn ausreichend Licht vorhanden ist (Akzeptanz und Liebe in der Familie) und das lebensnotwendige Wasser (die tägliche Kommunikation mit dem Kind) genügend Nährstoffe enthält.

Störungen des Sprechens und der Sprache

Sprachstörungen haben in der Regel mehrere Ursachen. Ich möchte sie in drei Bereiche einteilen und zwar:
• erblich / organisch
• psychisch
• Umwelt und Erziehung

Erblich oder organisch bedingte Ursachen sind z.b. familiäre Sprachschwäche, Mißbildungen der Sprechwerkzeuge (z.b. Gaumenspalte), neurologische Störungen, Hör-, Seh- oder Bewegungsstörungen.

Mit psychischen Ursachen sind massive frühkindliche Entwicklungsstörungen, wie z.b. andauernde psychische Belastungssituationen, Störungen in der familiären Interaktion oder längere Trennungen von den vertrauten Bezugspersonen, gemeint.

Entwicklungshemmende Einflüsse aus Umwelt und Erziehung können ebenfalls für kindliche Sprachstörungen verantwortlich sein, z.b. mangelndes sprachliches Vorbild im Elternhaus und im nahen Umfeld, Über- oder Unterforderung des Kindes, geringe Bedeutung von Ansprache und verbaler Kommunikation oder mitunter auch Zweisprachigkeit (z.b. keine eindeutigen Sprachpartner für die jeweilige Sprache.)

Diese Ursachenbereiche stehen nicht isoliert nebeneinander, es gibt in Teilbereichen Überschneidungen und Wechselwirkungen. Deutlich wird dies, wenn ein Kind aufgrund einer Schwerhörigkeit (organisch) große Probleme hat, Geräusche und gesprochene Sprache zu unterscheiden oder zu verstehen, und zusätzlich im Elternhaus wenig liebevolle Ansprache stattfindet, wenn eventuell eher der Fernsehapparat die Kommunikation übernimmt (Umwelt/Erziehung). Die Sprachstörungen werden sich bei diesem Kind erheblich manifestieren.

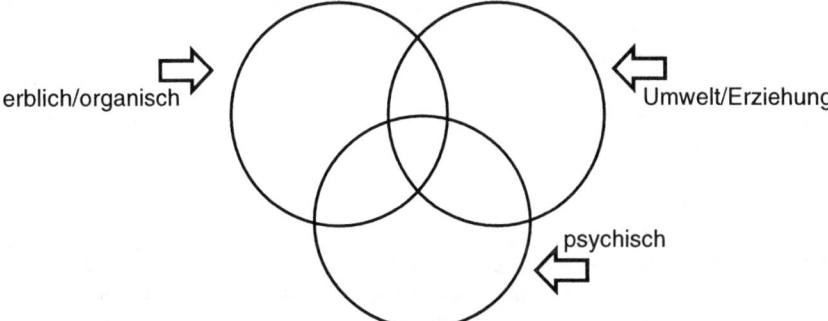

Manchmal lastet auf Kindern ein enorm hoher psychischer Druck, besonders früh gut sprechen zu müssen. Sie werden ständig korrigiert und müssen den Buchstaben, das Wort oder den Satz immer wieder "richtig" nachsprechen und entwickeln sich plötzlich zu sprachgestörten Kindern. Dieser psychische Anteil an einer Sprachstörung muß ebenfalls sehr ernst genommen werden, um den Kindern eine angemessene Hilfe geben zu können.

Zur Klärung der Ursachen einer Sprachstörung sind umfassende Untersuchungen durch Fachleute notwendig (z.b. Psychologen, Ärzte, Logopäden). In Gesprächen mit Eltern und Kind können wichtige Hinweise und Hintergründe erforscht werden, um dann gemeinsam die Sprachentwicklung zu unterstützen.

Einige häufig anzutreffende Sprachstörungen bei Kindern werden zusammengefaßt beschrieben.

Sprachentwicklungsverzögerung

Eine gute Sprachentwicklung ist entscheidend abhängig von einem sprachlich anregenden Milieu. Ich habe schon darauf hingewiesen, daß vor allem Eltern und andere frühe Bezugspersonen Leitbilder für die Entwicklung kindlicher Sprachmuster und Freude an sprachlichem Ausdruck sind. Ein anregungsarmes Elternhaus ist ebenso entwicklungshemmend wie Gesprächspartner, die stets korrigierend und mit hohen Anforderungen das kindliche Interesse an Sprache behindern.

Soziokulturelle Ursachen für eine Verzögerung der Sprachentwicklung können konfliktreiche Erlebnisse in der Familie oder im sozialen Umfeld sein, ebenso unterschiedliche Normen und Wertvorstellungen verschiedener gesellschaftlicher oder kultureller Gruppen, mit denen ein kleines Kind konfrontiert wird.

Stottern

Unter Stottern wird die Unterbrechung des fließenden Redestroms verstanden.

Wenn Kinder mit etwa 3 oder 4 Jahren plötzlich zu stottern beginnen, handelt es sich um entwicklungsbedingtes Stottern (physiologisches Stottern). Der Mitteilungsdrang des Kindes ist so groß, daß Denkgeschwindigkeit und Sprechfertigkeit nicht immer mithalten können. Daher wiederholen die Kinder ein Wort so oft, bis ihnen der gesuchte Ausdruck eingefallen ist.

Aus diesem harmlosen, entwicklungsabhängigen Stottern kann aufgrund systematisch falschen Eingehens durch Eltern oder Pädagogen (z.B. ständiges Korrigieren und Reglementieren) ein "echter" Stotterer werden.

Organische Ursachen für das Stottern können minimale frühkindliche Hirnschädigungen, Reifungsverzögerung des Zentralen Nervensystems (ZNS), hohe Erregbarkeit oder angeborene familiäre Dispositionen sein. Alle Ursachen des Stotterns sind jedoch noch nicht endgültig erforscht. Gesichert ist allerdings, daß, wie bei vielen Sprachstörungen, auch beim Stottern mehrere Faktoren eine Rolle spielen.

Stammeln

Mit Stammeln (Dyslalie) wird eine Unfähigkeit, Laute oder Lautverbindungen richtig auszusprechen oder sie innerhalb der Sprache richtig zu verwenden, bezeichnet. Bis zum Ende des vierten Lebensjahres ist das Stammeln entwicklungsabhängig (physiologisches Stammeln). Die "Sprechwerkzeuge" entwickeln und differenzieren sich immer mehr, und ein differenzierteres Hören der Laute führt zur fehlerfreien Aussprache.

Spricht das Kind jedoch mit fünf oder sechs Jahren noch Sätze, wie z.B. "Tannste mir mal einen Metterling malen", so können organische Ursachen (z.b. Kiefer-Gaumenspalte, Hörbehinderung, Störung in der zentralen Verarbeitung im Gehirn) oder psychische Faktoren (z.b. Vernachlässigung aufgrund jüngerer Geschwisterkinder) verantwortlich sein.

Dysgrammatismus

Im Verlaufe des dritten und vierten Lebensjahres erlernen die Kinder Grammatik und Satzbau der Sprache.

Von Dysgrammatismus wird gesprochen, wenn über das vierte Lebensjahr hinaus (in manchen Fällen mit einer Toleranzgrenze bis zum siebten Lebensjahr) der gedankliche Inhalt und Ablauf eines Satzes nicht in die übliche grammatische Form gekleidet werden kann. Ein Beispiel dazu: "Du nicht nehmen darfst überhaupt Teddy."

Zur Motorik von Kindern mit Sprachstörungen

Ich habe wiederholt beschrieben, daß die Ursachen von Sprachauffälligkeiten oder Sprachstörungen sehr vielfältig sein können. Diese unterschiedlichen Hintergründe und Entwicklungsbedingungen der sprachgestörten Kinder können ihre jeweils spezifische Auswirkung auf die frühkindliche Bewegungsentwicklung und auf das Bewegungsverhalten haben.

Wenn neurologische Störungen oder Sinnesstörungen die Ursachen der Sprachbehinderung sind, zeigen die Kinder häufig Unsicherheiten im Bewegungsgesamt oder auch eine Verzögerung der Bewegungsentwicklung. Die Störung einer Sinnesleistung hat immer Auswirkungen auf das gesamte sensorische System, sowie auf die Koordination und das Gleichgewichtsvermögen (vgl. Motorik von hörbehinderten Kindern).

Motorische Auffälligkeiten beobachten wir auch bei jenen Kindern, bei denen die Ursache der Sprachstörung vorwiegend im psychischen Bereich liegt. Wahrnehmen, Erleben, Bewegen und Reagieren sind eng miteinander verbunden und voneinander abhängig, daher ist es nicht verwunderlich, wenn sich Störungen im emotionalen Erleben auch auf das Bewegungsverhalten auswirken.

Bei diesen Kindern ist häufig eine deutlich verlangsamte, gehemmte Motorik mit wenig Selbstsicherheit und geringem Mut für neue Bewegungsaktivitäten zu beobachten oder andererseits überschießende, wenig kontrollierte Bewegungen oder Beeinträchtigungen des Gleichgewichtsvermögens.

Kinder mit Störungen ihrer Sprach- und Ausdrucksmöglichkeiten fühlen sich häufig nicht verstanden, nicht akzeptiert und nicht angenommen. In ihrem Bewegungsverhalten bringen sie dies deutlich als Hilferuf zum Ausdruck. Psychomotorische Spiele ermuntern Kinder zu spontanen, freudigen Bewegungsaktivitäten. Sie orientieren sich an den Interessen und am Vermögen des Kindes und vermitteln auf diese Weise die entwicklungsnotwendigen Erfolgserlebnisse. Verkrampfungen und erhöhte Körperspannungen lösen sich nach geraumer Zeit, was besonders positive Auswirkungen für Kindern, die stottern, hat.

Viele Spielangebote fördern außerdem auf kindgemäße, spielerische Weise den Sprachschatz und die sprachliche Ausdrucksfähigkeit der Kinder mit Sprachstörungen.

Sehbehinderung

Die Augen sind die Sinnesorgane, durch die wir die wichtigsten Informationen über das Geschehen in unserer Umwelt erhalten. Somit ist ein intaktes optisches Wahrnehmen die Basis für unsere konkret anschaulichen Denkleistungen.

In den ersten Lebensjahren entwickelt sich die Fähigkeit unserer Augen, bewegliche Ziele beidäugig zu fixieren, eine Vielzahl von Formen und Farben zu unterscheiden und wiederzuerkennen, Entfernungen einzuschätzen, Situationsveränderungen zu erkennen und darauf angemessen zu reagieren u.v.m.

Das neugeborene Kind kann zwar noch nicht besonders scharf sehen, aber es unterscheidet hell und dunkel und beginnt durch Bewegungen seiner Augen die Augenmuskulatur zu trainieren. Die freie Beweglichkeit des Muskelapparates der Augen, eine Voraussetzung für die Fähigkeit zur optischen Zielverfolgung, wird in den nächsten Lebensmonaten an allem, was sich im Blickfeld des Säuglings bewegt, wie z.B. Spielgegenstände, Gesichter oder die eigenen Hände, geübt.

Ohne diese Fähigkeit der optischen Zielverfolgung gibt es kein Wiedererkennen und Unterscheiden von Personen, Formen, Farben, Gegenständen oder Ereignissen. Dies ist die Basis unserer kognitiven Leistungen.

Das Auge, als Sinnesorgan für optische (visuelle) Wahrnehmungsleistungen, wird oft mit einer Kamera verglichen, mit der "faszinierendsten Kamera der Welt".

Wie funktioniert diese Kamera, und wie entstehen die Sehleistungen?

In unser Auge fallen von allem, was wir anschauen, Lichtstrahlen.

Bis wir das "richtige" Bild vor unseren Augen wahrnehmen können, müssen die verschiedenen Teile des Sehapparates, die für unterschiedliche Funktionen zuständig sind, präzise zusammenarbeiten.

Der Augapfel gilt als Kamera unseres Seh-Systems. Er besteht aus drei umgebenden Hüllen, und zwar der festen Lederhaut (Hornhaut), der farbigen Regenbogenhaut, die für unsere Augenfarbe zuständig ist (Iris), und der inneren Hülle, der Netzhaut.

Die Netzhaut ist der eigentliche Film dieser Kamera "Auge", hier wird alles, was wir sehen, umgekehrt und verkleinert abgebildet.

In der vorderen Augenkammer befindet sich die Pupille. Wir können sie mit einer Blende vergleichen, die sich je nach Lichteinfall verändert. Bei hellem Licht sorgt die Pupille durch Zusammenziehen und bei dunklem Licht durch Ausweiten für gute Belichtung.

Die Linse, als Objektiv, trennt die vordere und die hintere Augenkammer. Sie reguliert die Bildschärfe für jedes Objekt, das wir in der Nähe oder in der Ferne anschauen.

In der hinteren Augenkammer, gleich hinter der Linse, beginnt der Glaskörper. Er ist durchsichtig, und jeder Lichtstrahl kann ungehindert auf die Netzhaut fallen.

Der Sehnerv mit über einer Million Nervenfasern bildet die Verbindung zwischen Netzhaut und dem Seh-Zentrum des Gehirns. Die visuellen Eindrücke werden auf den Sehnervenbahnen zum Gehirn weitergeleitet, allerdings über verschiedene Zwischenstationen, an denen z.b. entschieden wird, welche Informationen überhaupt weitergeleitet werden.

"Das Auge vermittelt dem Gehirn etwa zehnmal soviel an Informationen wie das Ohr. ... Ließe das menschliche Gehirn alle optischen Reize unausgelesen durch, so käme es sehr schnell zu einer totalen Aufnahmesperre in unserem Gehirn."
(Kiphard, Mototherapie, S. 45)

1   Lederhaut
2   Hornhaut
3   Iris (Regenbogenhaut)
4   Netzhaut
5   Pupille
6   Linse
7   Glaskörper
8   Sehnerv

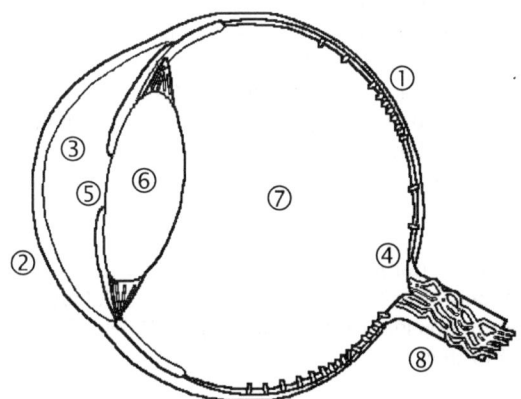

Etwa bis zum Ende des 6. Lebensjahres entwickelt und differenziert sich die optische Wahrnehmung. Notwendig dazu sind die vielfältigsten Entwicklungs- und Lernanreize in der Umwelt des kleinen Kindes. Es ist ein weiter Weg vom anfänglichen Bemühen des Säuglings, die Rassel in seiner Hand zu fixieren, bis hin zum Fangen eines schnell fliegenden Balles etwa fünf bis sechs Jahre später.

Eine große Entwicklungsspanne besteht ebenfalls, wenn wir ein 18 Monate altes Kleinkind beim Betrachten eines Bilderbuches mit großgemalten, einzelnen Gegenständen beobachten und daneben vier- bis fünfjährige Kinder, die bereits ganz unterschiedliche Abbildungen mit vielen Formen, Farben und differenziertem Vorder- und Hintergrund sehen und erkennen können.

Zur angemessenen Tiefenwahrnehmung, d.h. Wahrnehmen des Abstandes oder der Entfernung vom Betrachter bis hin zum Objekt der Betrachtung, sind ganz unterschiedliche Bewegungserfahrungen notwendig, wie z.B. Klettern über Hindernisse oder Springen von einem Stein zum nächsten. Auch wenn Kinder hinter anderen Spielgefährten herrennen und sie einfangen oder abschlagen, trainieren sie das Einschätzen von Entfernungen.

In diesen Spielsituationen und bei den vielfältigen anderen Bewegungsaktivitäten wird zudem die Fähigkeit der Koordination des eigenen Körpers und des optischen Analysators weiterentwickelt.

Eine wichtige Rolle für das Sehen spielt der Tastsinn, die begleitende taktile Wahrnehmung eines lebendigen Körpers oder das Erfühlen eines spitzen, harten, glatten usw. Gegenstandes. Wir könnten dies beschreiben als ein Sehen und Erkennen mit Unterstützung der Hände.

Kinder mit Störungen der optischen Wahrnehmung sind fast immer in ihren Lernmöglichkeiten eingeschränkt und zeigen Auffälligkeiten im sozialen Kontakt. Ein frühzeitiges Erkennen einer Sehschwäche oder anderer Störungen der Sehfähigkeit, das frühzeitige Hinzuziehen von Fachleuten und ein verständnisvolles Eingehen auf die Bedürfnisse der Kinder verbessern die frühkindlichen Entwicklungsmöglichkeiten.

Folgende Auffälligkeiten sind Alarmsignale für Eltern und Erzieherinnen:
• Bohren mit Fingern oder Fäusten in den Augen,
• Augenzittern, d.h. Augäpfel, die ruhelos hin und herpendeln,
• zwanghaftes Schiefhalten des Kopfes,
• Verdrehen der Augen, ohne etwas anzuschauen,
• Gegenstände werden stets sehr nahe ans Gesicht gehalten,
• auffälliges Stolpern über Gegenstände oder Stoßen an Möbeln u.ä.,
• große, starre Pupillen, auch bei Lichteinfall.

Kinder, deren Probleme mit der optischen Sinnesleistung nicht erkannt werden, sondern sich häufig vom allgemeinen Spielgeschehen der übrigen Kinder ab oder stören aus innerer Verzweiflung die Spielaktionen der anderen Kinder.
Ein Beispiel:

Von Erzieherinnen werde ich zur Beratung in die Kindergruppe geholt, weil Jan, 5 ½ Jahre alt, zunehmend Schwierigkeiten bereitet und inzwischen als Störenfried und Außenseiter in der Kindergruppe gilt.

Jan weigert sich, an bestimmten Einzel- und Gruppenaktivitäten, wie z.B. Malen, Basteln oder Turnen, teilzunehmen. Bei Spaziergängen bleibt er nicht, wie allgemein verabredet, an der roten Ampel stehen, sondern geht weiter. Am Frühstückstisch stößt er häufig seine Tasse um. Die anderen Kinder ärgern sich über Jan, weil er oft ihre Tische "anrempelt" oder ihre Bauwerke umstößt u.ä.

Jan ist ein vernachlässigtes Kind aus einem schwierigen Elternhaus mit vielen Problemen. Seit etwa 11/2 Jahren besucht der Junge diesen Kindergarten. Seine Entwicklungsdefizite hatten die Erzieherinnen zunächst auf seine ungünstigen Startchancen zurückgeführt.

Die Pädagoginnen bemühten sich zwar anfänglich sehr um den Jungen, können aber zunehmend mit seinem Verhalten nicht mehr angemessen umgehen.

*Anschließend an meine Beobachtungen in der Kindergruppe bitte ich die Erzie-
herinnen, daß sie Jans Mutter dringend einen Besuch beim Augenarzt anraten.
Das Ergebnis der Untersuchung bestätigt meinen Verdacht. Jan besitzt auf einem
Auge eine Sehkraft von 30 Prozent, auf dem anderen Auge sind es 60 Prozent.
Mit dieser Diagnose konnten sich die Erzieherinnen nun das Verhalten von Jan
erklären und ihn in seinem Entwicklungsprozeß (später mit einer Brille)hilfreicher
unterstützen.*

Entwicklungsbeeinträchtigungen oder Behinderungen des Sehens können sehr
unterschiedliche Ursachen haben, die sorgfältig durch Fachleute zu klären sind.
Einige Sehbehinderungen werden knapp zusammengefaßt beschrieben.

Augenmuskelschwäche

Bei einer Augenmuskelschwäche sind die Augen in ihrer Beweglichkeit eingeschränkt und können Gegenstände und Personen nicht schnell genug fixieren.
Bei Kindern mit einer cerebralen Bewegungsstörung wird fast immer eine mehr
oder weniger ausgeprägte Augenmuskelschwäche, eine gewisse Unbeweglichkeit
und Schwerfälligkeit im freien Bewegen der Augen festgestellt.

Schielen

Etwa 6 Prozent aller Kinder schielen. Ursachen dafür können u.a. Erkrankungen, eine Sehbehinderung oder eine Muskelschwäche in einem oder in beiden
Augen sein. Die Augenmuskeln eines Auges ziehen beim Fixieren eines Objektes
zu stark oder zu schwach nach innen oder außen und es kommt zur Schielstellung
der Augen. (Innenschielen oder Außenschielen).
In den ersten Lebensmonaten gilt das Schielen eines Säuglings noch als entwicklungsabhängig, etwa nach dem 5. Lebensmonat muß dem Schielen, als Möglichkeit einer Sehstörung, größere Aufmerksamkeit gelten.

Wenn ein Auge schwächer ist, keine "guten Bilder" liefert, daher nicht mehr
angemessen mitarbeitet und aus der geraden Blickrichtung wegrutscht, kann es
ebenfalls zur Schielstellung der Augen kommen.
Das Schielen ist heute durch Abdecken eines Auges (des gesunden), durch eine
Brille oder mitunter auch operativ gut behandelbar.

Sehschwäche

Bei sehschwachen Kindern ist die Informationsaufnahme gestört, die Wahrnehmung über das Auge verläuft ungenau, undifferenziert oder stark eingeschränkt.
Eine Sehschwäche auf einem oder auf beiden Augen kommt in unterschiedlich
schweren Abstufungen vor. Sie reicht vom undeutlichen Sehen bis hin zu einer
Fast-Blindheit mit wenigen Sehresten.

Das frühzeitige Erkennen einer Sehschwäche ist wichtig, um rechtzeitig entwicklungsunterstützende Hilfen geben zu können. Nicht nur die unterschiedlichsten Lernvorgänge und Denkprozesse sind abhängig von einer guten optischen Wahrnehmung sondern ebenso das Selbstbewußtsein und soziale Kompetenzen. (vergl. Beispiel Jan, S. 54)

Kinder mit leichteren Sehstörungen fallen den Eltern oder Pädagogen zunächst nicht besonders auf. Schwierigkeiten z.b. in der Feinmotorik, bei bestimmten Spielen und Beschäftigungen oder im sozialen Verhalten werden häufig auf Entwicklungsverzögerungen oder individuelle Persönlichkeitsmerkmale zurückgeführt.

Kinder, die stärker in ihrer Sehfähigkeit beeinträchtigt sind, zeigen deutlicher ein auffälliges Verhalten, dadurch wird die Entwicklungsbehinderung eher erkannt.

In den meisten Fällen kann eine Sehschwäche, schon bei jüngeren Kindern, durch eine Brille kompensiert werden.

Zentrale Sehstörungen

Von einer zentralen Sehstörung wird gesprochen, wenn die Sehfähigkeit zwar intakt ist, jedoch der Sinngehalt des Gesehenen nur unvollkommen erfaßt werden kann. Diesen Kindern fällt es schwer, Gesehenes wiederzuerkennen, optisch wahrgenommene Einzelteile zu einem Ganzen zusammenzufügen oder Farben, Formen und Mengen angemessen zu differenzieren.

Bei einer zentralen Sehstörung ist die Speicherungsfähigkeit für visuell Wahrgenommenes im Gehirn gestört und damit auch der geistige Erkennungs- und Verarbeitungsprozeß.

Vor allem bei Kindern mit einer frühkindlichen Hirnschädigung oder mit Hirnfunktionsstörungen wird diese Sehstörung, in unterschiedlich starker Ausprägung, festgestellt.

Zur Motorik von Kindern mit einer Sehstörung

Störungen in der optischen Wahrnehmung können nicht isoliert betrachtet werden, denn in den vorangegangenen Abschnitten habe ich beschrieben, daß die Behinderung einer Sinnesleistung auch immer Auswirkungen auf das gesamte sensorische System hat (Sensorische Integration, vgl. S. 78)

Laute, Worte, Geräusche usw. werden nicht nur gehört und entschlüsselt, sondern ebenfalls über den optischen Analysator zugeordnet und begriffen.

Das Gleichgewichtsvermögen, die Orientierung im Raum, die Entwicklung des Körperschemas und die Bewegungskoordination sind abhängig von sensiblen Informationen über optische Wahrnehmungskanäle.

Die einzelnen Sehstörungen haben unterschiedliche Auswirkungen auf das Bewegungsgesamt und die motorische Entwicklung der Kinder. Unsicherheiten und Ungenauigkeiten in der Bewegungskoordination (Auge-Hand-Koordination, Auge-Körper-Koordination), mangelndes Selbstwertgefühl, verbunden mit wenig Mut zum Erproben von neuen Fähigkeiten (Risikobereitschaft) oder Schwierigkeiten beim Zielverfolgen von Spielpartnern und Spielgegenständen (z.B. fliegende Bälle) können die kindliche Entwicklung hemmen. "Kinder, die in ihrer visuellen Wahrnehmung gestört sind, können auch oft das Verhalten ihrer Mitmenschen nicht recht verstehen. Diese soziale Wahrnehmungsstörung kann dazu führen, daß der Sinngehalt bestimmter Kinderspiele einfach nicht richtig verstanden wird." (Kiphard, Mototherapie, S. 47)

Psychomotorische Spiele, die alle Sinne anregen und in ihrer Entwicklung unterstützen, die kindliche Neugier und Freude an Bewegungsspielen fördern und ihnen zu neuen oder anderen Ausdrucksmöglichkeiten verhelfen, werden auch für Kinder mit einer Sehstörung zu einem wichtigen Wachstumsimpuls. Viele, eher ungenutzte Möglichkeiten in der eigenen Entwicklung, können durch die Freude an Bewegungs- und Wahrnehmungsspielen in der Kindergruppe zur Entfaltung gelangen.

Besonders eindrucksvoll ist bei blinden Kindern zu beobachten, in welcher Weise sie die übrigen intakten Sinnesleistungen entwickeln und nutzen und sich auf diese Weise in der Welt behaupten.

Geistige Behinderung

Die begriffliche Zuschreibung "geistige Behinderung" ist problematisch, ja sogar rätselhaft. Was bedeutet "Geist" und wie kann "Geist" behindert sein?

Anders als bei sinnesgeschädigten oder körperbehinderten Menschen ist bei der Diagnose "geistige Behinderung" die Meßlatte unklar. Das Kriterium ist vorrangig die Punktzahl bei der Messung des Intelligenzquotienten (IQ) durch kognitive Testverfahren. Bei einem IQ unterhalb der Wertung 70 IQ-Punkte wird von "geistiger Behinderung" gesprochen. Hier muß jedoch kritisch vermerkt werden, daß eine IQ-Messung nicht hinreichend über die Entwicklungseinschränkung oder das Potential des Kindes Auskunft geben kann.

Mit "geistig behindert" wird eine Gruppe von Menschen beschrieben, deren Gemeinsamkeit eine andere Verstandestätigkeit und ein Zurückbleiben in ihrer kognitiven Entwicklung ist. Als Ursache werden meistens Schädigungen des Gehirns durch Stoffwechselstörungen, Chromosomenanomalien, Sauerstoffmangel vor oder während der Geburt oder Unfälle und Erkrankungen mit Schädigung des Gehirns genannt. Am genauesten erforscht und deutlich erkennbar durch äußere Merkmale ist das Down-Syndrom, eine geistige Behinderung mit zusätzlichen organischen Beeinträchtigungen. Kinder mit einem Down-Syndrom wachsen inzwischen vielerorts gemeinsam mit anderen Kindern in der Regelkindertagesstätte auf. In einem gesonderten Abschnitt werde ich näher auf diese geistige Behinderung eingehen.

Die Einschränkung der geistigen Fähigkeiten kann unterschiedliche Schweregrade aufweisen. Auf jeden Fall ist diese Behinderung nicht nur eine Aufzählung kognitiver Defizite als Folge einer schwer bestimmbaren organischen Schädigung, sondern sie ist Ergebnis einer Wechselwirkung zwischen dieser Schädigung und den individuellen Erfahrungen des Behinderten mit der Voreingenommenheit seiner Mitmenschen.

Bei geistig behinderten Kindern beobachten wir eine Verlangsamung der Entwicklung, sie betrifft die Sprachentwicklung, die Wahrnehmung und die Bewegungsaktivitäten in unterschiedlich schwerer Ausprägung. Die Interaktion mit Kindern wie mit Erwachsenen verläuft anders, auf einer anderen Interaktionsbasis. Wenn es in der Umwelt an Verständnis und Akzeptanz dieser eigenen Art eines geistig behinderten Kindes mangelt, führt dies zu erheblichen Unsicherheiten im Gefühl des Angenommenseins und gefährdet die kindliche Identitätsfindung und seine Sicherheit im Zugehen auf die Umwelt.

Otto Speck beschreibt die entstehenden Lebensprobleme geistig behinderter Menschen vor allem als Probleme der Kommunikation, der Verständigung miteinander. Die gestörte und nur wenig differenzierte Wahrnehmung und die reduzierte, sprachliche Ausdrucksfähigkeit erschweren das Mitteilen von Wahrnehmungen, Absichten, Gefühlen oder Informationen. Für den Dialogpartner ist oft das Verstehen dieser Mitteilungen nicht hinreichend möglich. Es setzt Akzeptanz und ein miteinander Vertrautsein voraus.

Die Mitteilungen des Nichtbehinderten werden vom behinderten Interaktionspartner auch nicht vollständig verstanden. "Die Erfahrungen auf beiden Seiten, sich nicht oder nicht genügend verständlich machen zu können, kann wiederum die Mitteilungsbereitschaft lähmen." (O. Speck, Lotusblätter, 4/92, S. 3)

Durch bewußte Zuwendung und Entwicklungsförderung in allen Bereichen der frühkindlichen Persönlichkeitsentwicklung können Eltern, Erzieherinnen und Therapeuten den geistig behinderten Kindern wichtige Lern- und Orientierungshilfen geben und sie beim Erwerb vielfältiger Fertigkeiten und Fähigkeiten für eine selbständige Bewältigung des Lebensalltags unterstützen.

Kinder mit einem Down-Syndrom

Diese geistige Behinderung hat drei Bezeichnungen und zwar Mongolismus, Down-Syndrom oder Trisomie 21. Der Begriff "Mongolismus" hat sich leider auch international eingebürgert und stellt eine Beziehung von körperlichen Merkmalen dieser Behinderung zur mongolischen Rasse her. Um diese Diskrimination aufzuheben werden heute die Begriffe "Down-Syndrom" oder "Trisomie 21" verwendet.

Sehr detailliert hat 1866 J. Langdon Down diese Behinderung beschrieben und ist dadurch auch zu ihrem Namensgeber geworden. Die auffälligsten äußeren Merkmale sind die schräg gestellten Augen, die Hautfalten (Lidfalte) an den inneren Augenwinkeln, ein abgeflachter Hinterkopf und glatte Haare. Die Vielzahl der Auffälligkeiten und Beeinträchtigungen verdeutlicht das Wort Syndrom.

Mit dem Begriff "Trisomie 21" wird auf eine genetische Ursache dieser Entwicklungsstörung verwiesen. Während des komplizierten Prozesses der Zellkernteilung nach der Befruchtung, entwickelt sich das Chromosom 21 dreifach anstatt zweifach. Diese Anomalie während der Zellteilung führt im weiteren embryonalen Entwicklungsprozeß zu erheblichen Behinderungen. Ursachen für diese Chromosomenanomalie sind nicht hinreichend erforscht. Bei Frauen, die jenseits des 40. Lebensjahres ihr erstes Kind gebären, wird eine deutlich höhere Anzahl von Kindern mit Down-Syndrom festgestellt. Allerdings ist dies keine ausreichende Ursachenerklärung, denn auch wesentlich jüngere Frauen haben Kinder mit dieser Behinderung geboren.

Im frühkindlichen Entwicklungsverlauf und im Leistungsvermögen der Kinder sind erhebliche Unterschiede zu erkennen. In der Fachwissenschaft sind Hintergründe für diese Entwicklungsunterschiede noch nicht genügend erforscht, denn Menschen mit dieser Behinderung rückten erst in den letzten Jahren ins wissenschaftliche Interesse. Noch bis Mitte der 70er Jahre galten Kinder mit Down-Syndrom als schwer behindert und kaum förderbar. Ihre Lebenserwartungen waren gering (maximal etwa 30 Jahre), denn die zusätzlich auftretenden Krankheiten, wie z.b. schwerwiegende Herzfehler, wurden kaum bemerkt und behandelt.

Die Eltern erhielten häufig nach der Geburt den Rat zur Heimunterbringung ihres Kindes, wo die Kinder zwar versorgt aber nicht entsprechend gefördert wurden.

Diese Sichtweise hat sich glücklicherweise in den letzten Jahren sehr verändert, das Entwicklungspotential der Kinder wird heute deutlicher wahrgenommen und umfassende Frühförderprogramme unterstützen die individuelle Entwicklung des Kindes. Viele Kinder mit einem Down-Syndrom haben ihren Platz in Integrations-Gruppen von Kindertagesstätten gefunden und einige, wenn auch noch zu wenige, besuchen inzwischen mit Unterstützung von Sonderpädagogen die Regelschule.

Die Entwicklungsverzögerungen im Vergleich mit einer "normalen" Entwicklung und die Unterschiedlichkeit des individuellen Entwicklungsvermögens eines Kindes mit Down-Syndrom verdeutlicht eine Tabelle von V. Dmitriev (S. 46)

	Kinder mit Down-Syndrom	normale Entwicklung
Krabbeln	9 bis 27 Monate	7 bis 13 Monate
Stehen	11 bis 42 Monate	8 bis 16 Monate
Laufen	12 bis 65 Monate	8 bis 18 Monate
Worte sprechen	9 bis 31 Monate	6 bis 14 Monate
Sätze sprechen	18 bis 96 Monate	14 bis 32 Monate

Neben der verlangsamten motorischen Entwicklung sind vor allem Entwicklungsverzögerungen in der geistigen Entwicklung, wie Auffassungs-, Wahrnehmungs- und Denkvermögen, Sprache und Kommunikation zu erkennen. Viele Kinder mit Down-Syndrom haben zusätzlich gesundheitliche Probleme, die gerade in der ersten Lebensphase eine große Belastung für ihre Entwicklung darstellen

Etwa 35 Prozent der Kinder kommen mit Herzfehlern unterschiedlichster Ausprägung zur Welt. Die medizinische Entwicklung ist inzwischen so weit fortgeschritten, daß Herzoperationen schon frühzeitig gewagt werden können und gute Erfolgsaussichten haben.

Jüngere Kinder mit Down-Syndrom sind zusätzlich sehr anfällig für Infektionskrankheiten der oberen Atemwege und der Ohren. Häufige, nicht immer rechtzeitig erkannte Entzündungen im Mittelohr, werden für Hörverluste unterschiedlichster Schweregrade (etwa bei 73 Prozent der erwachsenen Behinderten) verantwortlich gemacht. Eine aufmerksame medizinische Begleitung kann die zusätzlichen gesundheitlichen Probleme der Kinder mindern.

Aufgrund von Erkrankungen und mehrfachen Krankenhausaufenthalten sind Stagnation oder Rückschritte in der frühkindlichen Entwicklung nicht ungewöhnlich, sie besitzen jedoch keine Aussagekraft über das tatsächliche Entwicklungspotential des Kindes.

Frühfördermaßnahmen zur Unterstützung des Entwicklungs- und Lernpotentials werden ausführlich und sehr praxisnah von Valentine Dmitriev beschrieben. Als besondere Stärken der Kinder mit Down-Syndrom nennt sie insbesondere ihre Aufnahmefähigkeit für Hilfestellungen, ihre ausgezeichnete Sehfähigkeit, ihre soziale Zugänglichkeit und ihr gutes Sprachverständnis. Eltern, Pädagogen und andere Beteiligte sollten diese Stärken der Kinder nutzen, um Entwicklungsverzögerungen von Anbeginn so gering wie möglich zu halten.

Als größtes und offensichtlichstes Problem der Kinder nennt Dmitriev ganz einfach die Tatsache, daß das Kind ein Down-Syndrom hat. Von dem Moment an, wo für die Eltern Gewißheit über diese Behinderung besteht (in der Regel schon unmittelbar nach der Geburt) und sie mit diesem Schock fertig werden müssen, beginnt ein negativer Einfluß auf die Entwicklung des Kindes. "Die erste Schwierigkeit nach der Geburt besteht also darin, daß Mutter und Kind zu einem normalen Muster des Miteinander finden müssen. Daß diese Entwicklung nicht von vornherein ungestört verläuft, ist wohl unvermeidlich. Wir müssen diese Tatsache zunächst einmal akzeptieren, dann können wir ihr entgegentreten." (Dmitriev, S. 61)

Auch im günstigsten Fall, wenn beide Eltern die emotionale Stärke besitzen und sich gemeinsam der neuen Situation stellen, gibt es eine Zeit des Trauerns und der Anpassung an das zukünftige Zusammenleben mit ihrem behinderten Kind. In dieser für die Eltern so notwendigen Trauerphase kann dem kleinen Säugling schon sehr viel an Liebe und Zuwendung, freundlichem Augenkontakt und allgemein entwicklungsanregender häuslicher Atmosphäre, die jedes neugeborene Kind benötigt, verloren gegangen sein. Häufig macht also das Kind mit Down-Syndrom in seinen ersten Lebenswochen wenig emotional beglückende Erfahrungen.

Als letztes muß noch eine weitere Belastung genannt werden. Die Chromosomenanomalie kann schon während der Schwangerschaft festgestellt werden und gilt als medizinischer Grund für den Abbruch einer Schwangerschaft. Die Eltern (insbesondere die Mutter) eines Kindes mit Down-Syndrom spüren häufig durch das Verhalten der Menschen im Umfeld oder ganz allgemein in der gesellschaftlichen Öffentlichkeit Ablehnung und die unausgesprochene Frage: "Warum lebt dieses Kind überhaupt?" Mit dieser indirekten oder mitunter auch direkten Frage und der Rechtfertigung der Daseinsberechtigung des kleinen Menschen sind nicht nur die Eltern, sondern auf seine ganz eigene Weise auch das Kind, konfrontiert

Aus meinen Erfahrungen mit der "gemeinsamen Erziehung" kann ich behaupten, daß ein frühzeitiges Zusammenleben mit anderen Kindern in einer Integrationsgruppe für Kinder, Eltern und ebenso für Pädagogen von großem Vorteil ist. Mit Hilfe des bekannten "Charms" der Kinder mit Down-Syndrom gelingt der Eingewöhnungs- und Integrationsprozeß bei einer sehr individuell geplanten Eingewöhnungsphase leichter, je jünger das Kind ist.

Auch wenn dieser Schritt in die Öffentlichkeit für die Eltern der Kinder zunächst mit ambivalenten Gefühlen verbunden sein mag, können nicht nur die Kinder, sondern auch die Eltern, mit Unterstützung der Erzieherinnen, ihren Platz im Kindergarten und somit in einem Bereich der gesellschaftlichen Öffentlichkeit finden.

Zur Motorik von Kindern mit einer geistigen Behinderung

Die Motorik eines geistig behinderten Kindes kann qualitativ oder quantitativ verändert sein. Häufig sind die Bewegungen verlangsamt, zähflüssig und erscheinen eher ungelenk. Aber mitunter sind sie auch rasch und überschießend, mit einem gesteigerten, wenig kontrollierten Antrieb.

In Alltagssituationen ist das Bewegungsverhalten der Kinder weniger auffällig. Erst in unbekannten Situationen, die ein neues, noch nicht gelerntes Bewegungsverhalten erfordern, werden die beschriebenen motorischen Auffälligkeiten sichtbar. Ursachen hierfür können Beeinträchtigungen der regulierenden zentralen Funktionssysteme im Gehirn (vgl. S. 65) und somit ein mangelhaftes Zusammenspiel der für Bewegungsabläufe zuständigen Lern- und Anpassungsvorgänge sein (motorische Dyskoordination).

Typisch für Kinder mit Down-Syndrom ist ein schlaffer Muskeltonus. Dies hat zur Folge, daß die Entwicklung von Fähigkeiten zur Kontrolle von Kopf, Hals oder Rumpf im frühen Säuglingsalter und später zum freien Sitzen, zum Stehen und Laufen langsamer als bei anderen Kindern verläuft. Durch eine sinnvolle Physiotherapie, die darauf abzielt, die Muskelkontrolle zu fördern, können diese motorischen Entwicklungsschritte unterstützt werden.

Im Bewegungsgesamt der Kinder erleben wir Unterschiede von eher passivem Verhalten bis zu aktivem, neugierigem Zugehen und Erproben der eigenen Fähigkeiten. Besonders augenfällig im Zusammenhang mir dem schlaffen Muskeltonus des Kindes ist eine Überdehnbarkeit der Gelenke.

Psychomotorische Spiele sind für Kinder mit einem Down-Syndrom oder einer anderen geistigen Behinderung nicht nur ein Förderangebot hinsichtlich der motorischen Entwicklungsverzögerung, sondern bedeutsam für die gesamte Persönlichkeit.

Geistige Fähigkeiten, wie z.B. Anpassungsvermögen oder Wahrnehmungs- und Denkleistungen werden durch aktive Auseinandersetzung mit Personen und unterschiedlichen Materialien in den Bewegungs- und Wahrnehmungsspielen angeregt. Auf das individuelle Lerntempo kann im binnendifferenzierten Bewegungsangebot gut eingegangen werden.

Spaß und Erfolgserlebnisse in der Psychomotorik verhelfen geistig behinderten Kindern zu mehr Selbstsicherheit und Selbstvertrauen. Damit wird eine Basis geschaffen, um in Interaktion mit anderen Kindern zu treten und viele neue Lernmöglichkeiten auch durch das Nachahmen der Spielgefährten zu erschließen,

Die sprachliche Mitteilung, eine erhebliche Schwierigkeit für geistig behinderte Kinder, kann in der Psychomotorik zunächst durch nonverbale Mitteilungen, also durch körperliche Ausdrucksformen, ersetzt werden. Tonfall, Gestik, Mimik, eindeutige Bewegungen, Körperhaltungen u.ä. ermöglichen ein Mitteilen und Verstehen ohne gesprochene Worte. Durch die sinnlichen Erfahrungen und Bewegungshandlungen im Spiel, durch erlebte Empfindungen, werden später auch Worte und Wortbedeutungen "be-griffen". Sowohl die Erweiterung des Sprachvermögens als auch die sprachliche Ausdrucksfähigkeit der Kinder können spielerisch mit Hilfe der Psychomotorik gefördert werden.

Körperbehinderung

Noch vor wenigen Jahrzehnten wurden körperbehinderte Kinder, Jugendliche und Erwachsene aus dem gesellschaftlichen Blickfeld weitgehend verbannt und am Rande der Städte oder Gemeinden in Sondereinrichtungen versorgt. Auch wenn inzwischen Menschen mit einer Körperbehinderung etwas mehr ins gesellschaftliche Blickfeld gerückt sind (Rollstuhlsymbol an Parkplätzen oder einigen anderen öffentlichen Einrichtungen), so bestehen dennoch sehr viele Einschränkungen, um am Leben in der Gesellschaft teilhaben zu können. Einerseits mangelt es an baulichen Veränderungen an öffentlichen Gebäuden, Verkehrsmitteln usw., andererseits sind Vorurteile und Verständnislosigkeit der erwachsenen Mitmenschen sowie Hilflosigkeit im sozialen Umgang miteinander geblieben.

Viele Kinder mit einer Körperbehinderung werden in Sonderkindergärten oder Sonderschulen mit speziellen Hilfsangeboten betreut und therapiert. Aber zunehmend entscheiden sich Eltern von körperbehinderten Kindern für eine gemeinsame Erziehung mit nichtbehinderten Kindern in einer Integrationsgruppe. Kinder lernen in dieser frühen Lebensphase den unverkrampften, rücksichtsvollen Umgang miteinander am einfachsten.

Ängste von Erzieherinnen, körperbehinderte Kinder könnten nicht angemessen gefördert und am Gruppenleben aktiv teilhaben, sollten thematisiert werden. Eine gute Kooperation zwischen allen Personen, die für das behinderte Kind verantwortlich sind, kann diese Ängste abbauen. Beispielsweise können Beschäftigungstherapeuten oder Krankengymnasten, die das Kind in der Entwicklung begleiten, Auskunft über notwendige Hilfsmittel, wie z.B. besondere Stühle, Fahrzeuge oder geeignetes Spielzeug geben. Der behandelnde Kinderarzt kann die Erzieherinnen über organische Belastbarkeit oder über die Bewegungsfähigkeiten informieren. Eltern kennen die Vorlieben und Abneigungen ihres Kindes sehr gut und sind auf diesem oder anderen Gebieten ebenfalls wichtige Kooperationspartner der Erzieherinnen.

Bauliche Voraussetzungen sollten inzwischen zum Standard jeder neu errichteten Kindertagesstätte gehören.

Der Begriff "Körperbehinderung" wird etwa seit 1923 verwendet und löste den bis dahin gebräuchlichen und mit vielen Vorurteilen belasteten Terminus "Krüppeltum" ab. Der neue Begriff ist zwar sachlicher, aber weniger scharf abgegrenzt. In manchen Ländern werden beispielsweise auch Sinnesbehinderungen zur Gruppe der Körperbehinderungen gezählt.

Die Diagnose "Körperbehinderung" wird von Medizinern erstellt und verweist erst einmal auf eine motorische Insuffizienz, ein körperliches Handicap. Die folgende Definition von Körperbehinderung bezieht auch die zusätzliche Behinderung durch gesellschaftliche Ansprüche mit ein:

"Körperbehindert ist, wer infolge einer Schädigung der Stütz- und Bewegungsorgane in seiner Daseinsgestaltung so stark beeinträchtigt ist, daß er jene Verhaltensweisen, die von Mitgliedern seiner wichtigsten Bezugsgruppen in der Regel erwartet werden, nicht oder nur unter außergewöhnlichen individuellen und sozialen Bedingungen erlernen bzw. zeigen kann und zu einer langfristigen schädigungsspezifisch-individuellen Interpretation wichtiger sozialer Rollen finden muß."
(Schönberger in U. Bleidick, S. 80)

Diese Definition bezieht sich zwar primär auf Menschen mit einer Körperbehinderung, aber hier wird ein grundsätzliches gesellschaftliches Problem im Umgang mit behinderten Menschen thematisiert, denn jede Schädigung oder Beeinträchtigung eines Menschen und der Grad seiner Behinderung muß immer im Zusammenhang mit den Anforderungen und Verhaltenserwartungen seiner sozialen Umwelt gesehen werden.

Wie bereits beschrieben, sind Körperbehinderungen Schädigungen der Stütz- oder Bewegungsorgane. Bewegungsfunktionen von Körper und Gliedmaßen werden dabei in unterschiedlicher Weise beeinträchtigt. Bewegungsbehinderungen werden unterschieden in cerebral (vom Gehirn her) und peripher (nicht zentral) bedingte Bewegungsstörungen. Im Kindesalter überwiegen die cerebralen Körperbehinderungen, deren Ursache unterschiedliche frühkindliche Hirnschädigungen sind. Im Erwachsenenalter ändert sich diese Statistik, denn eine große Anzahl von Körperbehinderungen infolge von Verkehrs-, Sport- und Haushaltunfällen oder als Folge von Erkrankungen kommen hinzu, sie zählen überwiegend zu den peripheren Bewegungsbehinderungen.

Unser hochkompliziertes menschliches Gehirn mit seiner Vielzahl an Nervensträngen und Nervenzellen ist verantwortlich für unser Bewegungsverhalten und somit auch für viele Bewegungsstörungen. Zum besseren Verständnis dieser komplexen Vorgänge soll im folgenden Abschnitt ein Einblick in Aufbau und Funktionen der einzelnen Abschnitte des Gehirns gegeben werden. (Vergl. auch Zinke-Wolter)

Rückenmark

Das Rückenmark können wir uns anschaulich als Kabelbündel vorstellen, Millionen von Nervenbahnen leiten sensorische Reize von der Peripherie des Körpers aufwärts zum Gehirn ("afferent"). Für die verschiedenen Reizqualitäten sind unterschiedliche Bahnen angelegt. Ebenso verlaufen Nervenbahnen auch in umgekehrter Richtung durch das Rückenmark. In diesen Bahnen werden motorische Impulse von unserem Gehirn zur Peripherie, z.B. zu den Muskeln geschickt ("efferent"). Wenn ein Mensch infolge eines Unfalls eine Querschnittslähmung erleidet, kommt es je nach Schädigungsstelle an der Wirbelsäule (und somit am Rückenmark) zu Unterbindungen der Nervenbahnen. Dadurch können die Bewegungen der Beine oder weiterer Körperteile sowie der Blasen- und Darmfunktion nicht mehr über das Gehirn gesteuert werden.

Stammhirn

Das Stammhirn, das entwicklungsgeschichtlich älteste Hirnteil, schließt sich an das obere Rückenmark an. Hier wird die Verbindung von der Peripherie zu den höheren Hirnteilen hergestellt. Das Stammhirn können wir uns als eine Brücke oder Datenübermittlungsstelle zwischen Rückenmark und Gehirn vorstellen. Alle motorischen und sensorischen Bahnen kreuzen sich hier, so daß nun die rechte Körperseite von der linken Gehirnhälfte gesteuert wird und die linke Körperseite von der rechten Gehirnhälfte.

Eine der vielen Funktionen des Stammhirns ist die Steuerung von Atmung und Kreislauf über das vegetative (nicht dem Willen unterstellte) Nervensystem.

Ein netzartiges Gewebe von Nervenzellen verbindet das Stammhirn mit dem Kleinhirn und Mittelhirn. Alle Hirnteile stehen miteinander in Verbindung und arbeiten in Abhängigkeit voneinander zusammen.

Das Kleinhirn

Das Kleinhirn dient als wichtiges Informations- und Kontrollzentrum, denn hier werden Einzelmeldungen zu einem zusammenhängendem Bild zusammengefaßt. Zu den Aufgaben des Kleinhirns gehören u.a.

• Kontrolle des Gleichgewichts und der Orientierung im Raum in Verbindung mit dem Labyrinth im Innenohr
• Integrationszentrum für Tastsinn, Lageempfinden und Tiefensensibilität
• Verantwortung für die Regulierung der Muskelspannung, Muskelkraft und Muskelkoordination
• Koordination und Harmonisierung des Bewegungsablaufs
• Kontrolle aller motorischen Leistungen

Aus dieser Aufgabenbeschreibung wird die Bedeutung des Kleinhirns vor allem für die Bewegung ersichtlich. Typische Bewegungsstörungen bei einer Schädigung dieses Hirnteils sind z.B. Ataxien (Störungen der Bewegungskoordination, das Gleichgewicht ist beeinträchtigt) oder Dyssynergie (Störungen des koordinierten Zusammenspiels von Muskelgruppen).

Zusätzlich zu diesen Funktionen ist das Kleinhirn eine wichtige Schaltstelle zur Großhirnrinde und diese wiederum kann die Kleinhirnrinde beeinflussen.

Mittel- und Zwischenhirn

Die wichtigsten Aufgaben des Mittelhirns sind:
• Integrationszentrum der Sehfunktionen
• Integrationszentrum der Hörfunktionen
• Steuerung der Nervenzellen der Stütz- und Haltungsmotorik
• Unterschiedliche vegetative Funktionen, wie Adrenalinausschüttung bei Alarmbereitschaft des Körpers

Die Dosierung der Sensorik und Motorik beginnt in diesem Abschnitt des Gehirns, und sie wird im nächsthöheren Teil des Gehirns noch weiter verfeinert.

Das Zwischenhirn enthält verschiedene Kerngebiete, einige Funktionen dieser Kerne sind: Der Thalamus (graue Kernmasse im Zwischenhirn) ist das wichtigste Integrationszentrum für Tastempfindungen, Tiefensensibilität, Temperatur- und Schmerzempfindung sowie Seh- und Riechfunktionen unterhalb der Großhirnrinde. Nervenfasern führen vom Thalamus zur Großhirnrinde und zurück. Alles, was als Empfindung bewußt werden soll (Angst, Schmerz, Gerüche, Geräusche usw.), muß von hier zur Großhirnrinde weitergeleitet werden.

Infolge von Störungen des Thalamus kommt es zu ungesteuerten Bewegungen (Athetosen), aber auch zu Integrationsstörungen sensorischer und emotionaler Art.

Der Hypothalamus ist ein Kern unterhalb des Thalamus im Zwischenhirn. Einige wichtige Funktionen sind die Steuerung von Wasserhaushalt, Stoffwechsel, Nahrungsaufnahme und Atmung (autonomes Nervensystem).

Weiterhin steuert er zusammen mit der Hirnanhangsdrüse (Hypophyse) den Hormonhaushalt unseres Körpers.

Ein dritter Kern, Pallidum (blasser Kern) genannt, ist das Zentrum der unwillkürlich, nicht bewußt gesteuerten Motorik (extrapyramidal), vor allem der Mitbewegungen. Störungen im Pallidum führen z.b. zur Parkinsonschen Krankheit.

Das Großhirn und die Großhirnrinde

Das Großhirn (cerebrum) überdeckt das Zwischenhirn und das Kleinhirn wie eine große Haube.

Die Großhirnrinde liegt als eine etwa 1 cm dicke Schicht wie eine Hülle um das Großhirnmark. In dieser Rinde mit vielen Falten und Furchen sind Felder mit motorischen und sensorischen Funktionen angelegt. Von den motorischen Feldern aus gehen Nervenbahnen bis hin zur Muskulatur.

Längst nicht alle Hirnfelder und ihre Funktionen sind hinreichend bekannt, manche können erst bei auftretenden Ausfallerscheinungen durch Hirnschäden genauer erkannt und somit untersucht werden.

Eine Abbildung dieser Großhirnrindenfelder kann einen besseren Einblick in die Vielzahl der Funktionsbereiche ermöglichen. (aus: Zinke-Wolter, S. 34)

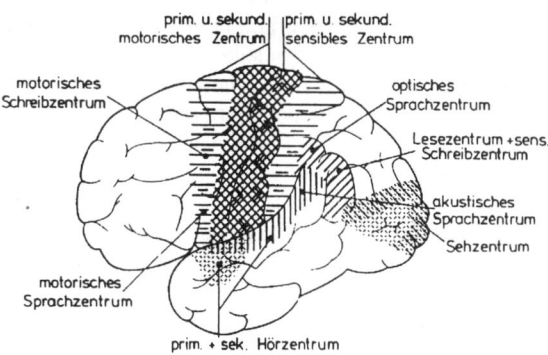

Die wichtigsten Rindenfelder. Neben den sensorischen und motorischen Rindenfelder liegen nah die darauf aufbauenden Funktionsfelder für das Hören, die Sprache, das Sehen, das Schreiben (aus: Forssmann/Heym, Grundriß der Neuroanatomie, Springer Verlag)

Die motorischen Areale sind für unser gesamtes Bewegungsverhalten zuständig. Zinke-Wolter beschreibt die Aufteilung der motorischen Hirnrinde in 30% für Körpermotorik (Grobmotorik), 30% für Handbewegungen (Feinmotorik) und 40% für Mimik und Mundbewegungen. Eine große Differenzierung für Bewegungen des Gesichts und des Mundes sind notwendig, wenn wir an das feingliedrige Zusammenspiel von Lippen, Zunge, dem weiteren motorischen Sprachapparat und dem begleitenden Mienenspiel beim komplexen Vorgang des Sprechens denken. (Vgl. Abschnitt Sprachbehinderungen)

Unsere Hände sind zu sehr differenzierten und millimetergenauen Bewegungen aller zehn Finger fähig. Mit großer Geschwindigkeit und unterschiedlichem Krafteinsatz können die Hände streicheln, drücken, schreiben, nähen, Musikinstrumente bedienen, Sportgeräte nutzen usw. Eine große Anzahl von Nervenzellen ermöglicht diese sensiblen Leistungen.

Diese motorischen Areale von Körper, Hand und Gesicht liegen eng beieinander, sind miteinander verknüpft und beeinflussen sich wechselseitig.

Mit den motorischen Zentren in engem Kontakt stehen die sensorischen Zentren, die ähnlich strukturiert sind. Für differenziertere sensorische Leistungen sind größere, für andere Sinnesleistungen etwas kleinere Areale auf der Hirnrinde vorhanden.

Von der Großhirnrinde aus wird die Willkürmotorik ermöglicht (kortikale Motorik). Im Gegensatz zu unwillkürlich ablaufenden Bewegungen (Extrapyramidalmotorik) muß die Willkürmotorik vom Säuglingsalter an gelernt und entwickelt werden, um später hochdifferenzierte Bewegungsleistungen vollbringen zu können.

Sensomotorische Funktionskreise

Unter dem Begriff Sensorik wird die Aufnahme von Reizen über unterschiedliche Fühler (Rezeptoren) verstanden, sie übermitteln dem Gehirn die jeweiligen Reizqualitäten Hier werden sie entschlüsselt, verglichen, geordnet und zu motorischen Aktivitäten (Antworten) verarbeitet. Die motorischen Reaktionen können wieder zu neuen oder gering veränderten Wahrnehmungen führen und andere Qualitäten von Sinneseindrücken zurück zum Gehirn leiten usw.

Die Rezeptoren auf der Haut übermitteln Empfindungen der unterschiedlichsten Berührungen, angenehme ebenso wie unangenehme.

Andere Rezeptoren funktionieren als "Fernfühler"; über Ohren, Nase, Mund und Augen übermitteln sie uns sensorische Reize von unterschiedlicher lustvoller bis unangenehmer Qualität.

Rezeptoren, die in Muskeln, Sehnen und Kapseln eingelagert sind, arbeiten als "Eigenfühler", sie nehmen Druck- und Dehnungsreize auf und vermitteln u.a. das Gefühl für Haltung und Sicherheit im Bewegungsapparat. Fühler im Innenohr sind für das Gefühl von Gleichgewicht, Bewegungsverlagerung und Beschleunigung zuständig.

Reize werden allerdings nicht einzeln aufgenommen und isoliert über die Nervenbahnen zum Gehirn weitergeleitet, sondern stets in Kombination mit anderen Reizen und Empfindungen (vgl. auch Abschnitt "Wahrnehmung").

Alle sinnlichen Erfahrungen, die Kinder in alltäglichen Spielsituationen, in der Heilpädagogik oder in der Therapie machen, sind Impulse für die Entwicklung der Sensomotorik.
Das Spüren und alle Bewegungen des Menschen, also sensorische und motorische Vorgänge, werden im Zentralen Nervensystem (ZNS) über eine Vielzahl von Bahnungssystemen gesteuert. Alle dafür notwendigen Nervensysteme sind zusammengeschaltet und zu fünf sensomotorischen Funktionskreisen zusammengefaßt, die ich an dieser Stelle nur namentlich nennen will (ausführliche Beschreibungen in der Fachliteratur z.B. bei P. Zinke-Wolter).

1. Sensomotorischer Funktionskreis - die Eigenreflexe (z. B. der Kniesehnenreflex (Patellareflex)

2. Sensomotorischer Funktionskreis - Fremdreflexe als Flucht- und Schutzreflex, z.b. Nadelstich in den Arm löst eine Reflexbewegung des Wegziehens aus

3. Sensomotorischer Funktionskreis - Empfindungen Gleichgewicht und Lage des Körpers.

4. Sensomotorischer Funktionskreis - hier wird die Extrapyramidalmotorik zugeordnet, die unwillkürlichen Bewegungen.

5. Funktionskreis - die Willkürmotorik. Die Bahnung verläuft einmal von der Hirnrinde über das Rückenmark zu den peripheren Körperteilen und steuert dort die Bewegung. Eine andere, kürzere Bahn verläuft zu bestimmten Hirnnervenkernen der Kopfmuskulatur (z.B. zur Kau- und Schluckmuskulatur oder zur Augenmuskulatur)

Unser gesamtes Gehirn ist ein hochdifferenziertes Wunderwerk und funktioniert optimal nur im Zusammenspiel aller Teile. Schädigungen und Störungen in einzelnen Teilbereichen haben meistens Auswirkungen auf die Bewegung, diese Beeinträchtigungen werden cerebral bedingte Körperbehinderungen genannt.
Einige Körperbehinderungen sollen etwas näher beschrieben werden.

Einige Störungen des Bewegungsapparates

Cerebrale Bewegungsstörungen

Wenn das Gehirn in einer frühkindlichen Phase (vor, während oder kurz nach der Geburt) geschädigt wird, kommt es zu umfassenderen Störungen als in einem späteren Lebensabschnitt, in dem schon viele Funktionsbereiche entwickelt und festgelegt sind. Andererseits kann das Kind bei einer frühzeitigen Diagnose weitaus besser in seiner Entwicklung unterstützt werden, denn das Gehirn besitzt noch eine große Plastizität und Anpassungsfähigkeit und viele Funktionausfälle aufgrund geschädigter Nervenzellen können durch andere Nervenzellen gemindert oder kompensiert werden.

Das Ausmaß der Bewegungsstörung und der zusätzlich auftretenden Sinnes- und Sprachbeeinträchtigungen hängt von Art und Umfang der Hirnschädigung ab. Verletzungen des Großhirnmarks und der Hirnrinde führen zu spastischen Lähmungen (Paresen), d.h. der Muskeltonus in dem betroffenen Körperteil ist in einem dauerhaften Spannungszustand (Spasmus). Die Bewegungen werden dadurch gehemmt und verlangsamt, bis hin zur völligen Muskelstarre und Bewegungslosigkeit.

Die Spastik kann unterschiedliche Ausprägung haben und zwar:
* Monoparese - Störung eines Armes oder eines Beines
* Hemiparese - eine halbseitige Lähmung
* Diparese - Lähmung hauptsächlich der Beine, Arme sind weniger betroffen
* Tetraparese - Störung in allen vier Extremitäten, Kopf und Rumpf können auch beteiligt sein

Auf die unterschiedlichen Therapieverfahren, wie z.B. Vojta-, Bobath- oder Petö-Behandlung, möchte ich hier nicht näher eingehen (nachzulesen bei P. Tietze-Fritz), wichtig ist jedoch, daß die entwicklungsfördernden Maßnahmen frühzeitig und in guter Kooperation vor allem mit den Eltern, aber auch mit den Gruppenerzieherinnen beginnen.

Spinale Bewegungsstörungen

Spinale Bewegungsstörungen werden Schädigungen im Bereich des Rückenmarks genannt. Je nach Lokalisation der Schädigung im Wirbelsäulenbereich und in welchem Umfang der Rückenmarksquerschnitt betroffen ist, sind unterschiedliche Bewegungsstörungen mit schlaffer Lähmung die Folge (z.B. Querschnittslähmung oder Spina bifida).

Bei Spina bifida, auch "offener Rücken" genannt, kommt es zu einer Spaltbildung der Knochenspangen der Wirbelsäule, wodurch sich das Rückenmark ungeschützt herausstülpen kann. Je nach Lokalisation und Umfang dieser Schädigung zeigen die Kinder geringfügige Störungen der Beweglichkeit der Beine bis hin zu einer ähnlichen Behinderung wie bei einer Querschnittslähmung. Die Darmfunktion ist in der Regel mitbetroffen.

Periphere Bewegungsstörungen

Bei Störungen im Bereich der peripheren Nervenstränge (z.B. in Muskeln) kommt es zu einer schlaffen Lähmung und einer Funktionseinbuße dieser Körperteile. Zusätzlich können Sensibilitätsstörungen in dem betroffenen Bereich wie Schmerzen oder Schmerzunempfindlichkeit auftreten.

Muskelerkrankungen

Erreichen einen Muskel über die Nervenbahnen keine Anregungen zur Bewegung mehr, so verkümmert dieser Muskel (athrophiert) und verliert seine Funktionsfähigkeit. (z.B. Muskeldystrophie)

Knochen- und Gelenkerkrankungen

Knochen- und Gelenkerkrankungen (z.B. Rheuma im Kindesalter, Glasknochen) führen in schweren Fällen zu Störungen des Bewegungsablaufes, denn Knochen, Gelenke und Sehnen sind mitverantwortlich für die Funktionsfähigkeit des Bewegungsapparates.

Motorische Retardierung

Von einer motorischen Retardierung wird gesprochen, wenn ein kleines Kind in seiner motorischen Entwicklung deutlich zurückbleibt.
Möglicherweise muß dies durch funktionelle Entwicklungstests herausgefunden werden, um sinnvoll die frühkindliche Entwicklung unterstützen zu können.
Ursachen für eine Retardierung können z.B. frühkindliche Hirnschädigungen, allgemeine Erkrankungen oder eine wenig entwicklungsfördernde Umwelt sein.

Zur Motorik von Kindern mit einer Körperbehinderung

Bei der Vielzahl von unterschiedlichen Körperbehinderungen sind allgemeine Aussagen zum motorischen Verhalten der Kinder nicht möglich. Bewegungsstörungen beeinträchtigen, je nach Schweregrad, die Bewegungserfahrungen, die motorische Entwicklung, zum großen Teil auch die Entwicklung von Sinnesfunktionen oder die geistige Entwicklung.
Bewegung, Wahrnehmung und die seelische Entwicklung stehen in enger Wechselwirkung, d.h. eine gute psychische Stabilität des behinderten Kindes beflügelt seine Lernfreude und Lernfähigkeit, Trauer, Kummer, Ängste u.ä. behindern seine Entwicklungsmöglichkeiten. In der Kindergruppe sehe ich den vorrangigen pädagogischen Schwerpunkt darin, die Entwicklung von Selbstwertgefühl und weitgehender Autonomie zu unterstützen, soziale Kontakte zu ermöglichen, entwicklungs-

anregendes Material und Erfahrungsraum zur Verfügung zu stellen. Eine gute Kooperation zwischen dem Therapeuten des Kindes und der Gruppenerzieherin kann pädagogische und therapeutische Ziele in Einklang bringen und Basis für eine optimale Entwicklungsunterstützung sein.

Psychomotorische Spiele sind grundsätzlich auch für Kinder mit einer Körperbehinderung eine wichtige, ganzheitliche Entwicklungsunterstützung und können so früh wie möglich in die pädagogische Arbeit integriert werden. Allerdings gilt es hier, in besonderem Maße den Entwicklungsstand der Kinder herauszufinden und zu berücksichtigen, denn in den Bewegungs- und Wahrnehmungsspielen mit behinderten Kindern wird stets vom Vermögen eines Kindes ausgegangen und nicht von seinen Defiziten.

Wenn wir einem Kind neue Bewegungen oder Empfindungen vermitteln wollen, die es nach seinem bisherigen Entwicklungsstand noch gar nicht aufnehmen und leisten kann, werden entwicklungsnotwendige Stufen übersprungen. Neben der möglichen Überforderung, Enttäuschung, Frustration usw. können sich auch falsche oder sogar pathologische Bewegungsmuster entwickeln. Dennoch kann die Erzieherin ohne Sorge unterschiedliche Übungs- und Spielvariationen ausprobieren, bis sie die Vorlieben und Fähigkeiten des Kindes herausgefunden hat. Kein Kind erleidet einen "Entwicklungsschaden" durch gelegentliche nicht adäquate Anforderungen, jedoch muß die Erzieherin bei den Übungen und Spielsituationen auf körperliche wie psychische Signale des Kindes achten und darauf angemessen eingehen.

Bei Kindern mit Hirnschädigungen ist die häufige Wiederholung und Variation von Übungen und Spielen besonders wichtig, denn auf diese Weise werden neue Empfindungen und Eindrücke angebahnt (Synapsen geschaltet), gespeichert und stehen dann als Erfahrungen für weitere Spielaktionen zur Verfügung.

Spiele aus dem Bereich "Körperschema" oder "Körperwahrnehmung" helfen Kindern bei ihrer Identitätsbildung und unterstützen die Entwicklung einer realistischen Einschätzung ihrer körperlichen Möglichkeiten. Sinnvoll hierfür ist die Einbeziehung von Hilfsmitteln wie beispielsweise eine Puppe (oder andere Figuren und Bilder) mit einem körperlichen Handicap, mit der sich das körperbehinderte Kind identifizieren kann.

Wenn Kinder mit einer Körperbehinderung an der Psychomotorik teilnehmen, sollte eine Vielzahl der Bewegungsaktivitäten auf diese Bewegungseinschränkung abgestimmt sein. Dennoch ist es kein Problem, wenn es an einigen bewegungsintensiveren Spielen nicht oder nur mit Unterstützung teilnehmen kann. Dies gehört zur Realität seines Lebens. Sehr wichtig ist jedoch stets die gefühlsmäßige Einbeziehung des Kindes, z.B. über Blickkontakt, Ansprache oder Mitspielmöglichkeiten auf seine individuelle Weise (Begleitung der Spielaktion durch Stimme oder Instrumente, gesondertes, interessantes Material zum eigenen Erproben u.ä.).

Wahrnehmungsstörung

"Wir kommen auf diese Welt. Wir erfahren, daß sie da ist, - uns umgibt - eine
Um-Welt ist! Diese Erfahrung beruht auf Wahrnehmung." (Affolter, S. 17)
Wahrnehmung ist die Grundlage von Lernen und Erkenntnis, sie ist Basis für
Kontakt und Interaktion, Voraussetzung für innere und äußere Bewegung, sie ermöglicht dem Individuum die Grenzziehung zwischen Ich und Um-Welt.
Die Wahrnehmung enthält mannigfache Qualitäten von Empfindungen, die uns
jedoch kaum einzeln bewußt werden, sondern wir nehmen Personen, Gegenstände oder Ereignisse als Ganzheit wahr. Die unterschiedlichen Reize empfangen wir
über die verschiedenen Sinneskanäle (Fühlen, Sehen, Hören, Bewegungsemp-
findung, Schmecken und Riechen). Sie werden zu den entsprechenden Arealen
der Großhirnrinde geleitet und dort verarbeitet.
Wahrnehmung ist die Bewußtwerdung dessen, was uns die Sinne eingeben.
In unsere Wahrnehmung fließen Einstellungen, Erfahrungen, Wissen, Emotionen u.a.m. ein, und somit ist Wahrnehmung immer subjektiv. Jeder Mensch kann
Ereignisse anders wahrnehmen, und zwar so, wie sie seiner subjektiven Wirklich-
keit entsprechen. Eine schwangere Frau, deren Gedanken und Emotionen um die
Schwangerschaft und das zu erwartende Kind kreisen, nimmt auf der Straße an-
dere schwangere Frauen aufmerksam wahr (subjektive Wirklichkeit), während diese
Personen anderen Erwachsenen möglicherweise nicht aufgefallen wären.
Bis hin zu den Wahrnehmungsleistungen im Erwachsenenalter ist ein langer
Weg zurückzulegen, den wir etwas genauer betrachten wollen.

Wie funktioniert Wahrnehmung?

Der Mensch als hochdifferenziertes Lebewesen ist bei seiner Geburt noch nicht
allein überlebensfähig. Auf der Evolutionsstufe wesentlich niedriger angesiedelte
Lebewesen sind mit einer Vielzahl von ererbten Reflexen und Instinkten ausgestattet, die das Überleben sofort nach der Geburt ermöglichen.
Je höher die Lebewesen entwickelt sind und je differenzierter sich das Gehirn
ausgebildet hat, um so unvollständiger ist die Entwicklung des Nervensystems
zum Zeitpunkt der Geburt. Dieser Nachteil von Unfertigkeit nach der Geburt ist
allerdings gleichzeitig der Vorteil für ein lebenslanges Lernen und sich Entwickeln.
Lernen bedeutet, neue Informationen zu bereits gemachten Erfahrungen hinzu-
zufügen. Diese Informationen (inputs) verlaufen in Neuronen (Nerveneinheiten aus
Ganglienzelle, Neurit und Dendrit) auf den Nervenbahnen unseres komplexen Nervensystem zu den entsprechenden Arealen auf der Großhirnrinde (vergl. S. 65).
Je differenzierter Lernsituationen sind, um so mehr Neuronen sind daran beteiligt,
und um so mehr neue Erfahrungen kommen hinzu und werden verarbeitet.
"Über die "Schaltknöpfe", die Synapsen, werden Impulse weitergeleitet zu anderen Neuronen. Diese Leitfähigkeit und damit die große Fülle der Kombinations-
möglichkeiten in dem Netz von über 500 000 Kilometern Fasern garantiert uns,
daß wir nahezu unbegrenzt lernen können und das bis ins hohe Alter hinein."
(Zinke-Wolter, S. 192)

Jede Wahrnehmung unterstützt in irgendeiner Weise das Wachstum der Gehirnzellen und ihre Verfaserung und Schaltung untereinander.

Kinder brauchen in ihrer frühen Entwicklungsphase Anregungen (Reize) in mannigfaltiger Weise, um alle Sinne und somit ihr Gehirn weiter zu entwickeln. In den ersten sechs Lebensjahren lernen sie über das sensorische System besonders effektiv und schnell. Etwa mit 10 Jahren ist das Wachstum der sensorischen Verbindungen weitgehend abgeschlossen, Lernen findet danach in erster Linie über Denken statt.

Das sensorische System kann in zwei Bereiche eingeteilt werden, und zwar in Nahsinne und Fernsinne.

Nahsinne (die Bezugs- oder Reizquelle befindet sich im Körper)
• Tastsinn   • Gleichgewichtssinn   • Bewegungssinn   • Geschmackssinn
Fernsinne (die Reizquelle befindet sich außerhalb des Körpers)
• Auge   • Gehör   • Geruch

Die Nahsinne werden auch Basissinne genannt, sie sind die Grundlage für alle weiteren Wahrnehmungsprozesse. Wir können sogar behaupten, daß alle frühkindlichen Entwicklungsprozesse von optimal funktionierenden Nahsinnen abhängig sind.

Die Integration aller Sinnesleistungen, das Zusammenwirken im Wahrnehmungsprozeß, ist entwicklungsnotwendig für alle weiteren Lernprozesse. Eine gute Integration der Sinne wirkt sich zudem ausgleichend auf unsere Muskelspannung (Tonus) aus, dagegen erhöht sich sofort die Muskelspannung, wenn einzelne Wahrnehmungsbereiche irritiert oder beeinträchtigt werden. Mit einer stark erhöhten Muskelanspannung ist jegliches Lernen erschwert, was bestimmt schon jeder am eigenen Leibe in schwierigen Situationen mit hoher Anspannung erfahren hat.

Einen Eindruck von den unzähligen Verknüpfungsmöglichkeiten der unterschiedlichen sensorischen Leistungen bekommen wir auf der folgenden Abbildung von Zinke-Wolter, sie nennt das Gebilde "Wahrnehmungsdiamant" (S. 202).

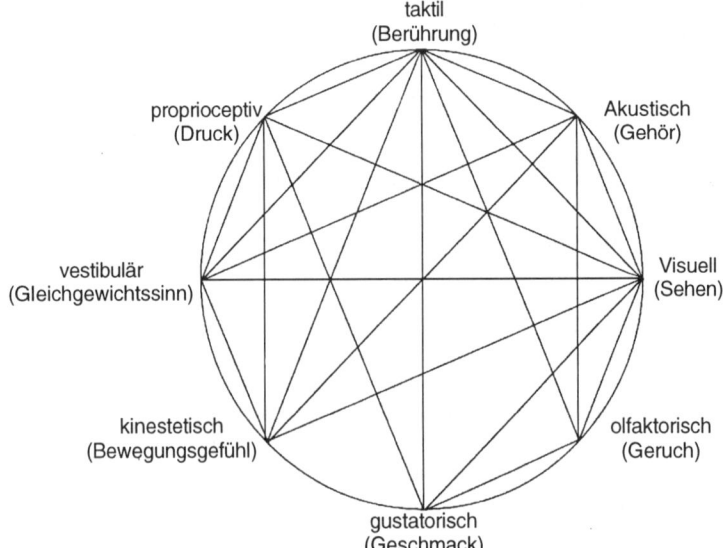

Die Entwicklung der Sinne

Das ZNS und somit auch die Wahrnehmungsleistungen sind zwar bei der Geburt eines Menschen "unfertig", d.h. der kleine Mensch könnte noch nicht selbständig überleben, jedoch wird ein Säugling keineswegs ohne Wissen, Erleben und vielfältigste Sinneserfahrungen geboren. Die neuesten Forschungsergebnisse über die vorgeburtliche Entwicklung im Mutterleib (Embryologie) widersprechen der bekannten Theorie, daß der Embryo während dieser Zeit die Stammesgeschichte der Menschheit (Evolution) in verkürzter Form durchmacht. Katharina Zimmer betont, daß der sich entwickelnde Mensch von der Befruchtung an Mensch ist, niemals Fisch, Lurch usw., und er verhält sich auch von Anbeginn als solcher (vergl. K. Zimmer, "Das Leben vor dem Leben"). In eindrucksvoller Weise eröffnet sie in ihrem Buch Forschungsergebnisse, die heute durch umfangreiche Ultraschallaufnahmen im Mutterleib möglich sind.

Schon am Ende der achten Woche beginnt der Embryo, "Empfänger" (Rezeptoren) für Sinneseindrücke zu entwickeln. Diese Rezeptoren in den Gelenken, in Mund, Nase, Ohr und auf der Haut nehmen die Zusammenarbeit mit den zuständigen Zentren des sich in dieser Zeit besonders schnell entwickelnden Gehirns auf.

Bereits in diesem frühen embryonalen Entwicklungsstadium werden Synapsen (Kontakte zwischen den feinen Enden der Nervenfasern) gebildet. "Jede Information, die der Embryo innerhalb seiner kleinen Umwelt erhält, sei es über seine Lage im Uterus, sei es über die Temperatur, wird so an das Gehirn weitergegeben. Bisher hatte man angenommen, Synapsen bildeten sich erst nach der Geburt." (Zimmer, S. 25)

In dieser frühen Phase besteht schon eine enge Verbindung zwischen dem seelischen und körperlichen Befinden der Mutter und dem Wohl des Kindes. Daher können z.B. Unerwünschtheit und Ablehnung des Kindes oder andere problembehaftete Lebensumstände der Mutter zu verhängnisvollen Risikofaktoren für das Ungeborene führen.

Zimmer betont daher eindrücklich die Mitverantwortung des Partners, der Familie, der Freunde und letztlich der Gesellschaft für das Wohlbefinden der schwangeren Frau, damit sie ihrem ungeborenen Kind das lebensnotwendige Gefühl von Sicherheit und Geborgenheit vermitteln kann. "Man kann das Ungeborene nur über seine Mutter erreichen. Wer dem Kind helfen will, muß auch ihr helfen." (S. 30)

Einige Ursachen von Wahrnehmungsstörungen können schon in einem frühen, vorgeburtlichen Stadium liegen, denn spezifische Sinnesleistungen bilden sich bereits im zweiten und dritten Schwangerschaftsmonat heraus. Sie differenzieren sich bis zur Geburt und in den darauf folgenden Lebensmonaten ständig weiter heraus.

Fühlen - Taktile Wahrnehmung

Am Ende des dritten Monats ist bereits der größte Teil des Körpers des Embryos reizempfindlich, die Reize werden zu allen Zentren des Gehirns weitergeleitet. Nervensystem und Haut bilden sich aus der gleichen Gewebeschicht (äußeres der drei Keimblätter - das "Ektoderm") und daher spielen alle Berührungsreize eine bedeutsame Schlüsselrolle in der Organisation des Gehirns.

Das taktile System ist vor der Geburt vollständig ausgebildet und bereit für alle taktilen Eindrücke der Außen-Welt (ausführlicher in Abschnitt "Berühren und berührt-werden").

Jean Ayres, die Grundlegendes zur Wahrnehmungsentwicklung und zu Wahrnehmungsstörungen erarbeitet hat, erwähnt zwei Arten von Berührungsreizen. Bei "nichtspezifischen" taktilen Reizen (z.B. Kleidung auf der Haut, warmes Wasser, das Reize auf Körperteile sendet) erhält das Gehirn keine direkte Information, von welcher Stelle auf der Haut dieser Berührungskontakt stammt, und daher erfolgt auch keine spezifische Wahrnehmungs- oder Bewegungsreaktion. "Diese Art von Nervenreiz hilft, das Gleichgewicht zwischen erregenden und hemmenden Kräften innerhalb des Nervensystems aufrechtzuerhalten. Sie "ernährt" das Gehirn und hilft ihm, störungsfrei zu arbeiten." (Ayres, S. 137). Die Reize "ernähren" das Gehirn und sicherlich somit auch die "Seele" (z.B. beim Streicheln).

Bestimmte Tastreize, besonders im Mundbereich, sowie an Händen und Fingern sind "spezifisch" (z.B. Hände auf der heißen Herdplatte). Sie werden weitergeleitet in die höchsten Gehirnebenen, in die Hirnrinde und dort verarbeitet. Gezielte Bewegungsreaktionen auf der Grundlage dieser spezifischen Berührungsempfindungen sind nun möglich.

Gleichgewicht

Gegen Ende des dritten Schwangerschaftsmonats funktioniert bereits der Gleichgewichtssinn (vestibulares System). Von dieser Zeit an liefert es dem Gehirn Sinnesreize, die uns die Anpassung an die Umwelt ermöglichen.

Das Gleichgewichtsorgan befindet sich im Innenohr, in den drei Bogengängen. Sie sind mit einer Flüssigkeit gefüllt, die sich bei jeder Kopfbewegung verändert. Dadurch werden winzige Härchen (Reizempfänger) im Innenohr berührt. Diese Rezeptoren senden Informationen an das Gehirn und ermöglichen damit Anpassungsreaktionen an alle Gleichgewichtsveränderungen.

Unsere Bewegungsaktivitäten sind also "Futter" für das sich entwickelnde Gleichgewichtssystem. Jegliches Gehen, Rennen, Auf- und Abspringen, Drehen, Beschleunigen, Verlangsamen usw. oder auch starke Vibrationen, die unsere Knochen in Schwingungen versetzen, reizen die Gleichgewichtsrezeptoren. Diese Reize wirken in Zusammenhang mit der Schwerkraft auf der Erde, daher nennt J. Ayres die Rezeptoren auch "Schwerkraftrezeptoren".

Auch das Gleichgewichtssystem arbeitet mit allen übrigen Sinnen eng zusammen. Vom vestibularen System ausgehende Erregungen geben z.B. Informationen an Rezeptoren in den Muskeln und Gelenken, an die Haut sowie an Augen und Ohren und ordnen viele andere Impulse in den Großhirnabschnitten oder im Stamm- und Kleinhirn.

Bewegungsempfindung - Kinästhetische Wahrnehmung

Dieser Sinnesbereich wird auch Tiefensensibilität, Eigenwahrnehmung oder Propriozeption genannt.

Das Wort "proprios" stammt aus dem Lateinischen und bedeutet soviel wie "der Eigene". Mit Propriozeption sind also Empfindungen im "eigenen" Körper gemeint. In Muskeln, Sehnen, Gelenken und im Gewebe, das die Knochen umhüllt, befinden sich Rezeptoren (Propriorezeptoren), die auf alle Reize während der Bewegung des eigenen Körpers, z.b. beim Dehnen, Ziehen, Hängen, Drücken usw. der entsprechenden Körperteile, reagieren.

Es gibt in unserem Körper eine Vielzahl von Sehnen, Muskeln und Gelenken, daher ist das propriozeptive System nahezu ähnlich ausgedehnt wie das taktile System. Die Informationen werden durch das Rückenmark dem Kleinhirn zugeleitet, ein bestimmter Teil erreicht das Großhirn.

Wenn wir unsere Augen schließen und dann z.b. die Arme bewegen, spüren wir trotz der geschlossenen Augen, in welcher Position diese Körperteile gerade verharren. Die Propriorezeptoren melden uns die Stellung und Lage der Arme. Ohne diese adäquate Eigenwahrnehmung wären alle Bewegungen langsamer, ungeschickter, anstrengender oder eingeschränkt. Ohne diese Fähigkeit der Tiefensensibilität wäre der Mensch stets auf andere Informationen, vor allem über die Augen, angewiesen.

"Kinder mit schlechter Propriozeption bekommen immer dann ausgesprochene Schwierigkeiten, wenn sie das betreffende Ereignis nicht mit den Augen erfassen können." (Ayres, S. 48)

Der Bewegungssinn ist bereits im Mutterleib funktionsfähig. Der Fötus lernt, Empfindungen seines Körpers zu deuten und darauf zu reagieren. Nach der Geburt hilft diese Eigenwahrnehmung in Verknüpfung mit anderen Sinnen zu Anpassungsreaktionen an die neue Um-Welt. Die richtige Kopfhaltung für das Saugen an der Brust wird ebenso erspürt wie das Unbehagen einer nassen Windel u.v.m.

Dieser Blick auf die fundamentale Bedeutung dieses "eigenen" Sinnes, unseres "Eigensinns", verhilft vielleicht dazu, die Bedeutung des Wortes "Eigensinn" oder "kindlicher Eigensinn" anders, d.h. im ursprünglichen Sinn zu betrachten und die Fähigkeit zu diesem Empfinden wertzuschätzen.

Reinhard Voß schreibt in seinem Buch "Vom Recht des Kindes auf Eigensinn" dazu: "Der eigensinnige Mensch, der seine Sinne, seine Wahrnehmung, wie seinen Körper, seine Sexualität, aber auch seinen Zeitsinn, sein eigen nennen konnte, der selbständig dachte und handelte (auch gegenüber den sogenannten Mächtigen in dieser Welt), der seinem Leben einen eigenen Sinn gab, diesen Menschen gilt es in unserer heutigen Welt, die von einer Vielzahl von militärischen, sozialen und ökologischen Katastrophen bedroht ist, wieder zu entdecken." (S. 13f)

Schmecken - Geschmackswahrnehmung

Der Geschmackssinn ist Ende des dritten Schwangerschaftsmonats ausgereift, jedoch gibt es zunächst - außer dem Fruchtwasser - nichts zu schmecken. Gewisse Grundmuster des Schmeckens (und Riechens, beide Sinne arbeiten eng zusammen) sind von Geburt an vorhanden, das haben Untersuchungen der mimischen Reaktionen von Säuglingen auf bestimmte Geschmacksstoffe gezeigt. Dieser Sinnesfunktion wird im allgemeinen wenig Aufmerksamkeit gewidmet. Aber aus manchen Redewendungen, wie z.b. "Liebe geht durch den Magen" oder "Wer nicht genießt, ist ungenießbar", können wir die Bedeutung des guten oder schlechten Geschmacks heraushören.

Die Rezeptoren des Geschmackssinns (süß, sauer, salzig und bitter), Geschmacksknospen genannt, sitzen verteilt in der Schleimhaut von Mund, Rachen und Zunge.

Damit die Geschmacksempfindung zustande kommt, müssen die Rezeptoren von Speichel oder anderer Flüssigkeit umspült werden. Die aufgenommenen Sinnesreize werden über Nervenbahnen zum Gehirn weitergeleitet und dort verarbeitet.

Die drei Basissinne, Fühlen, Tiefensensibilität und Gleichgewicht, sind nicht nur Grundlage der gesamten Wahrnehmung, sondern auch Voraussetzung für die Entwicklung zur aufrechten Haltung. Im Gegensatz zu den Fernsinnen, Hören und Sehen, die einer ständigen Überflutung mit Reizen ausgesetzt sind, mangelt es Kindern (ebenso wie Erwachsenen) in unserer von Technik und Medien bestimmter Umwelt an Ereignissen zum Fühlen, Bewegen, Spüren und damit zum Entwickeln dieses Wahrnehmungsvermögens.

Sehen - optische Wahrnehmung

Sehen lernen heißt sensibel zu werden für die sichtbare Welt, sie möglichst genau wahrzunehmen (auch auf kritische Art und Weise), Erfahrungen zu sammeln und daraus die eigenen Schlüsse zu ziehen.

Sehen gilt als Sinnestätigkeit, die am besten selbst zu bestimmen und zu steuern ist, wir können die Augen öffnen oder schließen, den Blick hin und her schweifen lassen oder Dinge genau fixieren, in die Nähe oder in die Ferne schauen u.a.m.

Die Wahrnehmung mit den Augen und die Herstellung eines Bildes im Kopf löst Empfindungen, Wünsche, Emotionen, Handlungsanstöße oder Erinnerungen aus, die mit dem biologischen Vorgang des Sehens (vgl. Abschnitt: Sehbehinderung) allein nicht erklärbar sind. "Unser Gedächtnis, unser Wollen ist voller Bilder, im Positiven und im Negativen. Wir arbeiten damit, wir organisieren uns auch danach, bewußt oder unbewußt. Sehenlernen ist der Umgang mit dem Optischen und mit Bildern aller Art." (W. Zacharias, S. 323).

Vom Beginn des aktiven Sehens bis zum Gestalten von Bildern als Ausdruck und Mitteilung der inneren Bilder ist allerdings eine Vielfalt von Erfahrungen notwendig.

Die Wahrnehmungsleistung Sehen ist von allen Sinnesleistungen bei der Geburt am wenigsten ausgebildet. Zwar kann der Fötus in den letzten beiden

Schwangerschaftsmonaten hell und dunkel unterscheiden, und der optische Analysator ist funktionsfähig, jedoch mangelt es in seiner kleinen Um-Welt an weiteren Anregungen: Aber nichts scheint der kleine Säugling von Anbeginn seines Erdenlebens schneller zu lernen als das Sehen. Bereits der erste Blick des Säuglings auf die Mutter übt auf ihn eine große Faszination aus. Bei diesem innigen ersten Blickkontakt zwischen beiden werden physiologische und psychische Abläufe in Gang gesetzt, die das Überleben des Neugeborenen sichern sollen, z.b. beginnt die Mutter das kleine Wesen zu wärmen, zu streicheln, mit ihm zu sprechen, und der mütterliche Hormonhaushalt erhält nun den "Befehl" zur Milchproduktion.

Das Neugeborene ist zwar noch nicht in der Lage, seine Augen auf nahe oder ferne Objekte einzustellen, es sieht etwa 20 - 30 mal unschärfer als ein Erwachsener, und das Farbunterscheidungsvermögen ist noch nicht entwickelt, dennoch trifft es schon eine Auswahl aus dem Chaos der sich darbietenden optischen Reize. Gesichter interessieren den Säugling von Anbeginn. Das kindliche Auge "tastet" dabei zunächst die Umrisse des Gesichtes mit den Augen ab und kann es einige Monate später differenziert wahrnehmen ("Fremdelphase").

Um die Fähigkeit zum Sehen weiter entfalten zu können sind ständige Reize notwendig. Wir sprechen in den ersten Lebensjahren von einer "sensiblen Phase" für die Entwicklung des Sehens. Bieten sich dem Kinde in diesem Lebensabschnitt nicht genügend Anreize zum optischen Wahrnehmen, so verarmen die zuständigen Hirnstrukturen (ausführlich Abschnitt "Sehbehinderungen").

Hören - akustische Wahrnehmung

Die Sinnesleistung "Hören" wurde bereits im Abschnitt "Hörbehinderung" ausführlich beschrieben und soll hier nur noch ergänzt werden.

Etwa ab Ende des siebten Schwangerschaftsmonats zeigt das ungeborene Kind Reaktionen auf Worte, Töne und Geräusche von außerhalb des Uterus. Mittels Ultraschallaufnahmen können sogar Reaktionen wie eine veränderte Mimik festgestellt werden. Andere Untersuchungen berichten von eindeutigem Wiedererkennen bestimmter Melodien oder Silbenfolgen in den ersten Lebenswochen nach der Geburt.

Hören ist die Voraussetzung für Sprechen, und wirklich hören können ist alles andere als selbstverständlich. Besonders im Verkehrslärm der Großstädte oder bei der ständigen Musikberieselung in Kaufhäusern, Arztpraxen oder in der eigenen Wohnung wird Kindern die Notwendigkeit, das Gehör zu verfeinern und auch leise Töne zu diskriminieren, sehr erschwert.

Eine Vielfalt von leisen und lauten Geräuschen, Worten, Rhythmen und Klängen ist unabdinglich, damit sich das Hören in der frühen Kindheit gut entwickeln kann (vergl. auch Herm (1), S. 27 ff).

Riechen - Geruchswahrnehmung

Der Geruchssinn ist der urtümlichste der Sinne, in jeder Wohnung schwebt ein eigener Geruch, ein "Stallgeruch", den meist nur ein Fremder wahrnimmt. Kleinkinder beruhigen sich meistens in schwierigen Trennungssituationen, wenn sie ein "Schnuffeltuch" mit dem Geruch der Mutter haben. Gerüche, die den Menschen in den ersten Lebensjahren umgeben, prägen sich tief ins Gedächtnis ein und können plötzlich Jahrzehnte später erinnert werden.

Ein intakter Geruchssinn ist elementar wichtig, nicht nur bei Gefahr, sondern ebenfalls für unser Wohlbefinden. Ob uns etwas schmeckt (auch im übertragenen Sinne) hängt vor allem mit dem Geruchsempfinden zusammen. "Mir stinkt's" oder "Ich kann dich nicht riechen" sind unerbittliche Urteile, bei denen etwas über Sympathie, Antipathie und soziale Kontakte ausgesagt wird.

Die Rezeptoren des Geruchssinns sitzen in speziellen Gebieten der Nasenschleimhaut (Riechleiste, Riechfeld), in der oberen Nase direkt unter der Schädelbasis. Sogenannte Riechfäden ziehen sich von hier aus zum Gehirn. Zwei Arten von Riechen werden unterschieden: Beim "vorderen Riechen" gelangt die Luft mit den Duftstoffen beim Atmen in die Nase und wird an das Gehirn weitergeleitet. Beim "Schmeck-Riechen" erreichen die Duftstoffe während des Zerkauens der Nahrung die Riechfelder im Gehirn.

Sensorische Integration

Der Begriff "Sensorische Integration" (SI) wird überwiegend im Zusammenhang mit Wahrnehmungsstörungen gebraucht. Meistens wird dann auf eine Behandlungsmethode nach Jean Ayres hingewiesen (Ayres, S. 187ff). Vor allem Beschäftigungstherapeuten eignen sich in einer Zusatzqualifikation diese Methode zur Behandlung einer gestörten sensorischen Integrationsfähigkeit an und fügen sie ihrer Behandlungsmethode hinzu.

Sensorische Integration beschreibt grundsätzlich die Fähigkeit des Menschen, alle Sinnesempfindungen zu koordinieren, zu ordnen und zu einem Gesamteindruck zu verbinden. Nur so können sich die sehr differenzierten und komplexen sensomotorischen Leistungen (Malen eines Bildes, Hangeln über einen Kletterbogen, Fahrradfahren, Tanzen, Autofahren im Straßenverkehr usw.) im Verlaufe der ersten Lebensjahre bis zum Erwachsenenalter entwickeln. Die Integration aller Sinnesempfindungen ist die Voraussetzung für jegliches Lernen. Daher werden sensorische Integrationsstörungen besonders augenfällig, wenn das Kind in die Schule kommt.

Die Basis für die Fähigkeit zur störungsfreien Integration aller Sinnesempfindungen wird in der vorgeburtlichen Phase gelegt (vergl. Entwicklung der Wahrnehmung). Von den ersten Lebenstagen an können wir dies genauer beobachten.

Ein Beispiel:
Ein neugeborenes Kind wird unbekleidet der Mutter an die linke Brust (Herz) gelegt: Welche Empfindungen nimmt das Kind wahr und integriert sie zu einem Informationsbündel, das zum Gehirn weitergeleitet wird?

- Mit den **Augen** hat es Kontakt zum Gesicht der Mutter und betrachtet es.
- Mit den **Ohren** (und über den Körper) nimmt es den vertrauten Herzschlag der Mutter wahr, es hört ihre liebevollen Worte.
- Mit der **Haut** spürt es den warmen, zarten Berührungskontakt zur Haut der Mutter, es spürt die eigenen Körpergrenzen und die der Mutter.
- Mit der **Nase** nimmt es den Eigengeruch der Mutter auf.
- Mit dem **Mund** sucht es die Brust der Mutter, schmeckt ihre Haut und nimmt die Brust als Nahrungsquelle wahr.
- **Gleichgewichtssinn** und **Bewegungssinn** (Eigensinn) melden Eindrücke von der Lage des Körpers, dem Muskeltonus, der Körperhaltung u.ä.

Jede einzelne Empfindung ist eine Information (Nahrung) für das sich entwickelnde Nervensystem (ZNS) und fordert den Körper und die "Seele" zu Anpassungsreaktionen heraus.

Mit der Beschreibung dieser Szene zwischen Mutter und Kind möchte ich auf die vielfältigen Sinneseindrücke aufmerksam machen, die zu registrieren, zu verarbeiten und zu ordnen sind, um sie zu einem Gesamtempfinden von Mutter, d.h. für das Kind Geborgenheit, Sicherheit, Nahrung und Akzeptanz, zusammenzufügen.

Wahrnehmungsstörung

Mit Wahrnehmungsstörungen sind Störungen der sensorischen Integration oder von Teilbereichen der sensorischen Systeme (Stichwort: Teilleistungsstörungen) gemeint. Das Gehirn bzw. die einzelnen sensorischen Systeme, die sich im Laufe der ersten Lebensjahre ständig weiter differenzieren, funktionieren nicht in ihrer natürlichen, wirkungsvollen Weise. Daher kann das Kind den vielfältigen Zustrom sensorischer Impulse nicht in adäquater Weise aufnehmen, ordnen, entschlüsseln und mit schon gespeicherten Informationen vergleichen. Die Verarbeitung zu motorischen Reaktionen, d.h. zu Antworten auf die Sinnesempfindungen, fällt schwer.

Wenn wir uns an die vielen Nervenbahnen und Schaltstellen der einzelnen Sinnesbereiche, die Informationen zum Gehirn weiterleiten, erinnern, ist gut vorstellbar, welches Chaos entstehen kann, wenn bestimmte Leitungen nicht störungsfrei arbeiten. Das Kind, das als "wahrnehmungsgestört" beschrieben wird, erhält nicht ausreichend genaue Informationen über sich selbst und seine Umwelt, um sich in den unterschiedlichen Alltags- oder Streßsituationen angemessen verhalten zu können.

Bei oberflächlicher Betrachtung wirkt ein wahrnehmungsgestörtes Kind wie jedes andere Kind, äußerliche Besonderheiten fallen nicht auf. Durch gezielte, längerfristige Beobachtungen werden sehr individuelle Schwierigkeiten und Lernstörungen von unterschiedlichem Ausmaß deutlich, z.B. Konzentrationsprobleme, verzögerte Sprachentwicklung, Verständnisschwierigkeiten, Verhaltensunsicherheiten in unbekannten Situationen, große motorische Unruhe oder auch ein gehemmtes Bewegungsverhalten.

Einige Kinder haben Angst vor Berührung und reagieren heftig auf Umarmungen oder andere Zärtlichkeiten. Sie haben Schwierigkeiten beim Wahrnehmen der eigenen Grenzen (Körpergrenzen) oder den Grenzen anderer Menschen, dies führt häufig zu konfliktträchtigen Situationen im sozialen Miteinander.

Affolter beschreibt als besonders gravierendes Problem dieser Kinder ihren Mangel an Berührungskontakten und "Spür"-Informationen. Sie suchen nach Geborgenheit, Schutz und Widerstand, über den sie den eigenen Körper und die Körpergrenzen erspüren können und so Sicherheit erhalten. In komplexen Situationen, in denen viele Informationen auf einmal aufgenommen (gespürt) und verarbeitet werden müssen, versagen die Kinder meistens, entziehen sich oder reagieren aggressiv. "Das schlechte Bündeln (der Spürinformationen, S.H.) führt zu einer schlechten Speicherung der aufgenommenen Information. Dies wird oft fälschlicherweise als eine Gedächtnisschwäche ausgelegt". (Affolter, S. 176) Affolter betont, daß durch den Mangel an Spürinformationen ein Mangel an Interaktionserfahrungen entsteht und die Umwelt diesen Kindern unvertraut bleibt.

Ursachen für Wahrnehmungsstörungen

Das Thema "Wahrnehmungsstörung" scheint derzeit ein besonders interessantes Fachgebiet vor allem für Medizin und Therapie zu sein. Neben den schon erwähnten Expertinnen Jean Ayres und Felice Affolter, die sich sehr anschaulich und behutsam mit diesem Problemfeld befassen, beschäftigen sich eine Vielzahl weiterer Fachleute in Büchern und Artikeln mit dieser Thematik. Dabei werden immer neue Begriffe eingeführt, die Wahrnehmungsstörungen genauer definieren sollen wie z.B. MCD (minimale cerebrale Disfunktion), HKS (Hyperkinetisches Syndrom), ADD (Attention Defizit Disorder = Störungen der Aufmerksamkeit), Teilleistungsstörungen, Stoffwechselstörungen, Ernährungsstörungen (Phosphate in der Nahrung) u.a.m.

Ursachen werden dabei vorrangig im organischen Bereich vermutet. Allerdings können Kinderärzte oder Neurologen (Ärzte, die sich speziell mit Erkrankungen des Nervensystems befassen) selten eine organische Schädigung feststellen.

Der Begriff "frühkindliche Hirnschädigung" hat sich weitgehend als Ursachenerklärung etabliert, d.h. es besteht kein genau zu diagnostizierender Hirnschaden, sondern eine minimale Schädigung, die vor allem durch Sauerstoffmangel oder andere Komplikationen während der Geburt entstanden sein kann. Hans von Lüpke, Kinderarzt und Therapeut, sowie andere Fachleute kritisieren dieses Postulat der Hirnstörung, weil es wissenschaftlich nicht haltbar sei (keine nachweisbaren Zusammenhänge mit Organbefunden), entwicklungspsychologische und gesellschaftliche Ursachen ausklammert und die Zuständigkeit für Hilfestellungen in erster Linie den Medizinern überläßt (Lüpke, S. 74ff).

Abgesehen von den kritischen Hinweisen, daß noch immer eine medizinische Erklärungsweise in der Pädagogik oder Psychologie Vorrang hat und somit Ärzten und medizinisch orientierten Therapeuten großes Gewicht bei der "Behandlung" von Verhaltensauffälligen und Wahrnehmungs- und Bewegungsstörungen zukommt, ist die Abklärung möglicher organischer Ursachen bei manchen Kindern durchaus sinnvoll. Sie kann aber stets nur als ein Teil der Befunderhebung angesehen werden.

Wo sind weitere Ursachen zu suchen?

Meines Erachtens müssen wir uns zunächst zugestehen, daß es für Wahrnehmungsstörungen noch keine hinreichende Ursachenerklärung gibt und daß alle
monokausalen Begründungen einseitig und wenig hilfreich sind. Der Verweis auf
medizinische (hirnorganische) Ursachen ist ebenso verkürzt wie eine einseitige
Begründung durch die negativen Einflüsse der heutigen Umwelt oder manche psychoanalytische Erklärungsversuche, die die Ursache ausschließlich in einer frühen Störung der Mutter-Kind-Beziehung und somit der entwicklungsnotwendigen
Beziehungsfähigkeit sehen. Neue Perspektiven für Verständnis und Entwicklungsunterstützung der Kinder mit Wahrnehmungsproblemen ergeben sich, wenn innere und äußere Faktoren in ihrer wechselseitigen Verflechtung gesehen werden können. Dazu gehört dann zur individuellen Entwicklungsgeschichte auch die Betrachtung des Familiensystems, des gesellschaftlichen Umfelds, des Helfersystems und
deren jeweiligen Beziehungs- und Kommunikationsstrukturen.

Ein Beispiel aus meiner Beratungsarbeit soll dies etwas anschaulicher machen:

Marek - ein wahrnehmungsgestörtes Kind

*Marek ist 5½ Jahre alt und besucht seit zwei Jahren eine Kindertagesstätte,
inzwischen gehört er zu den ältesten Kindern in der altersgemischten Gruppe und
ist ein wichtiges Gruppenmitglied geworden.*

*Der Anfang und die folgenden 1½ Jahre waren für alle Beteiligten jedoch außer-
ordentlich schwierig.*

*Von Anfang an fällt Marek in seiner Kindergruppe durch große Bewegungsunruhe
und Konzentrationsschwierigkeiten auf. Feinmotorische Beschäftigungen bereiten
ihm Probleme, und die Interaktion mit anderen Kindern ist schwierig. Die Erzieherin
erlebt häufig Streitereien, Wutanfälle oder Zerstörungen von Spielgegenständen.
Die Beziehungsaufnahme zu Marek gelingt nur sehr schwierig, sanfte Berührungen oder liebevolle Umarmungen läßt der Junge nicht zu. Die Erzieherin ist enttäuscht, denn sie mag den Jungen und bemüht sich sehr, eine gute Beziehung zu
ihm aufzubauen.*

*Mehrmals am Tag rennt Marek in unbeobachteten Momenten aus dem Gruppen-
zimmer hinaus auf den Flur oder in andere Gruppenräume. Einige Kolleginnen
teilen ihren Ärger darüber der Erzieherin mit, die sich nun noch mehr verantwortlich
und überfordert fühlt. Das Verhältnis zu Marek wird immer angespannter. In dieser
Kindertagesstätte leben zu diesem Zeitpunkt Kinder aus 15 verschiedenen Her-
kunftsländern, d.h. die pädagogische Arbeit ist insgesamt nicht einfach.*

Was ist los mit Marek, warum verhält er sich so?

*In den ersten Beratungsgesprächen mit der Erzieherin versuchen wir gemein-
sam, die Geschichte des Jungen zu ergründen, und erfahren, daß Marek und
seine Mutter (sie leben allein zusammen) aktenkundig beim Jugendamt sind. Die
Mutter, die allein mit ihrem Sohn lebt, hatte die Auflage erhalten, den Jungen in
eine Kindertagesstätte zu geben. Für ein anderes, vor Marek geborenes Kind wurde
ihr das Sorgerecht entzogen, es lebt im Heim.*

*Wir erfahren im Verlauf der nächsten Wochen, daß Marek vom Kinderarzt und
einem Neurologen untersucht wurde, denn die Auffälligkeiten, die er in der Kita
zeigt, bereiteten der Mutter und dem Kinderarzt schon längere Zeit Sorgen. Bei
Marek werden gravierende Entwicklungsstörungen festgestellt und zwar: ein HKS*

(Hyperkynetisches Syndrom), Teilleistungsschwächen und insgesamt Wahrneh-mungsstörungen. Die ärztliche Diagnose lautete "frühkindlicher Hirnschaden", allerdings konnten eindeutige organische Befunde nicht festgestellt werden.

Marek gilt nun als behindertes Kind, und in der Kindertagesstätte wird beratschlagt, ob der Junge bleiben soll und ob er überhaupt angemessen gefördert werden kann. - Inzwischen lebt das Kind etwa drei Monate in der Kindertagesstätte und kommt, trotz seiner täglichen "Eskapaden", gern in die Kita. Die Erzieherin behält den Jungen "vorerst", sie will mit meiner Unterstützung versuchen, den Jungen in das Gruppenleben zu integrieren. Eine Praktikantin sollte, so oft es möglich ist, die pädagogische Arbeit in dieser Gruppe unterstützen.

Gleichzeitig wird dem Jungen Beschäftigungstherapie zugesprochen, um die Wahrnehmungsstörungen zu behandeln, und er besucht nun an zwei Tagen in der Woche nachmittags eine Beschäftigungstherapeutin. Nach einigen Wochen, es sind inzwischen keine Verhaltensänderungen aufgetreten, beginnt der Kinderarzt zusätzlich mit einer medikamentösen Behandlung der Bewegungsunruhe (HKS).

Ich habe diese Vorgeschichte des Kindes so ausführlich beschrieben, weil viele Leserinnen und Leser in ihren Kindergruppen Kinder mit einer ähnlichen Lebensgeschichte vorfinden, diese Situation von Marek ist sicherlich heute kein Einzelschicksal, sondern Lebensrealität für viele Kinder und deren Eltern.

Ein umfangreiches Helfersystem "behandelt" ein kleines Kind sicherlich mit viel Engagement, aber dennoch meistens ohne sichtbaren Erfolg. Die Mutter, das Jugendamt, der Kinderarzt, die Therapeutin, der Kindergarten mit nun zwei zuständigen Erzieherinnen, am Rande auch ich als Beraterin und möglicherweise noch andere Menschen im Umfeld von Mutter und Kind wollen helfen und stehen miteinander in keinem Beziehungs- und Kommunikationszusammenhang. Wenn wir versuchen uns in das kleine Kind einzufühlen, spüren wir sicherlich die Verwirrung und Beziehungslosigkeit.

Aufgrund der medikamentösen Ruhigstellung stört Marek nun zwar nicht mehr so häufig die Spielaktionen der anderen Kinder, aber eine tragfähige Beziehung zu Kindern oder Erzieherinnen kann sich trotzdem nicht entwickeln. Marek zieht sich aus den meisten gemeinsamen Spielaktivitäten heraus. Hinzu kommt, daß die Mutter häufig "vergißt", dem Sohn das Medikament zu verabreichen, und damit auch ihre Unsicherheit signalisiert. (Das Medikament wird nach etwa 8 Monaten abgesetzt.)

*In Beratungsgesprächen mit der Erzieherin erfahre ich, daß der Kontakt zur Mutter des Jungen schwer herstellbar ist. Daher finden in der Folgezeit gemeinsam mit der Mutter (Frau S.) zwei Gespräche statt, die behutsam zur Annäherung und zum besseren Verständnis der Situation beitragen. Wir erfahren, daß Frau P. vor Marek zwei Kinder geboren hatte, die alle nicht mehr bei ihr leben. Ein Kind lebt im Heim, ein anderes Kind hat der Vater zu sich in eine neue Familie genommen. Die Mutter hat aufgrund ihrer eigenen Lebensgeschichte sehr starre, nahezu rigide Vorstellungen von Erziehung, die sie auch praktiziert. Aber häufig fühlt sie sich völlig überfordert mit Marek und setzt dem Jungen mitunter überhaupt keine Grenzen. Zärtliche Berührungen zu Marek, einem **Jungen,** sind ihr nicht möglich, aber sie sorgt sich sehr um ihn.*

Diese beiden Gespräche mit der Mutter, ohne Vorwürfe und Hinweise auf ihre Unzulänglichkeit, ermöglichen eine vorsichtige Beziehungsaufnahme zwischen Mutter und Erzieherin. Es ändern sich Kleinigkeiten, die aber für Marek bedeutsam werden. Beispielsweise läßt sich Frau S. etwas mehr Zeit beim Abholen des Jungen, sie fühlt sich in der Kita wohler, und der Junge spürt den Kontakt zwischen Mutter und Erzieherin.

Die Erzieherin erhält von Frau S. die Erlaubnis, mit dem Kinderarzt und der Therapeutin über Mareks Störungen zu sprechen, diese Telefonate vermitteln wichtige Informationen und ermöglichen Kommunikation.

Die Gruppenerzieherin nimmt Marek anders wahr, sie kennt die Lebenszusammenhänge seiner kleinen Familie besser, kann mehr Verständnis aufbringen und weiß, daß Mareks Verhalten nicht nur medizinisch erklärt werden kann, sondern auch eine Reaktion auf die Lebensverhältnisse ist.

Zur Entwicklungsunterstützung für Marek entwickeln wir pädagogische Konzepte, die auch mit der Beschäftigungstherapeutin und der Mutter besprochen werden. Regeln für den Umgang miteinander werden festgelegt, Rituale in den Tagesablauf eingebaut, Raum und Zeit zum Austoben auf dem Spielplatz oder auf dem Flur soll täglich zur Verfügung stehen, Beschäftigungsangebote mit hoher Konzentrationsanforderung für Marek sollen nach Möglichkeit in einer Kleingruppe stattfinden. Die Erzieherin eröffnet eine Psychomotorik-Gruppe für Marek und einige andere Kinder aus der Gruppe u.a.m.

Natürlich ändern sich das Verhalten und die Wahrnehmungsschwierigkeiten des Jungen nicht umgehend, das ist auch nicht unsere Erwartung. Wir müssen sogar akzeptieren, daß Marek mit Entwicklungs- und Lernschwierigkeiten weiter leben wird, vor allem, wenn er in die Schule kommt. Die Lebensgeschichte seiner Geburt und der frühen Kindheit kann nicht verändert werden, aber sein Selbstwertgefühl kann unterstützt und seine eigenen Kompetenzen können herausgefunden werden.

Die Integration in das Gruppengefüge gelingt immer besser und die Erzieherin kann eine vertrauensvolle und haltende Beziehung zu Marek aufbauen, Körperkontakt und sogar "Schmusen" werden möglich.

Mit der Therapeutin werden gemeinsame Gesprächstermine mit dem Ziel, pädagogische und therapeutische Maßnahmen für Marek zu koordinieren, vereinbart. Mit ihr wird außerdem beraten, in welcher Weise die Mutter in den Prozeß einbezogen werden kann.

Zur Motorik von Kindern mit Wahrnehmungsstörungen

Alle Sinneseindrücke, die im Gehirn gesammelt und verarbeitet werden, haben in irgendeiner Weise Bewegungen zur Folge.

Für Bewegungen sind unterschiedliche Prozesse im Gehirn verantwortlich, ein großer Bereich des Gehirns ist zuständig für die Planung und Koordination von Bewegungen. Wenn die Fähigkeit zur Integration der Sinne gestört ist, führt dies in der Regel zu einer mangelhaften Bewegungsplanung, "entwicklungsbedingte Dyspraxie" (Ungeschicklichkeit) genannt. Ist die Bewegungsplanung besonders stark beeinträchtigt, wird von "Apraxie" (Handlungsunfähigkeit) gesprochen. Ein Kind mit einer Dyspraxie verfügt zwar über eine ganz normale Intelligenz und auch das Muskelsystem ist normal funktionsfähig, aber die "Brücke" zwischen beiden Funktionsbereichen ist gestört. Die Bewegungsplanung geschieht langsam und uneffektiv oder findet bei einer Apraxie nahezu überhaupt nicht statt.

Motorische Grundfertigkeiten wie Krabbeln oder Gehen entwickeln sich bei Kindern mit einer Dyspraxie ähnlich wie bei allen Kindern, wenn das ZNS für diesen Entwicklungsschritt genügend gereift ist. Eine komplexe Bewegungshandlung wie beispielsweise das Klettern auf einen Stuhl - Festhalten - Umdrehen - Hinsetzen - erfordert eine Vielzahl von Sinnesinformationen (Affolter spricht von Spürinformationen) und deren Integration, damit die Bewegungen genau geplant und durchgeführt werden können. Bei unserem Beispiel, Erklimmen eines Stuhles, sind gleichzeitig Informationen der Wahrnehmungsbereiche Sehen - Fühlen - Gleichgewicht - Tiefensensibilität notwendig. Wahrnehmungsgestörte Kinder sind in der Aufnahmemenge von Informationen eingeschränkt. Gleichzeitig Fühlen und Sehen kann schon die derzeitige Informationskapazität überschreiten oder so viel Aufmerksamkeit erfordern, daß die Empfindungen des Bewegungs- und Gleichgewichtssinns nicht noch zusätzlich aufgenommen und integriert werden können. Die ganze Bewegungsaktion wird demzufolge schwer gelingen.

Kinder lernen "spielend" neue motorische Fertigkeiten, und im allgemeinen dauert die motorische Planung für bisher unbekannte Handlungen (einen Ball in einen Eimer werfen, von einer Mauer herabspringen, durch einen Kriechtunnel krabbeln usw.) nur wenige Minuten. Bei wahrnehmungsgestörten Kindern können wir erhebliche Unsicherheiten und Mißerfolge beobachten, weil z.b. die Entfernung zwischen einem Gegenstand und dem eigenen Körper nicht richtig eingeschätzt werden kann, der Ball zu fest oder zu zaghaft gehalten wird oder die Informationen von Gleichgewichts- und Bewegungssinn nicht gleichzeitig aufgenommen und für die Bewegungsaktion genutzt werden können.

Motorische Leistungen sind weiterhin abhängig von einer guten Körperwahrnehmung. Für J. Ayres bedeutet Körperwahrnehmung die Fähigkeit, alle Abschnitte des Körpers wie eine "Landkarte" nutzen zu können, d.h. "Wenn ein Kind etwas tut, speichert es dabei unentwegt zahllose sensorische Informationen in gleicher Weise, wie Entdeckungsreisende das Land, welches sie erforscht haben, kartographieren. Je genauer diese Körperlandkarte ist, desto mehr ist man in der Lage, auch ungewöhnliche Situationen zu meistern." (S. 135)

Kinder mit Wahrnehmungsstörungen sind besonders in ihrer Körperwahrnehmung und ihren Berührungsempfindungen beeinträchtigt. Ausführlich schildert Felice Affolter den Mangel an "Spürinformationen" und die Suche der Kinder nach "Widerstandsinformationen" (durch eine stabile Unterlage und stabile Seitenbegrenzungen), um einen Halt in der Welt zu fühlen. Mit dem Berühren von weichen, feuchten, glitschigen Materialien haben die Kinder daher oft Schwierigkeiten (geringe Spürinformationen von Widerstand).

Auf das Aufzählen weiterer motorischer Schwierigkeiten von Kindern mit Wahrnehmungsstörungen möchte ich verzichten, denn ihre Probleme sind nur zu einem geringen Teil verallgemeinerbar, Art und Ausmaß der jeweiligen Entwicklungs- und Lernstörung sind immer abhängig von individuellen und gesellschaftlichen Faktoren (vgl. Ursachen von Wahrnehmungsstörungen sowie Kommunikation und Beziehung - Basis für Entwicklung).

Wichtig ist jedoch noch zu erwähnen, daß wahrnehmungsgestörte Kinder von der Umwelt meistens als frech, unerzogen, distanzlos oder aggressiv erlebt und beschrieben werden. Wir machen sie für ein Verhalten verantwortlich, für das sie in der Regel nichts können und unter dem sie am allermeisten leiden. Oft können die Kinder aufgrund mangelnder Reizdifferenzierung Hinweise und Signale in einer Situation nicht richtig interpretieren und ordnen, sie fühlen sich dann durch Verhaltensweisen anderer Menschen verunsichert oder bedroht und verhalten sich folglich oft aggressiv.

Ebenso ist nachvollziehbar, daß ständige Mißerfolgserlebnisse oder der Mangel an Akzeptanz auch zu aggressiven, destruktiven Verhaltensweisen führen können.

Wahrnehmungs- und Bewegungsspiele in der Psychomotorik unterstützen die Entwicklung der Sinnesempfindungen und der sensorischen Integration, wenn sie für das wahrnehmungsgestörte Kind als "streßfrei" und mit Spaß erlebt werden können. Die Kinder können in ihrem eigenen Lerntempo, mit geeigneten Materialien und mit Unterstützung der Erzieherinnen Spürinformationen und Körpererfahrungen sammeln und lernen, die Welt zu "be-greifen".

Sie brauchen Raum und Zeit für grobmotorische Aktivitäten und Unterstützung in der Entwicklung feinmotorischer Fähigkeiten.

Rituale und Regeln in der Psychomotorik strukturieren ihr Verhalten und helfen Grenzen zu spüren, eigene Grenzen ebenso wie die von anderen Menschen. Erfolgserlebnisse stärken das Selbstwertgefühl und die eigenen Fähigkeiten.

Psychomotorik im Kindergarten ist keine Therapie, die Defizite der Kinder stehen nicht im Mittelpunkt, sondern Lust und Freude an der Bewegung und am gemeinsamen Spiel.

Verhaltensauffälligkeit

Wenn wir von verhaltensauffälligen Kindern sprechen, sind vor allem jene Kinder gemeint, die den Kindergartenalltag stören. Sie sind laut, zerstören Spielzeug und andere Gegenstände, beißen, schlagen oder zeigen auf andere Weise Aggressionen. Meistens sind sie hyperaktiv, halten sich nicht an vereinbarte Regeln und werden oft als kleine Tyrannen beschrieben. Sie stören das Zusammenleben in der Gemeinschaft und behindern sich selber in ihrer Entwicklung.

Es fällt Eltern wie Erzieherinnen schwer, dieses Verhalten zu verstehen und den Kindern zu begegnen.

Jeder Pädagoge kennt diese Kinder und diese Situationen im Kindergartenalltag. Offensichtlich nehmen Probleme dieser Art zu.

Bevor wir nach Ursachen forschen oder (Be-)Handlungsstrategien überlegen, ist die Frage zu klären: "Was bedeutet eigentlich Verhaltensauffälligkeit?"

Verhalten und Verhaltensnormen

Unter "Verhalten" verstehen wir kurz zusammengefaßt die Auseinandersetzung des Menschen mit seiner Umwelt in Form von Anpassung und Veränderung. "Es ist die individuelle Vorgehensweise der Interaktion, Kommunikation und Kooperation der Persönlichkeit. Es wird durch Normbewußtsein, das heißt die Bereitschaft zur Befolgung von sozialen Verhaltensvorschriften, Normkenntnis und Normerfüllung bestimmt." (U. Röhr, S. 2)

Zu allen Zeiten und in jeder kulturellen Gemeinschaft gab es Menschen mit normabweichendem Verhalten. Der Grad ihrer Auffälligkeit und die Art und Weise des Umgangs mit diesen Menschen wurde durch die in dieser Gruppe bestehenden religiösen, ökonomischen und sozialen Normen bestimmt. Dabei galt und gilt auch heute: je größer die Abweichungen von den Normen, um so auffälliger und störender wird dieses Verhalten bewertet.

Entsprechend den jeweiligen kulturellen Gegebenheiten und dem Maß an Toleranz in dieser sozialen Gemeinschaft, wird mit "andersartigen" Menschen umgegangen. Die Bandbreite reicht von Akzeptanz oder Zuweisung einer bestimmten Rolle bis zur völligen Isolierung aus der Gemeinschaft.

Die Verhaltensnormen, Handlungs- und Wertestandards als Richtmaß für Leistungsverhalten und Sozialverhalten, werden nachwachsenden Gemeinschaftsmitgliedern in der frühkindlichen Sozialisation vermittelt. Vor allem die Eltern und in Teilbereichen auch frühe Bezugspersonen wie Verwandte, Freunde oder Erzieherinnen und schließlich später die Lehrer und in zunehmenden Maße die Medien, sind die Übermittler der vielfältigen Handlungs- und Wertestandards.

Einstellungen und Verhaltensweisen der Eltern, die das Kind schon von Anbeginn des Lebens wahrnimmt, z.B. liebevolles, gewährendes und dennoch grenzensetzendes Miteinander oder andererseits Unaufmerksamkeit, Gefühlsarmut und ständiger Streit, bilden frühe Grundmuster für soziale Verhaltensweisen. Die Kommunikations- und Begegnungsmuster der Eltern sind nicht nur abhängig von gesamtgesellschaftlichen Bedingungen, sondern zusätzlich von der ("schichten-")spezifischen Subkultur und den Normen, Werten und Regeln, die in diesem konkreten Familiensystem gelten.

Für kleine Kinder können diese vielen unterschiedlichen, manchmal sogar konträren, Verhaltensanforderungen oder Verhaltensmaßregelungen sehr verwirrend und sogar beängstigend sein.

Nicht nur das "normgerechte" Verhalten eines Kindes ist von so vielen Faktoren abhängig, sondern auch der Beobachter oder Bewerter dieses Verhaltens befindet sich in einem ähnlichen Spannungsfeld. So erleben wir im pädagogischen Alltag immer wieder, daß die eine Erzieherin ein Kind als verhaltensauffällig oder sogar verhaltensgestört beschreibt, für eine andere Erzieherin ist es lebendig, witzig, kreativ und selbstbewußt. Oder in Großstädten, wie z.B. Berlin gelten in einer Kindertagesstätte im grünen Randbezirk partiell andere Verhaltensnormen (vor allem die Lautstärke und Bewegungsunruhe betreffend) als in einer Kita in einem sozialen Brennpunkt mitten in der Stadt.

Auffälliges Verhalten

Kinder, deren Verhalten nicht der Norm entsprach, wurden - je nach Schweregrad - mit Begriffen wie z.b. verwahrlost, schwererziehbar oder sogar psychopa-
thisch gekennzeichnet. Nach dem 1. Weltkongreß für Psychiatrie 1950 hatte sich
die Bezeichnung "Verhaltensstörung" etabliert. Unter Verhaltensstörung wird ein
von der Erwartungsnorm abweichendes Fehlverhalten im kognitiven, sozialen und/
oder emotionalen Bereich verstanden, daß die weitere allgemeine Entwicklung
des Kindes gefährdet.

Da ich den Begriff "verhaltensgestört" als unklar und eher an einem medizinischen Krankheitsmodell orientierte Zuschreibung betrachte, verwende ich im folgenden den Begriff "verhaltensauffällig".
- Warum verhalten sich Kinder auffällig?
- Was ist die Ursache?

Die Pädagogik bedient sich noch immer häufig des klassischen medizinischen
Krankheitsmodells zur Erklärung von Entwicklungsstörungen oder Auffälligkeiten,
deshalb werden auch bei vielen Verhaltensauffälligkeiten von Kindern medizinische Ursachen gesucht und gefunden. Medizinische Etiketten können dann u.a.
MCD (Minimale cerebrale Disfunktion), HKS (Hyperkinetisches Syndrom), Stoffwechselstörungen oder ganz allgemein "frühkindliche Hirnstörungen" sein. Mit
Medikamenten, Diäten oder (psycho)therapeutischer Behandlung kann nun gegen
diese Ursache (Krankheit) angegangen werden.

Wenn sich oftmals keine "Heilung" abzeichnet, das störende oder zerstörende
Verhalten fortbesteht, drohen manchen Kindern und Jugendlichen Sonderkindergärten oder Sonderklassen für Verhaltensgestörte, Erziehungsheime oder Aufent-
halte in der Kinder- und Jugendpsychiatrie.

Bei einigen Kindern ist die Suche nach organischen Ursachen, wie z.B. Hirnschädigungen, hormonelle Störungen oder Erkrankungen wie Meningitis oder
Encephalitis, hilfreich und eine angemessene Therapie kann helfen. Aber bei der
überwiegenden Zahl verhaltensauffälliger Kinder kann mit medizinischen Katego-
rien die Problematik nicht hinreichend erfaßt werden.

Gestörtes Verhalten eines Kindes ist immer auch ein Spiegel seiner Umwelt und
verweist auf auffällige, störende oder entwicklungshemmende Einwirkungen aus
dieser Umwelt.

Jedes Verhalten hat eine Absicht, ein angestrebtes Ziel und ist auf ein soziales
Gegenüber gerichtet. Auffälliges Verhalten eines Kindes hat eine Signalfunktion,
es kann als Botschaft an den Erwachsenen verstanden werden, verbunden mit der
Hoffnung, daß der Erwachsene diese Botschaft entschlüsseln kann.

Das Entschlüsseln der Botschaft eines verhaltensauffälligen Kindes ist nicht leicht
und kann nur im Kontext seiner ganzheitlichen Lebenssituation wahrgenommen
und verstanden werden.

Wenn Pädagogen (oder Eltern) nicht nur auf das störende Verhalten fixiert sind,
wenn es ihnen gelingt, in diesem Verhalten eine Notwendigkeit, eine positive Absicht, eine Hoffnung auf positive Veränderung selbst durch destruktives Verhalten
zu erkennen, können sich Verständnis und Hilfe entwickeln.

Zur heutigen Lebenswirklichkeit von Kindern gehören Erwachsene, die zerstöre-
risch mit der Natur umgehen, in vielen Teilen der Welt Kriege führen und den
Spiel- und Bewegungsraum für Kinder einschränken und gefahrvoll machen.
"Viele Theoretiker sehen in der Tendenz zur maßlosen Zerstörung aller bestehenden Verhältnisse und zur Gewalttätigkeit der Menschen untereinander zumindest teilweise die Auswirkungen der westlichen Zivilisation, in der die Menschen
dazu veranlaßt werden, einen großen Teil ihrer natürlichen Neugierde, Entdecker-
freude und Aggression (i.S. von aggredere = auf die Welt zugehen S.H.) bereits in
ihrer Kindheit zu unterdrücken. In der Stadt lebende Kinder werden durch bestän-
dige Ermahnungen und Verbote in ihrer Bewegungsfreiheit eingeschränkt - eine
Erfahrung, die ihnen in primitiveren Lebensverhältnissen erspart geblieben wäre."
(Georg R. Bach, S. 24)

Immer mehr Kinder erleben gestörte Beziehungen oder Lieblosigkeit in ihrer
engsten Umgebung schon in einer frühen Phase ihrer kindlichen Entwicklung, in
der ein stabiler Aufbau von Vertrauen und eine bedingungslose Annahme durch
die Eltern die Basis für eine ungestörte Entwicklung ist. Enttäuschung, Wut, Hilflosigkeit und Lebensängste, die aus einer emotionalen Bedürftigkeit entstehen, äußern sich dann häufig in den schwierigen Verhaltensweisen, die Erzieherinnen
mitunter täglich in ihrem Gruppenalltag erleben.

Wenn Erwachsene dieses auffällige, störende Verhalten auch als Hinweis auf
gestörte Beziehungen und gestörte Kommunikation wahrnehmen können, gelingt
es ihnen eher, die positive Energie zu spüren, mit der sich das Kind Gehör verschaffen will.

Weitaus schwieriger ist die Botschaft bei jenen Kindern zu entschlüsseln, die
passiv, still, gehemmt und mit depressiven Zügen offensichtlich nicht mehr daran
glauben, gehört zu werden. Auch dieses Verhalten müssen wir als "auffälliges"
Verhalten und als sehr leisen Hilferuf registrieren.

Kinder mit massiven Verhaltensauffälligkeiten sind in ihrer frühkindlichen Entwicklung gefährdet und können aus diesem Grunde zu den Kindern mit besonderem Förderbedarf gerechnet werden.

Zur Motorik von Kindern mit Verhaltensauffälligkeiten

Kinder, die Verhaltensauffälligkeiten zeigen, sind, wie schon beschrieben, in ihrer emotionalen Entwicklung gestört. Trotz ihrer oft vordergründig aggressiven,
sich in den Mittelpunkt plazierenden Verhaltensweisen, besitzen sie im allgemeinen wenig Ich-Stärke. Die Seele ist verwundet.

Wenn wir von einem ganzheitlichen Entwicklungsansatz ausgehen, bedeutet
dies, daß psychische Störungen auch Auswirkungen auf die Motorik, auf Bewegung und Wahrnehmung haben. Bei genauem Beobachten der Kinder sind die
Abweichungen im Bewegungsverhalten deutlich zu erkennen.

Ein gehemmtes (hypomotorisches) Kind erleben wir meistens in seiner Motorik
verlangsamt, der Gesichtsausdruck ist häufig angespannt und die Gestik sparsam. Bei Bewegungsaktivitäten der anderen Spielgefährten sind sie eher passiv

oder grenzen sich vollkommen aus. Die Kinder stehen dann aus ihrem Sicherheitsbedürfnis heraus bildlich und tatsächlich "mit dem Rücken an der Wand".

Hyperaktive Kinder sind in ihrem Bewegungsverhalten wenig zielgerichtet oder kontrolliert, wir beobachten "überschießende" motorische Äußerungen und eine große Bewegungsunruhe. Das Einhalten von Regeln bereitet erhebliche Schwierigkeiten.

Die Psychomotorik gibt den Kindern Gelegenheiten in ihrem jeweils eigenen Tempo und ohne äußeren Druck Wahrnehmungs- und Bewegungserfahrungen zu sammeln, sich auszutoben oder vorsichtig etwas Neues zu riskieren. Aktivitäten mit hohem Aufforderungscharakter wecken die Neugier, motivieren zum Mittun und helfen Ausdauer in Spielsituationen zu fördern. Diese Bewegungsaktivitäten stärken die notwendige Ich-Kompetenz und unterstützen bei organischer Ursache von Verhaltensproblemen (z.B. minimale frühkindliche Hirnschädigung) das Nachreifen von Bewegungs- und Sinneserfahrungen.

Rituale, klare Regeln und deutlich erkennbare Grenzen im gemeinsamen Spiel helfen den Kindern, ihr Verhalten zu strukturieren.

Für Kinder mit schweren psychosozialen Störungen ist es ratsam, eine Kleingruppe für die psychomotorischen Angebote zu bilden.

Mehrfachbehinderung

Von einer Mehrfachbehinderung wird bei einem Kind gesprochen, wenn mehrere Funktions- und Entwicklungsbereiche zugleich gestört sind. Das Wort "Mehrfachbehinderung" sagt zunächst noch nichts über den Schweregrad der Behinderung aus, beispielsweise wird die Minimale Cerebrale Dysfunktion (MCD) mitunter als Mehrfachbehinderung beschrieben, denn mehrere Sinnesbereiche und Bewegungsfunktionen sind beeinträchtigt. Diese Entwicklungsstörung ist jedoch "minimal" und äußerlich kaum erkennbar.

An dieser Stelle will ich auf jene Kinder aufmerksam machen, die als schwer behinderte Kinder gelten. Bei ihnen sind körperliche und geistige Fähigkeiten oder Sprache und Sinnesentwicklung in hohem Maße beeinträchtigt. Die Bewegungsfähigkeit, das Mitteilungsvermögen und auch die Möglichkeiten zur Beziehungsaufnahme sind sehr eingeschränkt.

Ausführlicher will ich an dieser Stelle auf die Behinderungen und das motorische Verhalten nicht eingehen, denn die einzelnen Behinderungsformen sind in den vorangegangenen Abschnitten beschrieben worden.

Die Frage, ob ein schwer behindertes Kind in einer Integrations-Gruppe gut aufgehoben ist, wird in der Regel von Eltern und Erzieherinnen intensiver erörtert als bei anderen Kindern.

Bisher werden schwer-mehrfach behinderte Kinder überwiegend in Sondereinrichtungen zusammengefaßt und betreut. Dort stehen Pädagogen zur Verfügung, die meistens schon viele Jahre diese verantwortungsvolle Arbeit leisten und ihre Erfahrungen im Umgang mit schwer behinderten Kindern gesammelt haben. Das ist zunächst einmal ein Vorteil. Aus vielen Berichten oder Beratungsgesprächen mit Erzieherinnen, die aus Sondereinrichtungen in Regelkindertagesstätten wechselten, habe ich allerdings erfahren, daß der Bezug zur normalen Entwicklung von Kindern verloren gegangen war. Dies ist auch nicht verwunderlich, wenn wir bedenken, daß als Schwerpunkt der pädagogischen Arbeit das "Umsorgen" der hilfsbedürftigen Kinder gesehen wurde.

Das kindliche Lernpotential, der ungestüme Bewegungsdrang, die wachen, auf Entdeckung der Welt gerichteten Sinne, die Fähigkeit und das Bedürfnis, miteinander zu streiten oder Bedürfnisse direkt und fordernd zu äußern u.v.m. hatte viele Erzieherinnen am neuen Arbeitsplatz zunächst verunsichert und ein Gefühl von Inkompetenz zurückgelassen. Einige Erzieherinnen ließen sich wieder zurückversetzen in die gewöhnte Umgebung der Sondergruppe für schwer oder schwerstmehrfach behinderte Kinder. Dort ging es, trotz der schwierigen Aufgabe und hohen seelischen Belastung, "geordneter", "ruhiger" und "weniger anstrengend" zu.

Andere Erzieherinnen, die mit ein oder zwei schwer behinderten Kinder in eine Integrationsgruppe wechselten, haben erstaunliche Veränderungen hinsichtlich der Belastbarkeit, der Aufmerksamkeit und des Entwicklungspotentials "ihrer" Kinder erlebt. In dieser anregenden, neuen Umwelt, die mitunter auch für alle Beteiligten anstrengend war, gab es viele Herausforderungen und ganz neue Fähigkeiten konnten entfaltet werden.

Jutta Schöler, die sich in Berlin insbesondere mit der Integration von Kindern im Schulbereich beschäftigt, schreibt dazu:

"Je schwerer die Behinderung ist, um so notwendiger braucht ein Kind die vielfältigen Anregungen der nichtbehinderten Kinder:
• deren Bewegungen es mit den Augen verfolgen kann,
• deren Geräusche es mit den Ohren wahrnimmt,
• deren Gerüche es mit der Nase unterscheiden kann
• deren Hände es am eigenen Körper spürt."
(Schöler, S. 50)

Es ist schwer möglich, den Entwicklungsweg und das Lernpotential von schwermehrfach behinderten Kindern wirklich vorauszusehen, eine Festschreibung der Entwicklungsfähigkeit würde zudem den Lebensweg einengen oder möglicherweise auch einen hohen Erwartungsdruck erzeugen. Viele Kinder werden Fähigkeiten wie selbständiges Essen, Laufen, Singen, Zuhören, Malen, aktive Kontaktaufnahme u.v.m. entwickeln. Bei anderen Kindern vollziehen sich kleine Entwicklungsschritte, die dennoch wahrgenommen werden können und die Basis für neue Entwicklungsschritte sind. Aber stets entwickeln die Kinder ihre eigenen Fähigkeiten auf ganz andere Weise, wenn sie am normalen Kinderalltag mit ihrem Körper, ihrer Seele und allen Sinnen aktiv beteiligt sind.

Auch Eltern spüren hier, daß sie und ihr Kind nicht völlig aus dem gesellschaftlichen Leben verbannt sind.

Die Voraussetzung für die optimale Förderung und das gute Gelingen der Integration schwer-mehrfach behinderter Kinder ist eine zusätzliche sonderpädagogische Betreuung und die notwendige therapeutische Versorgung in der Kindertagesstätte. Eltern und Kinder haben einen Anspruch auf Unterstützung durch unser Gemeinwesen.

Schlußbemerkung

Dieses Kapitel ist sehr umfassend gestaltet worden und enthält eine Vielzahl von Informationen, die zu unterschiedlichen Fragestellungen hilfreich sein können. Meine Intentionen waren kurz zusammengefaßt folgende:

- Auf die Vielfältigkeit und Einmaligkeit menschlicher Entwicklung aufmerksam zu machen.

- Zu veranschaulichen, daß gute Startbedingungen für ein Lebewesen schon vor der Geburt gesetzt werden und nicht nur die Mutter, bzw. die Eltern, sondern auch die Gesellschaft dabei Verantwortung tragen.

- Zu verdeutlichen, daß Entwicklungsstörungen auf individuellen **und** gesellschaftlichen Bedingungen beruhen.

- Erzieherinnen, Therapeuten und Eltern Hilfen zum Verständnis und zum sicheren Umgang mit Kindern in unterschiedlichen Lebenssituationen zu geben.

- Darauf hinzuweisen, daß jedes Kind über ein eigenes umfangreiches Entwicklungspotential und viele ungenutzte Ressourcen verfügt.

Besonders wichtig für mich war zu verdeutlichen, daß der Zugang zu **allen** Kindern und die Entwicklungsunterstützung über ihre Psycho-Motorik gelingt. Abgesehen davon, daß die Beziehungsaufnahme, der Vermittlungsweg oder die inhaltlichen Schwerpunkte unterschiedlich sein können, ist die Psychomotorik für behinderte wie nichtbehinderte Kinder von gleicher fundamentaler Bedeutung.

5.
Bewegen ist Leben

Vor der großen Rutsche auf einem Spielplatz drängeln sich zahlreiche Kinder, Grundschulkinder ebenso wie Zwei- und Dreijährige. Einige ältere Kinder können nicht abwarten, "schummeln" sich vor, sausen johlend und kraftvoll die Rutsche hinunter.
Andere, jüngere, setzen sorgsam Schritt für Schritt und erklimmen mit einem Gesichtsausdruck von Anspannung und freudiger Erwartung die vielen Sprossen bis zur Plattform der hohen Rutsche.
Ein kurzes Zögern: Habe ich mir zuviel zugetraut?
Nein, ich bin schon groß!
Die richtige Position zum Hinuntersausen finden, allen Mut zusammennehmen und los geht es!

Die Augen der Kinder sind weit aufgerissen (manchmal auch ganz geschlossen) und die Betrachterin der Szene spürt förmlich die Anspannung und das Kribbeln im Bauch der Kinder. Mit einem schrillen Schrei als Entladung der Aufregung und Anspannung endet dieses Abenteuer nach rasend schneller Fahrt mit einem Plumps in den Sandkasten vor der Rutsche.
Ein tiefer Seufzer der Erleichterung ist zu vernehmen, die Augen strahlen, dann ein kurzes Innehalten, ein Rückblick auf den Schauplatz dieser Mutprobe, mit ganz aufrechter Körperhaltung und um etliche Erfahrungen reicher, rennt das kleine Kind wieder zum Ausgangspunkt dieser Aktion zurück, um wieder und wieder seine Kräfte, seinen Mut, seine Geschicklichkeit, kurz, seine Lebendigkeit zu erproben.
Einige Erwachsene, zumeist Eltern, beobachten mit unterschiedlichen Gefühlen die Aktionen der Kinder. Die einen zeigen Stolz und Anerkennung für Mut und Geschicklichkeit ihrer Kinder. In den Gesichtern und an der Körperhaltung anderer Erwachsener kann ich Anspannung und Ängstlichkeit ablesen. Bei vielen dieser Zuschauer spüre ich eine innere Beteiligung und eine kindliche Sehnsucht nach dem Erproben der eigenen Kräfte, nach spielerischem Mittun.

Wir wissen, Kinder haben ein natürliches Bedürfnis nach Bewegung.
Aber nicht nur Kinder, auch wir Erwachsene haben ein fundamentales Bedürfnis nach Bewegungsaktionen. Die Sehnsucht nach Lebensfreude durch Bewegung ist allerdings bei vielen Erwachsenen im Alltag verdrängt, verschüttet oder vergessen worden.
Trotzdem ist dieses Bewegungsbedürfnis immer vorhanden, wenn auch in ganz unterschiedlicher Weise. Ein Mangel an Bewegung ist auch bei Erwachsenen physisch wie psychisch spürbar.

Bewegung umfaßt allerdings noch weit mehr als diese äußeren Aktivitäten. Auch Gefühle oder Stimmungen werden durch Bewegung zum Ausdruck gebracht. Wir sind "innerlich" bewegt und suchen einen Kanal für den Ausdruck dieser inneren

Bewegung. Innere und äußere Bewegung bilden eine Einheit, auch wenn der erwachsene Mensch den emotionalen Anteil seiner Bewegungen immer mehr kontrolliert oder einschränkt. - Welcher Erwachsene hüpft schon vor Freude an seinem Arbeitsplatz umher, wenn er gerade eine besonders frohe Nachricht erhalten hat? Dennoch können wir beim genauen Beobachten an der Körpersprache Gefühle wie z.b. Zorn, Trauer, Langeweile oder Freude erkennen. Das Bewegungsgesamt, die Motorik eines Menschen und seine psychische Befindlichkeit sind eng miteinander verknüpft, sie sind voneinander abhängig.

Unsere Fähigkeit, mit anderen Menschen Kontakt aufzunehmen oder Gedanken, Ideen und Wünsche auszudrücken, ist immer von unterschiedlichsten Bewegungen begleitet. Die meisten Erwachsenen kennen dies beispielsweise aus Situationen in fremden Ländern, wenn die Sprachkenntnisse nicht ausreichen und die Verständigung mit "Händen und Füßen" geschieht.

Bei Kindern erleben wir die Kontaktaufnahme durch Körperberührungen und Bewegungsaktivitäten noch ganz ursprünglich. Anfassen, Streicheln, Schubsen, ja mitunter sogar das Beißen, sind lebendige kleinkindgemäße Möglichkeiten der Beziehungsaufnahme über Bewegungsaktivitäten.

Durch Bewegung die Welt begreifen

Zwischen einer werdenden Mutter und dem noch ungeborenen Kind entsteht ein besonders intensiver Kontakt, wenn die Mutter die ersten Bewegungen des noch ungeborenen Kindes spürt. Sie wird gewahr, daß ihr Kind auf Streicheln und Druck durch die Bauchdecke hindurch reagiert. Sie bemerkt nun, daß ihre eigenen Bewegungen häufig deutlich spürbare Bewegungsreaktionen beim ungeborenen Kind auslösen. Ein Dialog zwischen beiden hat begonnen.

Eine nächste Phase des Lebens und des Dialogs mit der Umwelt beginnt nach der Geburt, wenn das Kind sich nicht mehr im schützenden Uterus mit vertrauten Begrenzungen und Geräuschen bewegt, sondern in einem grenzenlosen Raum außerhalb des Körpers der Mutter zu atmen beginnt.

Der Säugling spürt seinen Körper im liebevollen Gehaltensein durch Eltern und andere Bezugspersonen. Er spürt Wärme, Zuwendung, Sicherheit und die Befriedigung seiner elementaren Bedürfnisse. Ebenso eindrücklich spürt ein Säugling mit schlechten Startbedingungen Ablehnung, Kälte, oder Trauer und erlebt erste Frustrationen, wenn seine Grundbedürfnisse nicht befriedigt werden und es an Beziehungsaufnahme, Zuneigung und Geborgenheit mangelt.

Mit seinem ganzen Körper nimmt das kleine Kind den Kontakt zu Personen und Gegenständen in seiner Umgebung auf. Hände und Füße sind in Bewegung, sie suchen Widerstand, andere Körper und Objekte. Beobachtungen an sieben bis acht Monate alten Säuglingen haben ergeben, daß sie (Schlafphasen ausgenommen) kaum länger als 2½ Minuten in einer Position verharren. Kinder sind ständig neugierig und aktiv, bewegungsaktiv.

Das wichtigste Sinnesorgan in dieser frühen Lebensphase ist die Haut. Alle Empfindungen des Berührens und des Berührt-Werdens erspüren die feinen Rezeptoren der Haut und leiten sie weiter zu den entsprechenden Abschnitten im Gehirn. Besonders sensibel reagiert die Haut an den Händen, an der Zunge und an Teilen des Gesichts, deshalb muß ein Säugling auch viele Dinge in den Mund stecken, um sie genau zu ertasten und zu spüren.

Auch alle übrigen Sinnesorgane nutzt der Säugling für seine Entdeckungsreisen. Mit Augen, Ohren, Mund, Nase und dem gesamten Körper beginnt der Säugling die Welt mit allen Sinnen wahrzunehmen, zu begreifen und sich neugierig mit ihr auseinanderzusetzen.

Alle Bewegungshandlungen erlangen eine neue Qualität, wenn sich das Kind selbständig fortbewegen kann und dadurch seinen Bewegungsradius erweitert. Die Lust und Freude von Kindern im zweiten Lebensjahr beim Erproben von neuen Bewegungsfertigkeiten können wir nun ständig beobachten. Es werden Stufen erklommen, in Pfützen gesprungen, hinter Vögeln hergerannt, in Höhlen versteckt, auf Stühle geklettert, mit Spielgefährten gerangelt u.a.m.

Die Kinder lernen in diesen aktiven Bewegungsspielen die Beschaffenheit von Materialien und Gegenständen kennen, sie begreifen die Beziehungen zu anderen Menschen, lernen ihren Körper, ihre Gefühle und die Sinnesfunktionen kennen und nutzen.

Jedes Kind besitzt von Anbeginn des Lebens eine kreative Kraft, um sich aktiv mit eigener Bewegungsautonomie und mit eigenen Kompetenzen kreativ mit seiner Umwelt auseinanderzusetzen. Probleme, Widerstände, Ängste oder Frustrationen entstehen meistens dann, wenn die Kinder Fertigkeiten zeigen oder Leistungen erbringen sollen, die nicht ihrem individuellen Entwicklungsstand entsprechen oder zu denen sie (noch) nicht motiviert sind.

Die Aufgabe von Eltern und Pädagogen ist es, einerseits eine liebevolle und fördernde Entwicklungsunterstützung, aber andererseits auch genügend Freiraum für Eigenaktivitäten zu gewährleisten. Dies ist unter den heutigen Lebensverhältnissen von Kindern und Eltern gewiß keine leichte Aufgabe.

Darüber hinaus sind alle Erwachsenen in unserer Gesellschaft verantwortlich dafür, daß Kinder eine Umwelt vorfinden, in der dieses elementare Bewegungsbedürfnis ausgelebt werden kann. Leider werden aber unsere Städte, vor allem die Großstädte, immer mehr zubetoniert und autogerecht gestaltet. Bewegungsräume für Kinder sind rar und müssen oft verteidigt werden wie seltene Biotope.

Behinderte Kinder und ihre Bewegung

Bewegung und Sinneserfahrungen sind, wie bereits beschrieben, der Motor der frühkindlichen Persönlichkeitsentwicklung

Aber was bedeutet es, wenn ein Kind mit einer körperlichen, geistigen oder sinnlichen Behinderung geboren wird, oder wenn sich eine schwere Entwicklungsstörung in den ersten Lebensmonaten herausstellt und auch die Bewegungsentwicklung beeinträchtigt oder stark behindert ist?

Viele Behinderungen haben primär oder sekundär Auswirkungen auf Bewegungen und die Bewegungsentwicklung des Säuglings und Kleinkindes. Bewegungen können qualitativ und quantitativ anders sein als bei einem Kind ohne Behinderung (vergl. Kapitel 4). Aber auch wenn die Bewegungsmöglichkeiten oder die Sinnesfunktionen eingeschränkt oder schwer behindert sind, so hat Bewegung dennoch die gleiche fundamentale Bedeutung wie für jedes andere Kind.

Der behinderte Säugling beginnt seine Kontaktaufnahme und die Auseinandersetzung mit Personen und Dingen in seiner Umgebung gleichermaßen über die unterschiedlichsten Bewegungsaktivitäten. Dies alles geschieht jedoch in seinem eigenen Tempo und mit ganz individuellen Möglichkeiten. Die Bewegungen und Bewegungsbotschaften finden einen ganz eigenen Ausdruck. Eltern oder andere nahe Bezugspersonen müssen diese Botschaften oft erst geduldig entschlüsseln, um sie zu verstehen und dann eine geeignete Form der Antwort herauszufinden.

Manchmal sind es nur die leuchtenden Augen oder ein schrilles Quietschen des Säuglings, die innere und äußere Bewegung signalisieren. Manchmal sind es zunächst unkontrolliert und überschießend anmutende Bewegungen oder geringfügige Drehungen des Kopfes, durch die uns ein Kind mit einer schweren Behinderung auf seine Weise seine Kontaktaufnahme und seine Wünsche mitteilt.

Es gilt für Eltern, Pädagogen oder Therapeuten die diesen frühkindlichen Entwicklungsprozeß begleiten, die jeweils individuellen Fähigkeiten zu Wahrnehmung, Bewegung und Kommunikation zu entdecken. Auf dieser Basis gelingt es dann, eine vertrauensvolle und akzeptierende Beziehung aufzubauen, die es dem Erwachsenen ermöglicht, die notwendigen pädagogischen und therapeutischen Hilfestellungen bei der Entwicklung von Bewegungsautonomie und kindlicher Eigenaktivität zu leisten.

Kinder, deren Behinderung nicht primär die Bewegung einschränkt (z. B. Sinnes- oder Sprachstörungen), zeigen dennoch häufig im zweiten oder dritten Jahr oder möglicherweise noch später, deutliche Bewegungsauffälligkeiten. Bei Bewegungsaktionen in der Kindergruppe beobachten wir verlangsamte, gehemmte Bewegungen, Schwierigkeiten mit der Körperkoordination und dem Gleichgewicht, wenig Mut und Selbstvertrauen etwas neues zu probieren oder gar Passivität und Rückzug aus gemeinsamen Bewegungsspielen. Freude und Spaß an der Bewegung können massiv durch seelische Nöte, wie mangelnde Akzeptanz, Kontakt- und Kommunikationsstörungen, Isolation u.ä. blockiert werden.

Auch diese Verhaltensweisen sind kindliche Botschaften, eine Form der Mitteilung ohne verbale Sprache. Eltern und Erzieherinnen erhalten durch diesen nonverbalen Hilferuf deutliche Hinweise auf den Wunsch des Kindes nach Veränderung seiner schwierigen Lebenssituation.

Berühren und berührt werden

"Die Welt ist da: Ich berühre die Welt - die Welt berührt mich."
So schreibt die Schweizerin Felice Affolter über die ersten Begegnungen des Säuglings mit der Umwelt."
Ich erhalte den Eindruck etwas zu berühren. Wir sprechen von "Kontakt"; "takt" verweist aufs Spüren; "kon" heißt "mit" - Mit-Spüren! Wenn ich dich spüre und du mich, dann spüren wir "miteinander". Dann stehen wie in "Kon-Takt" ... Berühren ist so erster Schritt für eine Interaktion zwischen mir und der Welt." (S. 19)

Wir berühren und spüren Berührung zuallererst über die Haut.
Unsere Haut ist von Geburt an unser größtes, schwerstes und wichtigstes Sinnesorgan. - Ohne Haut kann niemand leben!
Mit etwa 1 Million über den ganzen Körper verteilter Nervenzellen (Hautrezeptoren) registriert dieses Sinnesorgan alle Berührungsempfindungen wie z.b. Streicheln, Schlagen, Kälte, Wärme, Druck, Widerstand usw. Durch die Berührungsempfindungen unserer Haut werden wir vor Gefahren gewarnt wie beispielsweise vor zu großer Hitze, Kälte oder anderen Schmerzeinwirkungen.

Die Haut registriert angenehme wie unangenehme Berührungskontakte und leitet sie weiter an das Gehirn (ZNS), wo diese Empfindungen verarbeitet und gespeichert werden.

Die Haut ist außerdem eine ideale Verpackung und Schutzhülle, denn sie ist absolut wasserdicht, schützt gegen Kälte und gibt bei Überhitzung Wärme ab. Diese Schutzhülle ist elastisch, platzt nicht aus den Nähten und repariert sich bei kleinen Verletzungen von selbst.

Bereits im Mutterleib bildet sich das taktile Wahrnehmungssystem heraus und ist schon voll funktionsfähig. Der Fötus spürt über Berührungskontakte die Begrenzung im Uterus, den Widerstand, er fühlt das Fruchtwasser um seinen Körper, ebenso wie die Eigenberührungen durch seine Körperteile.

Allererste Spuren von Berühren und Berührt-Werden sind hier angelegt.

Die Geburt durch einen engen Geburtskanal ist zwar mühsam und anstrengend, aber gleichzeitig ein bedeutsames Wahrnehmungserlebnis. Das neugeborene Kind spürt den enormen Druck auf seinen Körper und empfindet mit allem "Nachdruck" seine Haut, seinen Körper, seine Körpergrenzen. Kindern, die mit einem Kaiserschnitt zur Welt kommen müssen, fehlt dieses intensive Erlebnis von Eigenwahrnehmung.

Die ersten Empfindungen und Erfahrungen des Neugeborenen in der Außenwelt sind Berührungserfahrungen. Zärtlichkeiten, Hautkontakt mit der nackten Haut von Vater und Mutter, Sinnlichkeit, Geborgenheit, Gehaltensein sind die wichtigsten ersten Erfahrungen für die Bewältigung das weiteren Lebens. Das Ur-Vertrauen, die Basis für alle weiteren Schritte in die Welt, kann sich durch diese ersten, positiven Erfahrungen entwickeln.

Körperliche Berührung ist etwas elementar Seelisches. Mangelt es dem Säugling an diesen frühen, positiven Zuwendungen durch Berührung, hinterläßt es Spuren in Körper und Seele.

In Florida (USA) wurde ein weiterer Aspekt dieser frühen Berührungserfahrungen untersucht. Auf einer Frühgeborenenstation erhielten die Säuglinge mit diesen schwierigen Startbedingungen kontinuierlich eine sanfte Babymassage. Sie nahmen doppelt so schnell an Gewicht zu wie andere zu früh geborene Säuglinge, entwickelten sich stabil und konnten das Krankenhaus wesentlich früher als sonst üblich verlassen.

Jungen und Mädchen werden unterschiedlich berührt.

Mädchen erhalten in der Säuglingsphase etwa doppelt so viele Berührungskontakte wie Jungen, sie werden häufiger gestreichelt, auf den Arm genommen, getröstet usw. Dennoch sagt die Quantität der Berührungskontakte noch nichts über die Qualität von Berühren und Berührt-Werden aus.

In den folgenden Lebensjahren setzt sich diese geschlechtsspezifische Haltung der Erwachsenen zu körperlicher Berührung fort. Eltern, Verwandte, Erzieherinnen und andere Bezugspersonen berühren Mädchen häufiger als Jungen. Durch diese Berührungskontakte, ebenso wie durch geschlechtsspezifisches Spiel (z.b. Puppenspiel) werden kleine Mädchen schon frühzeitig auf Fürsorge und andere versorgende Tätigkeiten vorbereitet.

Dieser Entwicklungsverlauf birgt allerdings nicht nur Vorteile für die weitere Persönlichkeitsentwicklung. Die Aufgabe der Mädchen besteht später häufig darin zu lernen wie sie sich abgrenzen können (müssen) und wie sie sich eine gesunde Distanz zu anderen Menschen erarbeiten.

Jungen erlernen Berührungskontakte eher durch Rangeleien, Raufereien und Kämpfe. Zärtlichkeiten sind seltener zu beobachten als bei Mädchen. Wenn Eltern oder Erzieherinnen die Raufereien der kleinen Jungen aus erzieherischen Gründen ständig unterbinden, verhindern sie auch die Möglichkeit Berührung zu spüren.

Viele der offensichtlich gutgemeinten, aber unbedachten Zärtlichkeiten von Verwandten, Bekannten oder auch Erzieherinnen, z.B. über den Kopf tätscheln, Küssen, unvermitteltes Umarmen u.ä., sind für kleine Mädchen und Jungen keineswegs immer angenehm oder erwünscht. Sie überschreiten oftmals die körperlichen Grenzen und verletzen das kindliche Selbst. Die Kinder (insbesondere Mädchen) erdulden diese Berührungen meistens, weil sie sich nicht erwehren können, nicht gelernt haben "nein" zu sagen oder weil sie die netten Tanten, Onkel, Erzieherinnen oder andere Mitmenschen nicht zurückweisen wollen.

Hier werden frühe Spuren auf der Haut und in der Seele hinterlassen, die erst in späteren Lebensabschnitten für Eltern, Erzieherinnen oder Lehrer deutlich sichtbar werden.

Für unsere seelische Gesundheit hat die Art und Weise der Berührung große Bedeutung. Gerade im Zeitalter der High-Tech Medizin, mit Unmengen an Apparaten (sogar für die Massage gibt es Apparate mit Saugnäpfen auf der Haut anstelle berührender Hände), sehnen sich viele Kranke nach der heilsamen Wirkung des Handauflegens auf schmerzende Körperteile oder nach anderen Formen des "Kontaktes" (i.S. von Mit-Fühlen) zur Begleitung des Heilungsprozesses. Damit kann die körperliche Krankheit zwar nicht kuriert werden, aber die Seele des Patienten spürt Anteilnahme und Verständnis, wodurch der körperlich-seelische (ganzheitliche) Heilungsprozeß positiv beeinflußt wird.

Ebenso können tiefsitzende Gefühlsblockaden über Körperkontakt in psychotherapeutischer Behandlung gelöst oder gebessert werden. Die körperliche Zuwendung ist allerdings nur wirksam, wenn die persönliche Haltung des Gegenübers ehrlich und stimmig ist.

Das gleiche gilt auch für die Haltung der Erzieherinnen zu Kindern in ihrer Gruppe, die gerade Trost, Zuspruch oder einfach Kontakt benötigen. Wenn die Erzieherin aus einem spontanen, inneren Gefühl heraus die Hand des Kindes streichelt, es in den Arm nimmt oder mit anderen Formen körperlicher Berührung ihre Zuwendung zeigt, wird dies in der Regel vom Kind als hilfreich und tröstlich empfunden. Notwendig ist jedoch, das Kind zu beobachten, sich einzufühlen und dabei zu spüren, ob die intensive Berührung für das Kind angenehm ist oder wo die Grenzen des Kindes sind.

In der Psychomotorik haben Berührungsempfindungen einen bedeutsamen Platz. Kinder berühren und werden berührt.

In vielfältigen Spielangeboten zur Sinneswahrnehmung können Berührungserfahrungen gesammelt werden. Ebenso gibt es viele Möglichkeiten zu taktiler Wahrnehmung beim freien Experimentieren mit bereitgestellten Geräten und Materialien.

Aufmerksamkeit und Einfühlungsvermögen in kindliche Bedürfnisse sind hierbei die wichtigsten Anforderungen an die Pädagogen oder Therapeuten.

Dazu ein Beispiel:

Lisa (5 Jahre), ein sprachgewandtes und phantasievolles Mädchen, wollte gern in meiner Psychomotorik-Gruppe in einer Kindertagesstätte mit schwierigen innerstädtischen Bedingungen mitmachen.

Diese Gruppe, drei Kinder mit einer Behinderung und fünf weitere Kinder aus einer altersgemischten Kindergruppe, wurde immer am Montagvormittag angeboten. Bei meinen vorangegangenen Montagsbesuchen bekam ich erste Kontakte zu Lisa. Mit fiel auf, daß sich das Mädchen äußerlich sehr schmückte, rote Fingernägel, hübsche Kleider, Ketten, Lackschuhe u.ä.

Außerdem bemerkte ich bei diesen ersten Kontakten eine enorme Körperanspannung, einen ziemlich ernsthaften Gesichtsausdruck und deutlichen Ärger, wenn ein Kind mit ihrer "hübschen Hülle" unvorsichtig umging, z.B.auf die Lackschuhe tritt. (Übrigens haben die anderen Kinder Hausschuhe an.) In den beiden ersten Psychomotorik-Stunden beobachtete ich, daß Lisa einerseits Spaß an der Bewegung und den psychomotorischen Spielen hat, aber immer, wenn Kinder aus der Gruppe Spielsituationen zu körperlichen Rangeleien nutzen, entfernt sich Lisa von der Gruppe. Mit vielen Worten versucht sie aus der Entfernung in diesen Situationen andere Spiele oder Übungen vorzuschlagen.

Lisa will ihre dicke Strumpfhose auf keinen Fall ausziehen, sie läßt sich allenfalls überreden, die Lackschuhe auszuziehen und ganz in der Nähe, für sie deutlich sichtbar, zu deponieren.

Sie streitet sich häufig vehement mit der gleichaltrigen Jasmin, einem Mädchen mit einer allgemeinen Entwicklungsverzögerung und massiven Wahrnehmungsstörungen. Jasmin hat erhebliche Schwierigkeiten mit ihren eigenen Körpergrenzen und dem Spüren und Akzeptieren von Grenzen anderer Menschen.

Vor der 4. Stunde setzt sich Lisa neben mich, die Arme untergeschlagen, mit "finsterem" Gesicht und sagt ganz zornig: "Heute sage ich überhaupt gar nichts." - Ich verstehe den Zusammenhang nicht und frage, ob sie heute nicht mitmachen möchte? Lisa antwortet: "Doch, aber heute will ich überhaupt nicht sprechen." - Sie sieht dabei sehr unglücklich aus. Eigentlich möchte ich Lisa in den Arm nehmen oder über ihren Kopf streicheln, spüre aber, daß dies noch nicht ihrem Bedürfnis entspricht. Deutlich wird allerdings, daß sich Lisa überhaupt nicht wohl in ihrer Haut fühlt.

Lisas Kontakt-Brücke ist derzeit die Sprache. Auch wenn sie gerade mitteilt, daß sie heute überhaupt nicht reden will, vernehme ich die Botschaft, die etwa lautet: "Bitte rede mit mir, sonst platze ich aus allen Nähten."

Ich frage: "Du siehst so aus, als hättest du dich heute ganz doll geärgert, was ist denn passiert Lisa?" Als hätte das Mädchen nur auf diese Erlaubnis zum Reden gewartet, sprudelt es zornig und unter Tränen aus ihr heraus, daß die Mama sie heute Morgen nicht das schöne rosa T-Shirt anziehen lassen hat. Sie schimpft über den Morgen, die Mutter und das ganze Wochenende. So gerne hätte sie heute dieses schöne, neue Hemd getragen. - Ich höre teilnahmsvoll zu und lasse sie das rosa T-Shirt beschreiben. Ich kann ihr sagen, daß mir dieses rosa T-Shirt auch gefällt. Nun erlebe ich, wie sich Lisa in ihrem Körper entspannt, näher zu mir rückt, und ich kann sie auf meinen Schoß und in meine Arme nehmen.

Lisa genießt dieses Gehaltensein und kuschelt sich an meinen Körper.

Warum ist für Lisa diese zweite Hülle von so großer Bedeutung frage ich mich. Ich finde keine offensichtliche Antwort und kann die augenblickliche Situation dieses Mädchens nur so hinnehmen, wie sie sich zeigt.

In der anschließenden Psychomotorik-Stunde beteiligt sich Lisa am Erproben einer Fühl-Straße, sie will aber auf keinen Fall die Strumpfhose ausziehen und mit den nackten Füßen die verschiedenen Materialien betreten.

Etwas später will ich das Luftballon-Bett ausprobieren lassen.

Für das Herrichten des Luftballonbettes habe ich einen Bettbezug und einen Kopfkissenbezug mitgebracht. Während fast alle Kinder helfen, den großen Bezug mit Luftballons zu füllen, nimmt sich Lisa den kleinen Bezug und krabbelt hinein. Sie ist ganz und gar darin verschwunden und bleibt eine Weile regungslos darin liegen. Dann steckt sie ihren Kopf heraus und schaut mich an, der Kopf verschwindet wieder. Als der Kopf bald darauf wieder herausschaut, sage ich: "Ach, gut daß da ein Ausgang ist, ich dachte schon, du würdest da drinnen bleiben!" - Lisa lacht und erzählt, wie gemütlich es drinnen ist.

Inzwischen ist das Luftballonbett fertig, und die Kinder probieren aus, darauf zu liegen, zu krabbeln, sich drauf zu werfen u.ä. Lisa verläßt nun ihre Kopfkissenhülle und krabbelt einmal über das Luftballon-Bett. Plötzlich geht sie zur Seite, zieht ihre Strumpfhose aus, sagt, "ich kann ja sonst nichts fühlen", und vergnügt sich, nun mit nackten Beinen, wie alle anderen Kinder auch, auf dieser weichen, beweglichen Unterlage.

Lisa hat ihre eigene Zeit gebraucht, um etwas neues zu riskieren, unmittelbar Kontakt aufzunehmen, um mit ihrer nackten Haut spüren zu können. Aber sie hat ihren Weg allein gefunden. Lisa sieht an diesem Vormittag sehr entspannt aus.

Warum sich Lisa so wie geschildert verhalten hat, wieviel ihr diese zweite Körperhülle im Alltag bedeutet oder warum sie Kontakte über Sprache zunächst eher akzeptieren kann als über körperliche Berührung, ist nicht einfach herauszufinden. Viele schwierig verlaufene Entwicklungsabschnitte, wie z.B. die frühe Trennung der Eltern, bestimmte frühkindlich erworbene Verhaltensmuster beim Umgang mit Sauberkeit, Berührung, Körper, Sexualität, Weiblichkeit oder frühe Erfahrungen mit ihrer Fähigkeit, Sprache einzusetzen u.a.m, können einen Anteil an diesem Verhalten haben. Aber jede Handlung hat einen Grund und das spontane kindliche Tun entspricht immer inneren Beweggründen. An uns Erwachsenen liegt es, Verständnis zu entwickeln, um verschlüsselte Handlungen zu verstehen und mit angemessenen Handlungen darauf zu antworten.

Die Psychomotorik, mit ihrer Betonung der leiblich-seelisch-geistigen Einheit des Menschen, gibt uns eine wertvolle Möglichkeit, die leisen Hilferufe eines Kindes zu hören und in gemeinsamen Aktivitäten erste Antworten zu finden.

Körperbewußtsein - Körperschema - Körperausdruck

"Über den Körper vollzieht sich die Fühlungnahme mit der Welt. Der Mensch erfährt und begreift die Welt über seinen Körper, nimmt sie über seine Sinne wahr und in sich auf, wird über seinen Körper tätig. ... Verliert ein Mensch den Bezug zu seinem Körper, verliert er sein Selbstgefühl und steht der Welt entfremdet gegenüber." (M. Esser, S. 19)

Wir haben einen Körper, den wir trainieren und in seinen einzelnen Funktionen verbessern können und sind gleichzeitig Körper, mit allen inneren Empfindungen, sinnlichen Wahrnehmungen, Körperspannungen, Ausdrucksmöglichkeiten und Formen körperlicher Beziehungsaufnahme. Im Gegensatz zu den meisten erwachsenen Menschen nutzt das Kind seinen Körper ganzheitlich, es "lebt seinen Körper".

Die Einheit von Seele und Körper könnte uns Erwachsenen in jenen Augenblicken bewußt werden, in denen wir uns gut und zufrieden fühlen, weil uns eine anstrengende Arbeit oder eine sportliche Leistung gelungen ist. Der Körper richtet sich dann spürbar auf, wir gehen leichtfüßig und beschwingt, wir fühlen uns wohl in unserem Körper. Unser "Selbst" ist gestärkt.

Meistens spüren wir allerdings unsere Körperlichkeit nur, wenn Körperteile schmerzen oder erkranken, wenn Bewegungsfunktionen eingeschränkt sind und wir uns dadurch nicht mehr wohl fühlen. Der Körper wird schwer, unbeweglich oder auch fremd. Manchmal ist dies der Augenblick des Innehaltens, der Wahrnehmung und Bewußtwerdung der eigenen Körperlichkeit.

Der Begriff Körperschema bezieht sich meistens auf den funktionalen oder instrumentalen Aspekt unseres Körpers.

Kenntnisse von Funktionen und Bewegungsmöglichkeiten der verschiedenen Körperteile sind wichtig, um aktiv und kreativ die Fähigkeiten und Kräfte des Körpers nutzen zu können. Neben den Empfindungen der Haut tragen auch die Empfindungen aus Muskeln, Gelenken und dem Gleichgewichtssinn zur Entwicklung des Körperschemas bei. Die vielfältigen Informationen über die einzelnen Körperregionen oder über Bewegungsmöglichkeiten der Körperteile werden ständig zum Gehirn geleitet und dort verarbeitet. Ein gut entwickeltes Körperschema ermöglicht dem Kind, seine Bewegungen gut zu planen (vergl. Abschnitt Kinder mit Wahrnehmungsstörungen) und hilft außerdem beim Aufbau von Selbstbewußtsein, Selbständigkeit und kognitiven Fähigkeiten.

Jean Piaget, der bedeutende Schweizer Kinderpsychologe, hat darauf hingewiesen, daß eine konkrete Kenntnis vom eigenen Körper für das Kind wichtig ist, damit das Gehirn abstrakte Vorgänge verarbeiten und kognitive Entwicklung stattfinden kann.

Für Kinder mit einer Behinderung ist die Entfaltung des Körperschemas besonders wichtig, denn nur so gelingt es ihnen, einen positiven Bezug zum eigenen
Körper zu entwickeln.

In Therapie und Frühförderung ist es daher besonders wichtig, sich nicht nur an
den körperlichen und geistigen Defiziten zu orientieren, sondern die Unterstützung
eines Körpergefühls einschließlich der Behinderung zu fördern.

Auf diesem langen, schwierigen Weg der Akzeptanz von körperlichen, geistigen
oder seelischen Mängeln benötigt das Kind die liebevolle Unterstützung durch Eltern, Erzieherinnen und Therapeuten. Oft werden die kleinen Erfolge auf diesem
Wege gar nicht wahrgenommen. Ausführliche Beobachtungen und gemeinsame
Gespräche helfen den Erwachsenen die Wahrnehmung zu sensibilisieren, wichtige Entwicklungsschritte zu bemerken und sich daran zu erfreuen.

Dazu einige Beispiele:

*Bei Stella (3 Jahre) wurde vor einem Jahr anläßlich des Eintritts in die Kinderta-
gesstätte eine hochgradige Innenohrschwerhörigkeit diagnostiziert. Sie bekam nach
einigen Wochen ein Hörgerät, zeigte aber enorme Widerstände, dieses Hilfsmittel
anzulegen. (Die Mutter ebenfalls.)*

*Seit einigen Wochen akzeptiert Stella ihr Hörgerät und trägt es kontinuierlich. Ein
weiterer großer Entwicklungsschritt im Umgang mit ihrer Behinderung ist, daß Stella
bei allen technischen Problemen mit dem Hörgerät (z.B. Verrutschen, Übersteu-
ern, entladene Batterie) sofort zu ihrem vertrauten Erzieher geht, um das Hörgerät
wieder in Ordnung bringen zu lassen.*

*Tanja (4 Jahre) kann die Funktion ihres rechten Armes nicht willentlich steuern,
er ist schlaff gelähmt. Durch liebevolle Unterstützung der Erzieherin hat sie begriffen, daß dieser Arm, so wie er ist, ein Teil von ihr ist. Sie kann ihn mit Hilfe der
rechten Hand bewegen und auch nutzbar machen. Beispielsweise legt sie den
gelähmten Arm beim Malen zum Festhalten auf ihr Zeichenblatt und malt dann mit
der anderen Hand.*

*Marek (5½ Jahre), seit zwei Jahren in therapeutischer Behandlung wegen mas-
siver Bewegungsunruhe, Verhaltensauffälligkeiten, Teilleistungsstörungen und mit
dem Sammelbegriff HKS (Hyperkinetisches Syndrom) eingeordnet, holt sich seit
einigen Monaten für den Morgenkreis einen kleinen T-Hocker (selbstgebaut aus
zwei Holzteilen) und nimmt so, ohne aufzustehen und herumzurennen wie früher,
an den gemeinsamen Gesprächen und am Singen in der Kindergruppe teil.*

*Nach seinen eigenen Angaben macht es Spaß, beim Zuhören, Sprechen oder
Singen auf dem Hocker ein bißchen zu schaukeln. Marek kann sich auf diese
Weise spüren und für eine Weile aufmerksam sein. (Ein passender Sitzball ist auf
ähnliche Weise dienlich).*

*Jana (2½ Jahre) hat ein Down-Syndrom. Im Augenblick kann sich das Mädchen
über Worte noch nicht verständlich machen. In der Psychomotorik-Gruppe kann
sie sich dennoch aktiv an der Kommunikation beteiligen und ihre Befindlichkeit zum
Ausdruck bringen. Wenn es für Jana zu laut oder anderweitig unangenehm wird,
schreit oder schimpft sie mit zorniger Miene. Die Kinder in dieser Gruppe verste-*

hen und respektieren ihren Ärger inzwischen und reagieren (meistens) darauf, indem sie leiser werden, sie trösten u.ä. Jana äußert auch Freude und Zufriedenheit, sie juchzt, quietscht oder ruft in einer Art Sing-Sang, dabei bewegt sie Oberkörper und Arme. Einige Kinder laufen dann zu ihr hin, freuen sich, juchzen manchmal ebenfalls und das Mädchen spürt die Kommunikation. Jana hat für sich eine Kommunikationsform vor der gesprochenen Sprache entdeckt.

Ein anderer bedeutsamer Aspekt unser körperlichen Fähigkeiten ist der Körperausdruck. Jeder Mensch besitzt eine eigene, einmalige körperliche Ausdrucksfähigkeit. Sie entwickelt sich von den ersten Lebensmonaten an. Wenn wir die körperlichen Aktivitäten von kleinen Kindern genau betrachten, wird die jeweils individuelle Art und Weise zu gehen, zu rennen, zu klettern, zu hüpfen usw. sichtbar. Beispielsweise erkennen viele Eltern oder Erzieherinnen allein an der Art und Weise des Fußgetrappels auf dem Fußboden, welches ihrer Kinder sich nähert und in welcher Gestimmtheit es sich gerade befindet. Ebenso unverwechselbar ist die Ausdrucksfähigkeit über Gestik, Mimik und den Tonfall der Laute.

"Die auf den Körper bezogene Ausdrucksfähigkeit gründet in den sinnlichen Empfindungen und Wahrnehmungen, in der Motorik, im Tonus, den Emotionen und in dem tiefgreifenden Erleben, das ans Unbewußte gebunden ist - sie gründet in einem Körper mit Empfindungen und mit einem Unbewußten, daß sich ausdrückt über Psycho-Motorik." (Marion Esser, S. 21)

Die Qualität dieser psycho-motorischen Ausdrucksfähigkeit eines Säuglings oder Kleinkindes wird beeinflußt durch die frühen Körpererfahrungen zwischen Mutter (oder der "bemutternden" Beziehungsperson) und Kind. Erfährt der Säugling diese frühen Körperkontakte als lustvoll und befriedigend, so findet ein intensiver, positiver Dialog zwischen beiden auf der Ebene des körperlichen Ausdrucksvermögens statt.

Bernard Aucouturier, ein Vertreter eines psychoanalytischen Ansatzes der Psychomotorik in Frankreich, nennt diesen frühen Dialog "tonischen Körperdialog". In seinem Buch "Bruno" beschreibt er seine psychomotorische Therapie mit einem 7½ jährigen cerebral-geschädigtem und psychisch gestörten Jungen auf sehr anschauliche Weise. Bruno konnte bis dahin kaum Kontakt aufnehmen und nicht sprechen. Aucouturier begibt sich zu Beginn seiner Therapie in einen Körperdialog mit dem Jungen, bei dem jeder den Körper des anderen erlebt.

"Der Zugang zum gesprochenen Wort erfordert das vorherige Durchschreiten der urprimitivsten Kommunikationsmittel ... Die Erfahrung hat uns gezeigt, daß ein Kind, das Sprechstörungen aufweist, immer Schwierigkeiten bei Ausdruck und Kommunikation auf anderer Ebene hat. Bei einem Kind, dem wie Bruno der Sprachausdruck völlig fehlt, muß folglich eine tiefe und sehr ursprüngliche Kommunikationsstörung vorliegen. Hier liegt die Grundhypothese, nach der die ganze Therapie ausgerichtet wurde und welche sich durch das spontane Auftauchen des Sprechens bestätigen sollte." (S. 29)

Von dieser basalen Art der Kommunikation ist die Entwicklung des Urvertrauens abhängig und sie prägt entscheidend die Entwicklung der kindlichen Identität. Somit beeinflußt dieser Körper-Dialog das gesamte Werden eines Kindes.

Für behinderte Kinder, insbesondere schwer behinderte Kinder, ist die Körpersprache eine elementare Form sich auszudrücken. Sie ist deutlicher und eindrücklicher als es ihnen über die verbale Sprache möglich sein kann. Von Erzieherinnen in einer Integrations-Gruppe wird keine therapeutische Arbeit erwartet wie im Beispiel von Bruno beschrieben, ihr Aufgabenbereich hat eine andere Zielrichtung von Entwicklungsunterstützung. Aber wenn es Erzieherinnen gelingt "Antennen" für die Körpersprache des behinderten Kindes zu entwickeln und einen körperlichen Kontakt zu ihm einzugehen, so ist dies die beste Voraussetzung für alle weiteren pädagogischen Angebote.

Im Gleichgewicht sein

Überall auf der Welt wird ein weinendes kleines Kind von den Eltern oder anderen Bezugspersonen liebevoll auf den Arm genommen, gestreichelt und sanft hin und her geschaukelt. Es geschieht ganz selbstverständlich, ohne großartig über die Wirkungsweise nachzudenken. Die Wirkung ist verblüffend, das Kind beruhigt sich, fühlt sich wohl, entspannt sich und die Tränen versiegen.

Säuglinge werden in den ersten Monaten in Wiegen oder hängenden Körben gebettet, in denen sie sanft hin und her schaukeln.

Mütter oder Väter tragen ihre Säuglinge und Kleinkinder in Tragetüchern o.ä. eng am Körper, während sie in der Wohnung hantieren oder draußen einen Spaziergang machen.

Die Kinder sind stets in Bewegung.

Andere Kinder drehen sich juchzend so lange im Kreise bis sie schwindelig werden und ihr Gleichgewichtssystem völlig in Aufruhr ist. Sie tun es wieder und wieder. Oder sie erfinden Gleichgewichtsspiele mit Luftballons, Bällen, Gummischnüren (Gummitwist), Büchsen und vielen anderen Utensilien. Sie balancieren auf Baumstämmen, auf schmalen Mauern oder Bordsteinkanten, über Klettergerüste und selbst auf großen Steinen mitten im Wasser. Beim Zuschauen spüren wir das elementare Vergnügen und die Bewegungslust der Kinder. Das Gleichgewichtssystem und der Bewegungssinn (Tiefensensibilität) werden ständig gereizt und das Gehirn bekommt "Futter" zum Verarbeiten.

Es gibt allerdings auch Kinder, die bei diesen Bewegungsaktionen ängstlich am Rande stehen und Spielen, in denen Gleichgewichtsvermögen, Mut und Risiko gefordert sind, aus dem Wege gehen. Das Vestibularsystem und die Bewegungssinne erhalten somit wenig Anregungen. In der Regel ist bei diesen Kindern das Gleichgewichtsvermögen nicht adäquat entwickelt und wenn wir sie genau beobachten, sind Entwicklungsschwierigkeiten auch in anderen Bereichen festzustellen.

In den letzten Jahren haben wir immer mehr begriffen, welche Bedeutung dieses Wiegen und Schaukeln, genauer gesagt die Stimulation des Gleichgewichtssinns, für die frühkindliche Entwicklung hat (vergl. Abschnitt Wahrnehmung).

Diese Erkenntnisse werden inzwischen auch in der Frühförderung und in der Therapie genutzt. In einigen Kinderkliniken werden zu früh geborene Säuglinge in ihrem Brutkasten auf ein Wasserbett oder sogar in Hängematten gelegt. Die Kinder entwickeln sich besser und leiden seltener an Herz- und Atembeschwerden.

Im Hamburger Institut für Entwicklungsneurologie unter Leitung der Kinderneurologin Dr. Inge Flemig sind erstaunliche Erfahrungen mit entwicklungsgestörten Säuglingen und Kindern mit geistigen oder Sprach- und Bewegungsstörungen gesammelt worden. Die Kinder wurden nicht rein krankengymnastisch oder sprachtherapeutisch behandelt, sondern geschaukelt, gestreichelt und gewiegt. Die Behandlungsräume sind mit Schaukeln, hängenden Tauen, Balancierbrettern u.ä. ausgestattet und laden auch zu aktiven Bewegungsspielen ein. Auf diese Weise haben die Kinder neue vielfältige Sinneseindrücke erfahren oder alte, längst vergessene Sinnesempfindungen wieder neu gespürt. Die Wahrnehmung dieser taktilen und vestibulären Empfindungen, ihre Koordinierung und Integration im Gehirn, hat beeindruckende Entwicklungsprozesse bei allen Kindern in Gang gesetzt.

Entwicklungsgestörte und behinderte Kinder sind zunächst auf die Unterstützung durch Eltern, Pädagogen oder Therapeuten angewiesen, um all diese Erfahrungen zu sammeln, die andere Kinder alltäglich machen. Sie benötigen den Kontakt über Augen, Ohren und die Haut, wenn sie geschaukelt und gewiegt werden. Sie benötigen eine stabile, vertrauensvolle Beziehung zum Erwachsenen, um ihr Gleichgewicht zu spüren. Auf dieser Basis gelingt es den Kindern neue, aktive und selbständige Entwicklungsschritte zu gehen.

6.
Psycho-Motorik

Die Psychomotorik ist in den vergangenen zwei Jahrzehnten ein lebendiger Praxis- und Wissenschaftsbereich geworden mit ganz unterschiedlichen Impulsen aus Pädagogik, Psychologie, Medizin, Sportwissenschaft und anderen kreativen Bereichen. Daher ist es nicht verwunderlich, daß wir nicht von **der** Psychomotorik oder **dem** Psychomotoriker sprechen können, sondern von einer Vielfalt psychomotorischer Ansätze, entsprechend der jeweiligen Zielsetzung (z.B. Prävention, Therapie, unterschiedliche Altersstufen oder Institutionen u.a.m.). Zusätzlich integriert jeder Psychomotoriker seine Persönlichkeit mit seinen individuellen Fähigkeiten in die jeweilige pädagogische oder therapeutische Arbeit.

Die gemeinsame Wurzel liegt jedoch in dem Wissen um die Einheit und wechselseitige Abhängigkeit von psychischen und motorischen Prozessen und in der Bedeutung einer ganzheitlichen Entwicklungsunterstützung im Kindesalter.

Bedeutung und Wirkungsweise der Psychomotorik genau zu erklären ist weitaus schwieriger als sie selbst zu spüren und zu erleben oder bei Kindern zu beobachten.

Gerhard Regel und Axel Jan Wieland definieren Psychomotorik aus ihrer pädagogischen Sichtweise als eine "besondere Form der Bewegungserziehung, ein Lernen durch Bewegung":

"Psychomotorik als Lernprinzip ist eine ganzheitliche Förderung, die die Gesamtheit der Entwicklung erfaßt. Sie bezieht sich deshalb auf die sensorischen, kognitiven, emotionalen und sozialen Bereiche menschlichen Verhaltens." (S. 43)

Kiphard beschreibt die Psychomotorik im Kindesalter als einen "Beitrag zur harmonischen Persönlichkeitsentwicklung":

"Es geht darum, das Kind zu befähigen sich sinnvoll mit sich selbst, seiner dinglichen und personalen Umwelt auseinanderzusetzen und entsprechend zu handeln. Diese Lernprozesse spielen sich im Motorischen ab, im Kognitiven, im Affektiven und im Sozialen." (Kiphard (2) S. 23).

Der stetige Hinweis auf die Einheit von motorischen, kognitiven, emotionalen und sozialen Prozessen wird verständlich, wenn wir daran denken, daß oftmals auch noch heute diese Verknüpfung von Psychischem und Motorischem nicht gesehen wird.

Noch immer bestehen zahlreiche Vorurteile und Klischees über die Bedeutung von Bewegung und motorischen Fähigkeiten. ("Entweder man hat´s im Kopf oder in den Muskeln" u.ä.). Bei Lehrermangel in der Schule entfallen sehr schnell die Sportstunden, "denn dort wird den Kindern ja kein Wissen vermittelt"; und genügend Raum für die Bewegungsaktivitäten der Kinder wird von Erwachsenen ohnehin selten zur Verfügung gestellt.

Die motorische Entwicklung beeinflußt in weit größerem Umfang die gesamte Persönlichkeitsentwicklung eines Kindes als gemeinhin angenommen wird. Wenn sich ein erwachsener Mensch z.B. auf eine Schaukel setzt und dieses Bewegungsgerät erkundet, wird er weit mehr Erfahrungen sammeln können als vermutet. Das schwungvolle Hin- und Herpendeln gelingt nur, wenn der Oberkörper richtig verlagert wird und der Beineinsatz stimmt (physikalische Grunderfahrungen und Körpererfahrungen). Gleichgewichts- und Bewegungssinn sind in Aufruhr, bekommen Entwicklungsimpulse. Der Erwachsene "fühlt" den unterschiedlichen Luftzug bei langsamer und schneller Schaukelbewegung und spürt die Veränderungen seiner Körperhaltung beim Wechsel der Griffhöhe. Der Blickwinkel und das Wahrnehmen mit den Augen ändert sich beim Vor- Zurück- oder Auf- und Abbewegen. Raumbeziehungen werden deutlich (Sinneserfahrungen). Er wird die Freude und die Lust an der Bewegung und das "Kribbeln im Bauch" spüren und ebenso die Angst, wenn der Schwung zu hoch geworden ist (emotionaler Bereich). Er kann seine eigenen Grenzen herausfinden und entsprechend handeln. Und schließlich, um dieses Beispiel zu beenden, teilt der Schaukelnde seine Lust und Freude anderen durch Zurufe mit oder bittet um Hilfe beim Schwungholen und entscheidet mit Rücksicht auf andere Interessierte, wann die Schaukelei beendet ist u.ä. (sozialer Bereich).

Mein Anliegen mit der Schilderung dieses kurzen Beispiels von ganzheitlichen Erfahrungen durch Bewegung ist, den Blick noch genauer auf das kindliche Erleben richten zu können. Wenn der Erwachsene "am eigenen Leibe" die Komplexität der Erfahrungen erfährt und die entwicklungsfördernde Bedeutung von Bewegung spüren kann (das muß nicht unbedingt auf einer Schaukel geschehen), wird er/sie als Elternteil, Pädagoge, Psychologe oder Therapeut einfühlsamer diese kindlichen Bedürfnisse verstehen und befriedigen. Möglicherweise wird dann auch eher deutlich, daß Psychomotorik auch eine "Haltung" ist, die dem Kinde Raum für eigenaktive Entwicklungsschritte gewährt.

Psychomotorik unter der Prämisse von ganzheitlicher Persönlichkeitsentwicklung ist inzwischen für viele Pädagogen zum festen Bestandteil ihrer pädagogischen Arbeit im Kindergarten geworden. Psychomotorische Spielangebote unterstützen Kinder bewegungsaktiv und mit allen Sinnen Erfahrungen zu sammeln, ihre motorischen Fähigkeiten zu erproben und zu entfalten und auf diese Weise die Umwelt zu begreifen.

Es kann nicht oft genug darauf hingewiesen werden, daß mangelhafte Bewegungsmöglichkeiten und Spielangebote die Entfaltungsmöglichkeiten von Kindern auf eklatante Weise einschränken.

Psychomotorik wird häufig von Pädagogen und Therapeuten genutzt, um die derzeit immer zahlreicher auftretenden Entwicklungsstörungen von Kindern zu verbessern. Nicht erst in der Grundschule, sondern bereits im Kindergarten klagen Pädagogen immer häufiger über Verhaltensauffälligkeiten und Gesundheitsstörungen von Kindern. Bewegungsunruhe, aggressive Verhaltensweisen, Konzentrationsmängel, Schlafstörungen, Magenbeschwerden, Eßstörungen u.v.m. werden schon bei kleinen Kindern herausgefunden und in zunehmendem Maße auch medikamentös behandelt.

Daher ist es nicht verwunderlich, daß die Psychomotorik, deren Ansatz auf der psychosomatischen Einheit des Menschen gründet, als präventive und therapeutische Hilfe eingesetzt wird. Allerdings muß bei diesem wichtigen Angebot darauf geachtet werden, daß die Psychomotorik nicht instrumentalisiert wird, um einzelne mangelhafte Körperfunktionen und Verhaltensweisen zu verbessern. "Psychomotorik zielt nicht auf die Wiederherstellung einer Funktion, das heißt auf den instrumentellen Aspekt, sondern besteht auf einer erweiterten Perspektive. Psychomotorik will und kann kein neues "Abhilfeprogramm" sein, das die von einer wachsenden Zahl von Psychologen, Medizinern und Pädagogen diagnostizierten Mängel und Störungen beheben will." (Esser, S. 11)

Diese "erweiterte Perspektive" wird in neueren Ansätzen der Psychomotorik, insbesondere bei Aucourturier und Esser, beschrieben. Die Psychomotoriker werden aufgefordert, sich verstärkt den Beweg-Gründen der Kinder für ihre auffälligen Verhaltensweisen zuzuwenden, um dann unterstützend die Entwicklung begleiten zu können.

Mangel am "Haben" und Mangel am "Sein"

Wir wissen, daß jedes Verhalten einen Sinn hat und auf ein soziales Gegenüber gerichtet ist, d.h. daß Kinder für körperlich geäußerte Symptome einen inneren Beweg-Grund haben. Sie können diesen Beweg-Grund nicht anders als durch ihre spezifische körperliche Ausdrucksform "zu Gehör" oder "zu Gesicht" bringen.

Wenn es dem Erwachsenen nicht gelingt, diesen kindlichen Hilferuf und die Störung im Dasein des Kindes zu ergründen, müssen die Kinder ihre Symptome verstärken und nachhaltig verteidigen.

An einem Beispiel möchte ich diese Zusammenhänge erläutern:

Sven (3 1/2 Jahre) gilt als behindert (BSHG § 39), seine Diagnose lautet verkürzt: Hyperkinetisches Syndrom, Teilleistungsstörungen und Konzentrationsmangel. Er leidet unter häufigen Kopfschmerzen. Sven ist relativ klein und zart für sein Alter und verfügt bereits über einen großen Wortschatz.

Die Erzieherinnen einer Regel-Kita meines Trägers sind bereit, ihn in ihre Gruppe aufzunehmen, zusätzlich ist therapeutische Unterstützung angekündigt. In der Folgezeit besucht Sven einmal nachmittags eine Beschäftigungstherapeutin in ihrer Praxis, die seine Teilleistungsstörungen (Wahrnehmungsdefizite) und seine Bewegungsunruhe (HKS) behandeln will.

Sven ist in der Kindergruppe schwierig. Er ist ständig in Bewegung, stört andere Kinder beim Spiel, zappelt am Tisch, sitzt plötzlich beim Frühstück unter dem Tisch, kann sich nicht auf Beschäftigungen in der Gruppe konzentrieren, spielt nicht mit anderen Kindern, rennt plötzlich aus dem Gruppenzimmer usw., er ist immer "unterwegs". Die beiden Erzieherinnen mag Sven inzwischen gern, sie mögen ihn auch (meistens), aber oft sind sie am Rande ihrer Kräfte und wissen nicht weiter. - Die Beschäftigungstherapie hat in diesen vielen Monaten keine Veränderung bewirkt.

Was bewegt Sven? Was ist der Beweg-Grund für dieses Verhalten? Welche Botschaften versucht er körperlich auszudrücken?

In den folgenden Beratungsgesprächen, zu denen wir einige Male die Mutter einladen, wird uns der bisherige schwierige Lebensprozeß des Jungen deutlich und sein Verhalten verständlicher.

Svens Mutter, Frau Z., ist eine Frau, die ihr eigenes Leben schwer bewältigen kann. Sie leidet noch immer sehr daran, daß ihr zwei Kinder, die sie vor Sven geboren hatte, weggenommen und in eine Pflegefamilie gegeben wurden. Ein drittes Kind starb nach wenigen Monaten am Plötzlichen Kindstod

Mit diesem vierten Kind sollte alles anders werden, sie wollte allen (den Ämtern, den Verwandten, den Nachbarn und sich selbst) beweisen, daß sie eine "gute Mutter" ist. Der Vater von Sven trennte sich von Frau Z. und sie lebt allein mit ihrem Sohn, an den sie sich einerseits anklammert und andererseits bemüht ist, ihn "richtig" und mit aller Strenge zu erziehen.

Es wird deutlich, daß Sven viele Aufträge zu erfüllen hat, u.a. muß er drei verlorene Kinder ersetzen, er soll der Mutter ermöglichen, eine "gute Mutter" zu sein, er ist ihr Bindeglied zur Außenwelt und zum großen Teil auch Ersatz für den abwesenden Lebenspartner.

Soviel Erwartungsdruck und Ansprüchlichkeit ist schwer auszuhalten und erzeugt Hochspannung im Körper und Verwirrung in der Entwicklung einer eigenen Identität.

Wer bin ich wirklich? - Was soll ich tun? - Von allem weglaufen?

Auch wenn ich die Lebensgeschichte von Sven und seiner Mutter sehr verkürzt geschildert habe und es möglicherweise noch andere Beweg-Gründe für Svens Verhaltenssymptome gibt, so wird doch die Entwicklungsbeeinträchtigung dieses Kindes deutlich.

In diesem Zusammenhang kritisiert Aucouturier traditionelle Methoden der Heilpädagogik, die mit ihrer Arbeitsweise der Komplexität kindlicher Entwicklungsbeeinträchtigung nicht gerecht werden:
"Die instrumentelle Heilpädagogik arbeitet unter dem Blickwinkel eines Mangels am "Haben". Sie stürzt sich sofort auf die Mängel, nicht auf ihren Ursprung. Die Psychomotorische Therapie dagegen untersucht die Problematik des Mangels am "Sein"." (Aucouturier in Esser, S. 15)

Diesen "Mangel am Sein" drückt ein Kind durch seine Körperhaltung, seinen Muskeltonus, seine Mimik, seine Bewegungen usw. aus, denn bis zum Alter von etwa 7 - 8 Jahren erfaßt und begreift das Kind die Welt über seinen Körper und drückt sich auch über seinen Körper aus. Aucouturier hat dafür den Begriff "somatische Expressivität" geprägt (vergl. auch Abschnitt Körperausdruck).
Auch wenn dieser französische Psychomotoriker primär Therapeut ist und in ganz anderer Weise auf Entwicklungsstörungen von Kindern eingeht als im Rahmen von pädagogischem Handeln in der Kindertagesstätte, ist dieser Ansatz für die Psychomotorische Praxis in der integrativen Arbeit bedeutsam.

In der Psychomotorik-Gruppe, die im Kindergarten gegründet wurde, konnte Sven nach Herzenslust rennen, sich spüren, seine Körperkräfte fühlen, seine Körpergrenzen wahrnehmen und gleichzeitig mit allen Sinnen Erfahrungen sammeln, ohne daß jemand etwas von im verlangte oder erwartete. Auf diese Weise konnte sein kindliches "Selbst" gestärkt und Druck von ihm genommen werden. Sven wurde allmählich aufnahmebereiter für andere Entwicklungshilfen. Gezielte Übungen zur Verbesserung seiner Defizite im Wahrnehmungsbereich oder seiner anderer Mangel am "Haben" hätten den Jungen in seiner inneren Not nicht erreicht. Sven konnte allmählich erfahren, daß auch er ein wichtiges Mitglied in der Kindergruppe ist.

Heute ist Sven knapp sechs Jahre alt und ein ziemlich selbstbewußter Junge, der demnächst in die Regelschule eingeschult wird.

(Hinzufügen will ich noch, daß Svens Entwicklung zusätzlich von einem Psychologen begleitet wurde, der auch mit Frau Z. kontinuierlich Gespräche führte.)

Psychomotorik in der integrativen Arbeit - ein heilpädagogisches Konzept

In diesem Abschnitt möchte ich meine Sichtweise von Psychomotorik in der "gemeinsamen Erziehung" verdeutlichen und Vorschläge für die Entwicklung eines Konzeptes unterbreiten.

Jedes Praxis-Konzept ist abhängig von den konkreten Bedingungen "vor Ort", d.h. von der räumlichen und materiellen Ausstattung, von der konkreten Kindergruppe und letztlich von den Fähigkeiten und den individuellen Persönlichkeitsmerkmalen der professionellen Erzieherin, daher sind die Erfahrungen aus meiner Psychomotorischen Praxis als Hinweise für ein jeweils eigenständiges Konzept zu verstehen.

Der Ausgangspunkt ist auch in diesem Konzept unser Wissen um die Bedeutung von Bewegung und Wahrnehmung für frühkindliche Entwicklungs- und Lernprozesse. Ähnlich wie in der "Psychomotorischen Erziehung" stellt die Erzieherin Raum, Material und Zeit zur Verfügung, damit behinderte und nichtbehinderte Kinder mit Lust, Freude und Neugier gemeinsam aktiv werden können. Neben dem freien Explorieren mit Geräten und Materialien setzt die Pädagogin durch ihr Angebot von Psychomotorischen Spielen entwicklungsunterstützende Impulse.

Kinder, egal ob behindert oder nach allgemeinem Verständnis "nichtbehindert", benötigen für ihre frühkindlichen Entwicklungsschritte die stabile, vertrauensvolle Beziehung zur Bezugsperson (Eltern, Pädagogen, Therapeuten). In der Psychomotorik-Stunde sind für Kinder und Erwachsene die besten Voraussetzungen gegeben, um in körperlichen Kontakt, d.h. in Berührung miteinander zu gelangen. Wenn die Erzieherin Freude und Spaß an den gemeinsamen Bewegungsaktivitäten mit den Kindern teilen kann, wenn sie Ärger und Zorn über mißlungene Aktionen oder über Streit mit einem Spielgefährten u.ä. nachempfinden kann, wenn sie die Kreativität der Kinder in deren Handlungen entdecken und sich daran erfreuen kann, wenn sie sich also in das Geschehen einbezieht, so findet Kon-Takt im Sinne von "Mit-Fühlen" und "Berührt-Sein" statt, eine tragfähige Beziehung kann sich entwickeln.

Die Psychomotorik in der integrativen Erziehung bietet vielfältige Möglichkeiten zum Aufbau von vertrauensvollen Beziehungen, ein wesentlicher Schwerpunkt im Konzept liegt für mich darin, die Bedeutung von Beziehungen zu begreifen und in der Praxis zu nutzen.

In diesem Sinn ist Psychomotorik in der "gemeinsamen Erziehung" kein allgemein pädagogisches Angebot, aber auch kein therapeutisches Verfahren, sondern befindet sich im Schnittpunkt zwischen Pädagogik und Therapie und daher möchte ich sie als "heilpädagogische" Psychomotorik bezeichnen.

Kommunikation und Beziehung - Basis für kindliche Entwicklung

Wir wünschen uns, daß Kinder mit ihren kreativen Fähigkeiten aktiv auf die Welt zugehen und ihre Erfahrungen sammeln und ihr Potential entfalten. Viele Kinder sind jedoch schon in einer frühen Phase ihres Lebens beeinträchtigt oder gestört, so daß sie diese Erfahrungen nicht ohne einfühlsame Hilfe und Begleitung sammeln können. Um sich entwickeln zu können, braucht der Säugling das Gefühl von Geborgenheit, Angenommensein und uneingeschränktes Vertrauen in die Beziehung zu den Eltern oder zu anderen nahen Bezugspersonen. Säuglinge und Kleinkinder müssen spüren, daß ihre Grundbedürfnisse nach Nahrung, Ansprache und Zärtlichkeit erfüllt werden und daß sie willkommen sind.

Wenn Kinder in den ersten Lebensmonaten diese tiefen zwischenmenschlichen Beziehungen nicht erleben, hat das nachhaltige Konsequenzen für die gesamte weitere Entwicklung. Ihre eigene Wertschätzung, ihr Körpererleben, ihre Kommunikations- und Beziehungsfähigkeit und jegliche Lernprozesse basieren auf einer tragfähigen, frühkindlichen Beziehung zur verantwortlichen Bezugsperson.

Die klassischen Untersuchungen (vor allem von R. Spitz) über mangelnde Zuwendung in dieser frühen Lebensphase (Deprivations-Syndrom) haben schon vor Jahrzehnten eindrücklich auf die Folgen aufmerksam gemacht.

Neben diesem Entzug oder Mangel an Zuwendung beeinflußt auch ein "Zuviel" (Overprotection) verbunden mit einer Einschränkung der Autonomieentwicklung des Kindes die motorischen und sinnlichen Fähigkeiten des Säuglings und Kleinkindes.

"Der Säugling entwickelt sich nicht im Vakuum, sondern im Spannungsfeld der Phantasien seiner Eltern. Immer definiert sich das endgültige Resultat (der Erziehung) durch die Beziehungen zwischen den Teilen und dem Ganzen." (Giordani/von Lüpke. In: Lüpke/Voß, S. 62)

Dieses Spannungsfeld der elterlichen Phantasien, in dem ein Kind sich entfaltet, wird (allerdings in eingeschränktem Umfang) erweitert um die Wünsche und Entwicklungsphantasien von Erzieherinnen, wenn das kleine Kind in einer öffentlichen Kindereinrichtung aufwächst.

Wir wissen heute, daß nicht nur Verhaltensauffälligkeiten, sondern auch ein großer Teil von kindlichen Bewegungs-, Wahrnehmungs- und Sprachstörungen psychosoziale Ursachen hat. Dabei kann selten mit Sicherheit festgestellt werden, in welchem Verhältnis sich organische und psychische Beeinträchtigungen letztlich auf die diagnostizierte Behinderung eines Kindes auswirken. Für den "Helfer" in der Entwicklungsbegleitung ergibt sich daraus die Begründung, daß der Blick nicht nur auf die medizinischen Ursachen von Behinderung gerichtet wird, sondern mindestens gleichermaßen auf die psychosozialen Faktoren.

Die Psychomotorik in der integrativen Arbeit muß daher ihr Angebot für die Kinder nicht auf die vorhandenen Defizite oder organischen Schädigungen richten, sondern kann Raum zum Nachholen oder Nachreifen von Mängeln im psychosozialen Bereich, z.B. von Beziehungsfähigkeit gewähren.

Dazu ein Beispiel:

Stella ist 2 ½ Jahre alt als sie in der Kindertagesstätte angemeldet wird.
Wie wir später erfahren gibt es innerhalb des "Familienclans" erhebliche Spannungen, die durch die Geburt einer Tochter und keines "Stammhalters" zusätzlich verschlechtert wurden. Schon gleich bei der Anmeldung berichten die Eltern über große Erziehungsschwierigkeiten mit ihrer kleinen Tochter. Sie erzählen von mehrmals täglich auftretenden extremen "Brüllanfällen" des Mädchens, wenn sie "ihren Willen" nicht durchsetzen kann. Diese Anfälle steigern sich mitunter bis zur völligen Erschöpfung und nahezu Ohnmachtsanfällen des Kindes.
Stella ist ein zierliches Mädchen mit traurigen, großen Augen, die niemanden fixieren und das bei der ersten Begegnung in der Kita überhaupt nichts äußert. Die Erzieherinnen vermuten, daß sie die deutsche Sprache noch nicht versteht, denn die Familie ist ausländische Herkunft.
Anläßlich der kinderärztlichen Routineuntersuchung zur Feststellung der Kindergartenfähigkeit wird festgestellt, daß Stella schwerhörig ist. Ein anschließend hinzugezogener Facharzt stellt eine hochgradige Innenohrschwerhörigkeit fest. Das Mädchen kann normale Alltagsgeräusche und gesprochene Worte überhaupt nicht verstehen.

Wir können nur erahnen, welchen Leidensweg das kleine Mädchen in dieser ersten Lebensphase gegangen ist und staunen, mit welcher inneren Kraft sie immer wieder auf sich und ihre Bedürfnisse aufmerksam gemacht hat, - wenn auch meistens ohne nachhaltigen Erfolg. Eine vertrauensvolle, stabile Beziehung zu den Eltern konnte unter diesen Umständen jedoch nicht entstehen.
Es konnte auch nicht geklärt werden, in welchem Ausmaß die psychosoziale Situation des Kindes Einfluß auf die organische Hörschädigung hatte, was auch unerheblich für die derzeitige Befindlichkeit des Kindes war. Stella war in ihrer gesamten Entwicklung gestört.
Stella benötigte viele Wochen, um sich mit Vertrauen an ihre beiden, sehr liebevollen Erzieherinnen zu wenden, die versuchten, ihre Bedürfnisse zu verstehen. Mit anderen Kindern in der Gruppe nahm sie überhaupt keinen Kontakt auf. Da Stella noch lange Zeit ihr gewohntes "Überlebensmuster", welches hieß: "ich muß schreien, wenn ich etwas will, sonst nimmt niemand Notiz von mir" im Umgang mit Kindern in der Gruppe beibehielt, distanzierten sich auch die Kinder nach einer Weile von ihr.
Nach mehreren Wochen bekam Stella ein Hörgerät und sie gewöhnte sich nach anfänglichen Schwierigkeiten daran. Sie konnte die Geräusche der Umwelt wahr-

nehmen und lernte immer besser die Worte der Erzieherinnen, begleitet durch Mimik, Gestik und Körperkontakt, zu verstehen. Dennoch machte Stella meistens einen unglücklichen, unzufriedenenEindruck. Sie konnte sich nur wenige Minuten auf ein Spiel oder Spielzeug konzentrieren, störte häufig andere Kinder in ihrem Spiel oder wanderte ohne deutliches Ziel im Gruppenraum umher.

Nach etwa 7 Monaten konnte ich hier, gemeinsam mit einer Gruppenerzieherin Psychomotorik anbieten. Ein Teil der Kindergruppe, drei Kinder mit einer Behinderung und 5 weitere Spielgefährten, traf sich mit uns wöchentlich für 40 bis 60 Minuten.

Stella hatte zunehmend Spaß und Freude an den Bewegungsaktivitäten und konnte auch, allerdings stets in engem Körperkontakt zu uns Erwachsenen, kurzzeitig an gemeinsamen Bewegungsspielen teilnehmen. Noch lieber kletterte sie jedoch auf den Bewegungsgeräten herum, mitunter auf sehr gefährliche Weise. Von anderen Kindern nahm sie keine Notiz, sie kletterte sogar über Kinder "hinweg", wenn sie ihr z.b. an der Sprossenwand im Wege waren.

Für eine Fortbildungsveranstaltung hatte ich von dieser Anfangszeit ein Videoband gedreht, die Teilnehmerinnen, denen das Mädchen Stella nicht bekannt war, faßten ihre Beobachtungen über Stellas Verhalten treffend etwa folgendermaßen zusammen:

"Das Mädchen hat Spaß an Bewegungsaktivitäten, aber alles, was sie tut, wirkt beziehungslos. Sie hat keinen Kontakt zu anderen Kindern, wahrscheinlich ist sie ganz neu in der Gruppe!"

Stella war zu diesem Zeitpunkt schon zehn Monate (mit zahlreichen Unterbrechungen) in dieser Kindergruppe, dennoch sind die Beobachtungen zutreffend, Stella muß ganz neu lernen, Vertrauen zu haben, auf andere Personen zuzugehen und Beziehungen zu knüpfen. Ihre Hörprobleme sind dabei eine zusätzliche Erschwernis.

Wir wußten, daß wir Stella viel Zeit für dieses Nachreifen lassen mußten und haben wenig von ihr gefordert. Für Stella wurden keine zielgerichteten Übungen zum Hören oder Sprechen in mein Angebot eingeplant, aber viele Bewegungsgeschichten, Spiellieder, Rhythmik und Improvisationen mit Klanginstrumenten, die allen Kindern Spaß machten, erreichten das Mädchen immer mehr und sie beteiligte sich auf ihre Weise immer aktiver an gemeinsamen Spielaktionen.

Einen für die Erzieherin und mich besonders beglückenden und für Stella so wichtigen Moment möchte ich noch beschreiben: Alle Kinder machten auf großen Holz- und Metallklangstäben gemeinsam Musik. Auf meine Frage, wie diese Musik gerade klinge, antwortete ein Kind: "wie richtige Gespenstermusik". Spontan holte ich große Stoffteile, sogar etliche schwarze, hervor und die meisten Kinder verkleideten sich als Gespenster. Stella stellte alle Klangstäbe zusammen und spielte ganz allein für die anderen Kinder "Gespenstermusik". Die Kinder umflatterten Stella mit ihren Umhängen, umhüllten sie manchmal und Stella spielte voll Inbrunst und mit großer Lautstärke auf den Instrumenten. Das Mädchen hatte eine wichtige Funktion in der Kindergruppe gefunden und befand sich in gutem Kontakt mit den übrigen Spielgefährten. Die anderen Kinder waren ihr sehr zugewandt und freuten sich über diese wilde, lang anhaltende Musik. Ein erster Dialog zwischen Stella und einigen Spielgefährten, ganz ohne Worte, begann. An Stellas entspannter Körper-

haltung, aber ganz besonders an den strahlenden Augen konnten wir die Bedeutung dieser Situation ablesen.

Diese Psychomotorik-Stunde war eine Art Schlüsselerlebnis für Stellas Beziehungs- und Kommunikationsentwicklung.

Stellas neuentdeckte Beziehungs- und Kommunikationsfähigkeit hat ihr Selbstbild und ihren Selbstwert enorm positiv beeinflußt, so daß auf diesem Fundament in der Folgezeit durch psychomotorische Angebote enorme Entwicklungsschritte, auch in ihrer Sprachentwicklung, möglich wurden.

Glücklicherweise erleben wir nicht häufig so eine extreme Situation von Beziehungsstörung wie im Beispiel dieses hörgeschädigten Mädchens Aber frühe Verunsicherungen hinsichtlich der eigenen Wertigkeit oder der liebevollen Annahme und Bedürfnisbefriedigung erleben heute viele Kinder, behinderte wie nichtbehinderte.

Davon sind nicht nur jene behinderte Kinder betroffen, deren Eltern in ihrem Schock und in ihrer Trauer nach der Geburt des Kindes nicht oder noch nicht fähig sind, eine liebevolle Beziehung einzugehen.

Andere Kinder haben Eltern, die sich selbst in schwierigen persönlichen oder materiellen Lebensphasen befinden und mit sich selbst beschäftigt sind. Häufig sind die Kinder dann mit Fernseher, Computerspielen u.ä. alleingelassen und kommunizieren vorrangig mit diesen Apparaten.

Andere Eltern sind selbst mit Beziehungs- und Kommunikationsmängeln aufgewachsen und nicht in der Lage, die Bedürfnisse ihrer eigenen Kinder zu erkennen und zu befriedigen u.a.m. Viele Kinder erleben unter den heutigen gesellschaftlichen Bedingungen schon sehr früh eine Beziehungs- und Kommunikationsarmut. Entwicklungsbeeinträchtigungen oder Entwicklungsblockaden sind auch Antworten auf unbefriedigte kindliche Bedürfnisse.

Aucouturier beschreibt diese psychische Beeinträchtigung mit "Mangel am Sein". Das "In-der-Welt-Sein" des Kindes ist in Frage gestellt, also der Sinn der eigenen Existenz.

Wenn der Psychomotoriker im ersten Schritt seine Psychomotorische Praxis auf den kindlichen "Mangel am Sein" und nicht auf die unterschiedlichen Defizite richtet, dann unterstützt er jedes Kind in seinem Selbstvertrauen, in seiner Ich-Entwicklung und in der Entfaltung seiner individuellen kreativen Kräfte.

Hinweise für die Psychomotorische Praxis

Zielsetzungen

Jedes pädagogische oder therapeutische Konzept orientiert sich an einem bestimmten Ziel, einem Ideal, das es zu erreichen gilt.

Ein sehr umfassendes Ziel in der heilpädagogischen Psychomotorik oder in der Entwicklung eines Menschen überhaupt, ist das Erreichen von persönlicher Autonomie, Individualität, Handlungsfähigkeit und Entfaltung der individuellen Fähigkeiten. Viele kleine, behutsame Schritte sind auf diesem Wege sind dazu notwendig.

Für Kinder mit einer Behinderung werden meistens von vielen Seiten Entwicklungsziele oder Entwicklungswünsche formuliert, oftmals wird dabei außer Acht gelassen, daß das Kind der Akteur seiner eigenen Entwicklung sein muß und nicht Entwicklung von außen an das Kind herangetragen werden kann.

Wir Erwachsenen können darauf vertrauen, daß Kinder ihre individuelle Persönlichkeit, ihre Fähigkeiten, ihr Potential entfalten wollen. Aucouturier schreibt dazu: "Jede Erziehung und jede Therapie setzt das Vertrauen in das Werden des Kindes voraus, in die Dynamik seiner Entfaltung." (S. 85)

Eltern, Erzieher oder Therapeuten haben Wünsche oder präzise Ziele, was sie einem Kind mit einer Behinderung vermitteln wollen und wir wissen, je jünger ein Kind, desto aufnahmebereiter ist es. Dennoch können wir ohne das aktive Zutun des behinderten Kindes keines unserer Ziele erreichen,

Mehrfach habe ich auf die Bedeutung von Beziehung und Interaktion für kindliche Entwicklungsschritte hingewiesen, auf diesen wechselseitigen Prozeß, der unter den Kindern stattfindet und ebenso zwischen der Erzieherin (Therapeutin) und dem Kind. Wenn wir die Kinder in der Psychomotorik dabei unterstützen, aktiv in Beziehung zu treten und mit ihren Mitteln zu kommunizieren, so werden Entwicklungsblockaden gelöst und Energien für mannigfaltige Lernprozesse frei. Die Kinder sind dann bereit und in der Lage, entsprechend ihrem Vermögen, unsere entwicklungsbegleitenden psychomotorischen Angebote zu nutzen.

"Unabhängig von der Art und Schwere der individuellen Schädigung des Kindes muß jede Förderung oder Behandlung dazu beitragen, die Eigenaktivität, d.h. die Autonomie des Kindes, zu stärken und seine Beziehungen mit der Umwelt, den Dialog, zu stabilisieren." (Milani-Comparetti, S. 18)

Es ist nicht möglich, für einzelne Kinder in der Psychomotorischen Praxis Ziele zu formulieren oder zu "erarbeiten", die in ferne Zukunft gerichtet sind. Die heilpädagogische Psychomotorik, so wie ich sie vertrete, orientiert sich am Hier und Jetzt, an dem was im Augenblick wichtig und möglich ist. Mit dieser "psychomotorischen Haltung" wird die Erzieherin oder der Therapeut spüren, daß unnötiger und unerfüllbarer Erfolgsdruck von allen Beteiligten genommen ist und die kleinen Entwicklungsschritte, die im Augenblick geschehen, mit Freude gesehen werden und die angemessene Wichtigkeit erhalten.

Natürlich ist es berechtigt und wichtig, daß sich beispielsweise die Eltern und Erzieherinnen von Jana, die mit drei Jahren noch nicht Laufen oder Worte formulieren kann, wünschen, daß dieses kleine Mädchen eines Tages über die Fähigkeiten zu laufen und zu sprechen verfügt. Abgesehen von den hirnorganischen Voraussetzungen für das Laufen und Sprechen gelingt diese Entwicklung aber nur, wenn es auch der Wunsch des Kindes ist, also wenn die Wünsche der Helfer und des Kindes übereinstimmen.

"Um die pädagogische Beziehung produktiv und tatsächlich wirksam zu machen, ist eine Begegnung der Wünsche (von Kind und Erwachsenem, S.H.) notwendig." (Aucouturier, S. 85)

An einem Beispiel aus dem Zusammensein mit Jana möchte ich dies verdeutlichen:

Jana (ein Mädchen mit einer schweren Form des Down-Syndroms) war 2 ½ Jahre alt, als für einige Kinder aus ihrer Kindergruppe Psychomotorik angeboten werden sollte.
Ihre Therapeutin war der Meinung, daß Jana damit überfordert sei, eine pädagogisch-therapeutische Einzelbetreuung wäre derzeit die richtige Maßnahme. Jana lebte aber schon seit etwa 9 Monaten in dieser Integrations-Gruppe mit anderen behinderten und nichtbehinderten Kindern zusammen und fühlte sich in der Kindergruppe sehr wohl. Die Gruppenerzieherinnen (und ich) hatten die Vorstellung (den Wunsch), daß Jana in einer Psychomotorik-Kleingruppe noch aktiver werden und vielleicht sogar zu krabbeln beginnen würde. Alle Erwachsenen hatten also bestimmte Vorstellungen und Wünsche, aber welche Wünsche hatte das Kind?
Jana erhielt ihren Platz in der Psychomotorik-Gruppe und sie hat uns von Anfang an ihre Wünsche deutlich gemacht. Nicht die große "action" mit den anderen Kindern, nicht die Anstrengungen des Krabbelns o.ä. waren ihre vordringlichsten Ziele, sondern sie wollte Aufmerksamkeit und Kontakt in einer Weise, die sie nicht überforderte.

Ich habe an anderer Stelle beschrieben, wie vehement Jana in den ersten beiden Stunden schimpfte oder weinte, wenn die Kinder zu Beginn der Stunde zu laut miteinander rangelten oder wenig Notiz von Jana nahmen.
Gemeinsam haben wir ein Begrüßungsritual erfunden, das Jana, allen übrigen Kindern und uns beiden Erwachsenen Freude bereitete.
Immer wieder hat Jana deutlich gemacht, daß die Wünsche und Entwicklungsziele der Erwachsenen nicht mit ihren eigenen Wünschen übereinstimmen. Als ich beispielsweise eine Fühlstraße mit vielen unterschiedlichen Materialien ausgelegt hatte, die Kinder mit Lust und Interesse diese verschiedenen Unterlagen erspürten und viele taktile und kinästhetische Erfahrungen sammelten, wollte die Gruppenerzieherin Jana auch all diese Sinnesempfindungen ermöglichen. Sie setzte das Mädchen kurzzeitig nacheinander auf die verschiedenen Teile der Fühlstraße. Jana brachte jedoch ganz deutlich mit ihrer Mimik und ihrer Körperverspannung zum Ausdruck (Körperausdruck), daß ihre Eigenaktivität und ihr individuelles Tempo für die Verarbeitung von Sinneseindrücken übergangen wurde. Als das Mädchen dann auf einem Teil dieser Fühlstraße, auf dem Styroporbett sitzen bleibt, wird es ganz aktiv, fühlt ausgiebig den verborgenen Inhalt oder verändert ihre Sitzposition auf der beweglichen Unterlage und sammelt auf diese Weise neue Eindrücke.

Wir haben sehr viel gelernt im Zusammensein mit Jana, daher möchte ich eine weitere Situation und zwar ihr allererstes Krabbeln, beschreiben.
Für Jana war im Gruppenraum eine Ecke abgetrennt und liebevoll gestaltet worden, wenn sie nicht bei den Erzieherinnen war, konnte Jana hier in Ruhe spielen, die Kinder beobachten usw. Immer wieder kamen Kinder oder Erwachsene zu ihr in diese Ecke und beschäftigten sich für eine Weile mit ihr. Alles Nötige, Ruhe und Aktivität war in dieser Ecke gegeben und Jana machte viele Entwicklungsschritte. Sie konnte sich inzwischen selbständig aus der Bauch- oder Rückenlage aufset-

zen oder mit ihren Spielgegenständen hantieren. Dennoch wünschten sich die Erzieherinnen manchmal ein bißchen mehr Eigenaktivität des Kindes, körperliche Anstrengungen gehörten nicht zu Janas Stärken.

In der Psychomotorik-Gruppe war Jana stets an allen Aktivitäten der Kinder beteiligt, auch wenn sie an vielen Übungen oder Spielen gar nicht mittun konnte. Ihr Blick und alle "Körperantennen" waren immer auf die Ereignisse um sie herum gerichtet. (Beim Auswerten von Fotomaterial und Videoaufnahmen ist uns dies ganz bewußt geworden.)

Jana hatte in den Psychomotorik-Stunden niemals ihr sonst häufiger zu beobachtendes stereotypes Schaukeln mit dem Oberkörper (typisch für Kinder mit Down-Syndrom) gezeigt.

In der achten Psychomotorik-Stunde krabbelte Jana zum ersten Mal in ihrem Leben und zwar nicht, weil wir zielgerichtete Übungen angeboten hatten, sondern weil sie zu einer Gruppe von Kindern wollte, die gerade ein Luftballonbett hergerichtet hatten und sich damit vergnügten.

Jana wollte wohl unbedingt dabei sein.

"Die Helfer geben keine Ziele an, sie begleiten, bieten einen Kontext für Erfahrungen, um damit die eigene Entwicklung zu "konstruieren". Zuhören und Beobachten werden wichtiger als "Machen"." (Lüpke/Voß S. 5)

Rahmenbedingungen

Der äußere Rahmen, d.h. Raum, Material, Gruppengröße und Zusammensetzung der Kinder sind in der Psychomotorischen Praxis besonders bedeutsam. In Kapitel 3, S. 32ff sind auch Hinweise für die Ausgestaltung mit Geräten und Materialien für Psychomotorik zu finden. Die Materialien orientieren sich an den räumlichen Gegebenheiten und den Bedürfnissen der Kinder aus der Gruppe, einige Spielgeräte und Materialien sind im Praxisteil beschrieben.

Die Gruppengröße in den verschiedenen psychomotorischen Angeboten variiert je nach der Zielsetzung.

Psychomotorik ist zum einen ein pädagogisches Angebot für die ganze Kindergruppe, d.h. viele Kinder können beteiligt werden.

Andererseits kann Psychomotorik auch therapeutisch genutzt werden. Kinder, die aufgrund ihrer Lebensgeschichte in einer psychomotorischen Therapie-Gruppe von ausgebildeten Therapeuten betreut werden, haben erhebliche Störungen in ihrer körperlich-seelisch-geistigen Entwicklung und benötigen die ganze Aufmerksamkeit und Zuwendung des Therapeuten. Diese Gruppen sind daher in der Regel sehr klein (etwa 3 Kinder), manche Kinder sind vorübergehend auch in psychomotorischer Einzeltherapie.

Die Gruppengröße in der "heilpädagogischen Psychomotorik", die in der Kindertagesstätte (nicht in einer Praxis) stattfindet, liegt im Mittel zwischen diesen beiden psychomotorischen Angeboten, bewährt hat sich eine Anzahl von 5 bis 8 Kindern. Auch wenn das Einrichten einer Kleingruppe mitunter organisatorische Schwierigkeiten im Kindergarten bereitet, ist diese geringe Gruppengröße notwendig, damit alle Kinder miteinander in Kontakt treten können und Möglichkeiten zum Kommunizieren finden. Es bringt Kindern, die bisher in ihrer Beziehungsfähigkeit und im Umgang mit sich selbst beeinträchtigt waren, wenig, wenn sie in einer großen Gruppe um Aufmerksamkeit und Akzeptanz ringen müssen und mit der Aufnahme von Beziehungen überfordert sind.

Die Erzieherin hat in dieser Kleingruppe die notwendige Zeit zur Beobachtung und kann sich einzelnen Kindern intensiver zuwenden.

Bei der Auswahl der Kinder für diese Psychomotorik-Gruppe sollten neben Kindern mit Entwicklungsstörungen auch weniger belastete Kinder berücksichtigt werden, damit wird dem Konzept der "gemeinsamen Erziehung" entsprochen und viele Kinder ohne Entwicklungsbeeinträchtigungen können stabilisierend in der Gruppe wirken.

Damit die beschriebenen Kontakt- und Kommunikationsprozesse und die Entfaltung der Fähigkeiten der Kinder möglich werden, muß die Kindergruppe beständig sein, d.h. die Zusammensetzung kann nicht beliebig variieren. Als Zeitdauer sollten mindestens 6 bis 12 Monate eingeplant werden. Danach kann über die Beendigung oder eine Weiterführung beraten werden.

Die Zeitdauer der wöchentlichen Veranstaltung ist abhängig von den Bedürfnissen und der Ausdauer der beteiligten Kinder sowie von den jeweiligen Rahmenbedingungen der Einrichtung, eine angemessene Zeitspanne liegt etwa zwischen 30 und 50 Minuten.

Als letzten Aspekt der Rahmenbedingungen möchte ich darauf hinweisen, daß ein weiterer Helfer in dieser heilpädagogischen Psychomotorik-Gruppe sinnvoll ist. Auf diese Weise können einzelne behinderte Kinder individuell unterstützt und die Aufmerksamkeit für das Gruppengeschehen geteilt werden. Ebenfall für die Vorbereitung und die spätere Reflexion der psychomotorischen Arbeit sind zwei Erwachsene wünschenswert.

Wenn keine zweite Erzieherin zur Verfügung steht, kann diese unterstützende Aufgabe auch eine Praktikantin übernehmen.

In manchen Kindergruppen bietet sich diese psychomotorische Arbeit auch als gute Möglichkeit für eine Kooperation zwischen Therapeut und Pädagogin an.

Freies und geplantes Spiel

In der Psychomotorischen Praxis ist eine gute Abwechslung zwischen ausgewählten geplanten Angeboten und freien Spielphasen sinnvoll.

In freien, nicht angeleiteten Spielsituationen, hat die Gruppenleiterin Zeit für die Beobachtung einzelner Kinder oder zur Betrachtung der Dynamik in der Gesamtgruppe. Sie kann aber auch in das Spielgeschehen der Kinder einbezogen sein und zum Spielpartner der Kinder werden.

Bei den angeleiteten Psychomotorischen Spielen setzt sie Impulse zur Entwicklung von kindlichen Fähigkeiten.

In der Regel wird eine Gruppenleiterin mit geringer Psychomotorik-Erfahrungen zunächst eine feste Struktur, einen Plan für die Stunde benötigen. Dies gibt ihr ein

Gefühl von Sicherheit und Orientierung. Das Ziel der heilpädagogischen Psychomotorik-Arbeit ist allerdings, spontan und kreativ auf Bedürfnisse, Ideen und Fragestellungen der Kinder einzugehen, d.h. von dem festgelegten Plan abzuweichen und flexibel im Ablauf der Stunde zu werden.

Milani-Comparetti hat mit seinem "Spiral-Modell" einen Weg für Lernen und Entwicklung aufgezeigt, der nicht im "Vormachen" und "Nachmachen" (er nennt dies Reiz und Reaktion) besteht, sondern die schöpferischen Kräfte des Kindes, Autonomie und Eigenaktivität, können sich entfalten, wenn auch die Vorschläge oder Gegenvorschläge des Kindes wahrgenommen und aufgegriffen werden. Auf diese Weise entwickelt sich ein Dialog in die "dritte Dimension", in die Dimension von Wachstum und Kreativität.

Das Ergebnis ist eine Möglichkeit, voneinander zu lernen und "daß im Dialog beide Partner nie wieder - wie im geschlossenen Reiz-Antwort-Kreis - zum Ausgangspunkt zurückkehren, sondern gemeinsam etwas Neues entwickeln." (Milani-Comparetti, S. 16)

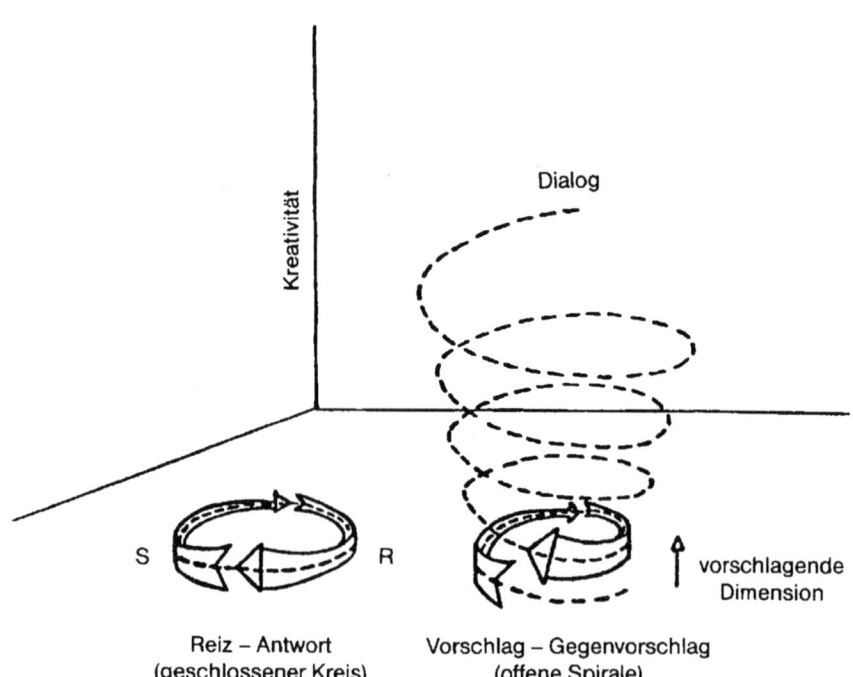

Reiz – Antwort   Vorschlag – Gegenvorschlag
(geschlossener Kreis)   (offene Spirale)

Binnendifferenzierung

Die Kinder in dieser "heilpädagogischen" Psychomotorik-Gruppe besitzen ganz unterschiedliche Fähigkeiten und Entwicklungsmerkmale, daher ist es nicht immer möglich, Spiele und Materialien so auszuwählen, daß alle Kinder stets gleichermaßen beteiligt sind.

Ebenso wie in der Projektarbeit (vgl. Kap. 3), gilt auch für diese Psychomotorische Praxis:

• Nicht alle Kinder müssen stets zur gleichen Zeit das gleiche tun.

Wir würden die einen Kinder unterfordern und die anderen überfordern und in vielen Fällen das individuelle Lerntempo nicht berücksichtigen können.

Ein gemeinsamer Einstieg, einige gemeinsame Spielsituationen im Verlauf der Stunde und ein gemeinsames Abschlußritual verbinden alle Gruppenmitglieder miteinander. Im Spielgeschehen zwischenzeitlich bleibt es der Zielsetzung und dem Einfühlungsvermögen der Erzieherin überlassen, in welcher Weise sie unterstützend eingreift.

Wenn ein Kind bewegungsbehindert ist und noch nicht laufen kann, heißt dies nicht, daß die Erzieherin auf bewegungsintensive Spiele verzichten muß. Je nach der Befindlichkeit des Kindes und entsprechend den Rahmenbedingungen wird die Spielsituation gestaltet, z.B.

• Manchmal sind Hilfsmittel wie Rollbretter, Rutschautos o.ä. nützlich.

• Manchmal kann sich das behinderte Kind auf dem Arm oder an der Hand eines Erwachsenen am Spielgeschehen beteiligen.

• Manchmal sitzt das Kind auf der Schaukel oder liegt in der Hängematte und ist auf diese Weise aktiv.

• Manchmal sitzt das Kind auf dem Fußboden zwischen oder neben dem turbulenten Treiben, beobachtet das Geschehen, hört die Geräusche und nimmt die Gerüche wahr.

Wichtig ist allerdings, daß die Gruppenleiterin das Kind in die Kommunikation mit einbezieht, und daß sich die Kinder in einzelnen Spielphasen immer wieder aufeinander beziehen können. Eine gelegentlich von der Erzieherin geäußerte Frage wie z.B. - "Wie können wir dieses Spiel verändern, damit Jan, der nicht rennen (hören, sehen usw.) kann, auch mitspielen kann?" - führt zu gemeinsamen Überlegungen, zu Regelveränderungen und zur Verantwortlichkeit für einander.

Die Erzieherin, die die Befindlichkeit und die Bedürfnisse der Kinder ihrer Gruppe wahrzunehmen gelernt hat, wird entscheiden können, welche pädagogische Intervention gerade notwendig ist.

Rituale in der Psychomotorik

Rituale sind gleichmäßig ablaufende Handlungssequenzen im Tagesablauf oder in bestimmten Lebenssituationen. In allen Kulturen sind Rituale, religiöse ebenso wie weltliche, lebendiger Alltag. Sie sorgen für Orientierung, Sicherheit in der Gemeinschaft, Selbstsicherheit und physische wie psychische Entspannung.

Rituale machen einen wichtigen Teil unseres Lebens aus, auch wenn wir dessen oft gar nicht gewahr werden. Die meisten unserer sozialen Beziehungen, von der Kontaktaufnahme über ein Gastgeschenk bis hin zu bestimmten Ritualen bei der Verabschiedung oder Beendigung einer Beziehung, sind rituell aufgebaut. Aber nicht alle sich gleichförmig wiederholenden Handlungsabfolgen werden zu Ritualen, sondern nur jene, die als angenehm und wiederholungswürdig empfunden werden, es sind die "guten Gewohnheiten". Dazu gehören beispielsweise bestimmte Gesten bei der Begrüßung, eine bestimmte Art des morgendlichen Aufstehens oder die sorgfältige Zubereitung des Tees für Freunde usw. Jeder verfügt über eine Reihe von Ritualen, die den Tagesablauf begleiten und als eine Art "innerer Sicherheitsregler" für den Tag oder die Woche gelten können.

Für alle Kinder haben Rituale im täglichen Ablauf eine wichtige Funktion. Sie strukturieren den Tag, bieten in unserer schnelllebigen Zeit Verläßlichkeit und Orientierung und verhelfen zu einem inneren Gleichgewicht.

Viele Rituale müssen gar nicht eingeübt werden, sondern sie entstehen einfach so. Beispielsweise haben fast alle Kinder beim morgendlichen Verabschieden von Vater oder Mutter ein eigenes Ritual entwickelt, einige Kinder können sich erst trennen, wenn sie die Mutter mehrmals umarmt haben, andere gehen stets zum Fenster, um noch einmal nach draußen zu winken usw. Haben die Eltern einmal keine Zeit für das Abschiedsritual oder gibt es eine andere Störung dieser "guten Gewohnheit", so wird die Erzieherin Enttäuschung, Trauer oder Verhaltensunsicherheiten bei diesem Kind deutlich wahrnehmen können.

Die Erzieherinnen sind am Zustandekommen von Ritualen beteiligt, aber auch die Kinder entwickeln ihre eigenen Rituale. Die Psychomotorik-Stunde ist gut geeignet, um Rituale zu finden und in den Ablauf einzubeziehen.

Einige Beispiele dazu:

Ein Begrüßungslied oder ein anderes Begrüßungsritual, das über einen längeren Zeitraum konstant bleibt.

Eine schöne Muschel (ein schöner Stein) liegt in der Mitte der Kindergruppe und jedes Kind, das in der Eingangsrunde etwas erzählen möchte, nimmt die Muschel in die Hand.

Die Sternendecke (siehe Praxisteil) wird zu Beginn der Stunde ausgebreitet, darauf findet jedes Kind "seinen" Sternen-Platz.

Begrüßung oder Verabschiedung in einer Geheimsprache aus Mimik und Gesten.

Vor der Entspannungsphase oder vor Berührungsspielen erhält jedes Kind einige Tropfen wohlriechendes Öl (z.B. Calendula-Öl) auf die Hände, es wird behutsam verrieben und gerochen.

Vor einer Traumreise (oder Geschichte zur Entspannung) wird eine Kerze angezündet.

Zum Abschluß der Stunde stellt die Erzieherin einen Korb mit verschiedenen Bürsten in die Mitte, die Kinder können die Füße oder andere Körperteile ausstreichen.

Ein bestimmtes Lied oder ein Kreis mit Handberührung ist das stets wiederkehrende Abschlußritual.

Rituale, die in der Psychomotorik-Gruppe entstehen, entwickeln Vertrauen und Sicherheit und unterstützen die Beziehungsaufnahme in der Gruppe zwischen allen Beteiligten.

Besonders feinfühlig muß auf die Einbeziehung der behinderten Kinder in das rituelle Geschehen geachtet werden, damit sie die Handlungsweisen begreifen und auf ihre Weise mittun können. Es wird nicht immer gelingen, daß alle Kinder die gleichen Worte sprechen oder die gleichen Bewegungen machen können, jedoch muß für alle Kinder die Einbindung in dieses Gemeinschaftsritual spürbar sein.

Dazu ein Beispiel:

Das Begrüßungsritual in der Psychomotorik-Gruppe ist für einige Zeit ein Käferlied, der Gesang wird von verschiedenen Körperbewegungen begleitet.

Für die zweieinhalbjährige Jana, ein Mädchen mit Down-Syndrom, sind Text und Körperbewegungen noch nicht nachvollziehbar. Wir haben einen großen Plüsch-Marienkäfer mit weichen Flügeln, den ihr die anderen Kinder stets bei diesem Lied in die Arme legen. Jana kennt das Tier inzwischen ganz genau und freut sich daran. Auf ihre Weise ist das Mädchen in unser Begrüßungsritual integriert.

Zusammenarbeit mit den Eltern

Eltern nehmen an diesen Psychomotorik-Stunden nicht aktiv und auch nicht beobachtend teil, der psychomotorische Raum, die Zeit und die Aufmerksamkeit gehören dem Beziehungs- und Vertrauensaufbau zwischen den Kindern untereinander und zwischen der Gruppenleiterin und den Kindern. Dennoch ist es notwendig, die Eltern als wichtigste Begleiter ihrer Kinder an dem Geschehen in der Gruppe und an der Entwicklung ihrer Kinder teilhaben zu lassen. Dies gilt nicht nur für die Eltern der Kinder mit einer Behinderung, sondern für alle Eltern.

Neben Gesprächen mit den Eltern über Psychomotorik kann auch ein gemeinsames "Bewegungsfest" mit Eltern und Kindern der Gruppe Freude an Bewegungsaktivitäten vermitteln. Oder gelegentliche Videoaufzeichnungen, die auf Elternabenden gezeigt werden, bieten eine gute Möglichkeit, mit Eltern ins Gespräch über die kindliche Entwicklung und Inhalte der "gemeinsamen Erziehung" zu kommen. Sie erleben dann neben den vielfältigen Bewegungsaktivitäten auch viele kleine aber bedeutsame Entwicklungsschritte ihrer Kinder mit.

Dazu ein Beispiel:

Die Eltern von Jana und von Oliver, einem lebhaften, klugen Jungen (4 ½ Jahre), freuten sich zwar, daß ihre Kinder an der Psychomotorik teilnehmen konnten, allerdings war ihnen nicht klar, was dabei geschehen sollte und wie so unterschiedliche entwickelte Kinder gemeinsam spielen und voneinander profitieren sollten.

An einem Elternnachmittag konnten diese Eltern mit Hilfe eines kurzen Videofilmes besser nachvollziehen, worin der Schwerpunkt in der Psychomotorik und der "gemeinsamen Erziehung" liegt. Auf diesem Videostreifen war u.a. folgende Szene zu erleben: Oliver rennt mit einem Tuch um den Rücken gebunden als eine Art "Superman" durch den Raum und rempelt versehentlich Jana, die auf dem

Fußboden sitzt, an. Jana, die sich gerade mit vielen bunten Tüchern vergnügt, erschrickt und fängt laut an zu weinen. Oliver hält in seinem Bewegungsspiel inne, schaut auf die weinende Jana und sagt: "Das wollte ich gar nicht, wirklich nicht. Entschuldige Jana."
Der Junge hockt sich neben Jana und streichelt über ihren Kopf. Das Mädchen schaut hoch in Olivers Gesicht, hört auf zu weinen und streckt dem Jungen eine Hand, in der sie noch ein Tuch hält, entgegen. In Olivers Gesichtsausdruck ist Erleichterung und auch Freude zu erkennen.
Für eine Weile vergißt er nun die anderen Supermänner und Superfrauen, er bleibt bei Jana und beide spielen mit den Tüchern.

In dieser kleinen, auf der ersten Blick fast unbedeutenden Szene, war so viel Begegnung und emotionale Zuwendung mitzuerleben, die Eltern (und anderen Menschen) mit Worten kaum zu beschreiben sind. Jana hat die Zuwendung von Oliver gespürt und sicher die Emotionalität in seinen Worten verstanden, sie hat sich von dem Jungen trösten lassen, die Entschuldigung akzeptiert und sich vertrauensvoll ihm zugewendet.

Oliver hat erfahren, daß seine Entschuldigung angenommen wurde, daß er einen anderen Menschen trösten kann und daß dies Freude bereitet.

Die Eltern haben verstanden, daß diese Verhaltensweisen von beiden Kindern nicht selbstverständlich, sondern eine besondere Qualität und Entwicklungsschritte in Bezug auf das kindliche Selbstbewußtsein und Selbstwertgefühl bedeuten.

Qualifikation der Erzieherinnen

Erzieherinnen haben eine umfassende, qualifizierte Fachschulausbildung (in Berlin dauert sie, einschließlich des Anerkennungsjahres, in der Regel 5 Jahre), dennoch gehören die Grundkenntnisse von Theorie und Praxis der Psychomotorik selten zum verbindlichen Ausbildungsangebot.

Meines Erachtens muß die positive, entwicklungsunterstützende Bedeutung von Psychomotorik in der pädagogischen Praxis mit deutlicherem Gewicht in die Erzieher- und Heilpädagogenausbildung integriert werden. Ein wirkliches Empfinden für Entwicklungsprozesse oder Fördermöglichkeiten durch Psychomotorik kann schwerlich nur aus der Fachliteratur angeeignet werden, eigene sinnliche Erfahrungen mit Psychomotorik sind eine notwendige Basis.

An vielen Orten werden inzwischen für Pädagogen Fortbildungen zum Thema Psychomotorik angeboten und mit großem Interesse besucht. In diesen Aus- und Fortbildungen besteht der wesentliche Schwerpunkt stets in der Eigenerfahrung der erwachsenen Teilnehmerinnen und Teilnehmer. Auf welche Weise sonst könnten psycho-motorische Prozesse wie z.B.:

• Spaß und Freude an Bewegungsaktivitäten erleben;
• in den Körper hineinspüren, ihn ganzheitlich wahrnehmen;
• sich anstrengen, außer Atem sein und sich im Körper wohlfühlen;
• Körperausdruck und Körperbotschaften am eigenen Leibe spüren und bei anderen wahrnehmen;

- Nähe und Distanz spüren;
- in Kontakt und in Beziehung mittels körperlicher Begegnung sein;
- mutig sein und etwas riskieren;
- aus dem Gleichgewicht geraten - das Gleichgewicht wiederfinden;
- äußeres Berührt-Werden und innere Berührung spüren;
- Nah- und Fernsinne spüren und bewußt nutzen;
- den Eigensinn entdecken und erleben;
- eigene Grenzen spüren, sich begrenzen können und Grenzen überwinden

wirklich lebendig empfunden und für die Kinderarbeit nutzbar gemacht werden?

Im Übrigen gelten für die Psychomotorik all jene Merkmale oder Eigenschaften, die jedes pädagogische Handeln beeinflussen, wie zu Beispiel Ideenreichtum, Improvisationsvermögen, Einfühlungsvermögen, Aufmerksamkeit für Interaktionsprozesse oder die Fähigkeit zur Vermittlung (vgl. auch Herm (1) S. 42f).

7.
Psychomotorische Praxis

In diesem Abschnitt werden Psychomotorische Spiele vorgestellt, die sich in der integrativen Arbeit bewährt haben. Die Spielangebote sind bewußt nicht für spezifische Behinderungen von Kindern ausgewählt oder eingeteilt worden, denn sie sind nicht als individuelle therapeutische Maßnahme zu verstehen. Die Zielsetzung für diese heilpädagogische, Psychomotorische Praxis orientiert sich an gemeinsamen, lustvollen, ganzheitlichen Bewegungsaktivitäten, die eine Quelle für individuelle Entwicklungsschritte sein können. Behinderte wie nichtbehinderte Kinder sollen bei diesen Entwicklungsschritten gleichermaßen unterstützt werden.

Dennoch werden (noch) nicht alle Kinder die Grundvoraussetzungen für bestimmte Wahrnehmungs- und Bewegungsaktivitäten besitzen, d.h. sie benötigen Unterstützung, Spielvariationen oder können sich möglicherweise an dem einen oder anderen Spiel nicht wie die übrigen Kinder beteiligen. Die Erzieherin der Gruppe kann jedoch die individuellen Bedürfnisse und Fähigkeiten "ihrer" Kinder am besten herausfinden und in das Gruppengeschehen einbeziehen.
Im Verlaufe ihrer psychomotorischen Arbeit wird sie erfahrener und sicherer im flexiblen Gestalten einzelner Spielaktionen und kann, unter Zuhilfenahme der "Praxishinweise" in diesem Kapitel, adäquat auf Kinder mit unterschiedlichen Behinderungen eingehen.

Die Spielvorschläge sind zwar in verschiedene Bereiche der Sinnes- und Körperwahrnehmung eingeteilt, sie sollen aber dennoch nicht als isolierte Wahrnehmungsübungen verstanden und genutzt werden. Diese traditionelle Einteilung (vergl. Herm (1)) in bestimmte Schwerpunkte soll lediglich die Übersicht und Orientierung erleichtern. Grundsätzlich wird im gesamten Praxisteil davon ausgegangen, daß Psychomotorische Spiele zu vielfältigen Sinnesempfindungen und Bewegungserfahrungen anregen.

Ein weiteres Anliegen in diesem Abschnitt ist es, dem Erwachsenen zu vermitteln welch ein Motor Bewegungsfreude und Sinnlichkeit für die kindliche Entwicklung ist. Die Erzieherin (oder andere Erwachsene) ist eingeladen sich an den Spielen zu beteiligen und gemeinsam mit den Kindern Erfahrungen zu sammeln und gemeinsam zu wachsen.

Taktile Wahrnehmung

Berühren und berührt werden

Die Sternendecke

Material	Zwei alte Bettlaken, blaue Stoffarbe, gelbe Plusterfarbe (Puffpaint).

Die Bettlaken zusammennähen, die Ecken abrunden oder bei einem sehr großen Tuch einen Kreis ausschneiden. Mit blauer Stoffarbe (am besten in der Waschmaschine) einfärben. Auf dieses nun entstandene "Himmelstuch" werden unterschiedliche Sterne gemalt. Es reicht aus, nur Umrisse der Sterne (und Innensterne) zu malen, denn die Plusterfarbe ist ziemlich teuer und außerdem können so die Sternenformen besser ertastet werden.
Wenn die Farbe trocken ist, wird die Decke gebügelt und die Sterne "plustern" sich auf. Die Sterne heben sich vom Stoff ab und können deutlich mit Füßen und Händen gefühlt werden.

Spielidee	Jedes Kind findet "seinen" Stern, mit Händen und Füßen wird er erspürt. Wie fühlt sich mein Stern an, wie groß ist er? Kann ich gut darauf sitzen oder stehen? Mit geschlossenen Augen fühlen und mit nackten Füßen darüber gehen.

Große Sterne und kleine Sterne herausfinden, unterschiedliche Sternenmuster befühlen und die Verschiedenheit spüren.

Die "Sternenkinder" besuchen andere Sterne, wie fühlen sich die anderen Sterne an? Passen wir zu zweit darauf?
Einen Himmelsspaziergang machen.

Im freien Raum um die Sternendecke herumlaufen, hüpfen, rückwärtsgehen oder krabbeln u.ä. (Trommelbegleitung), auf ein Signal zurück zum eigenen Stern. u.v.m.

Praxishinweis	Die Sternendecke, zu Beginn de Psychomotorik-Stunde ausgebreitet, entwickelt sich schnell zu einem Anfangsritual. Gesprächsrunden über die Ereignisse des vergangenen Tages, die auf der Decke stattfinden können, entlasten die Kinder, und bringen sie miteinander in Kontakt. Wenn die Sternendecke zum Anfangsritual geworden ist, versammeln sich hier alle Gruppenmitglieder. Kinder, die noch nicht

allein sitzen können, benötigen Unterstützung. Sie sitzen z.B. gemeinsam mit der Erzieherin (zwischen den gegrätschten Beinen) oder einem älteren Kind auf ihrem Stern.

Ein Begrüßungsspruch oder Begrüßungslied auf der Sternendecke ist die Anwärmphase für weitere Spielsituationen.

Die Sternendecke empfinden die Kinder als etwas Besonderes, daher soll sie nach Beendigung der Spiele sorgsam zusammengelegt und an einem guten Ort aufbewahrt werden.

Die Spur der Steine

sind für alle Kinder faszinierend. Sie fühlen sich je nach Größe, Oberflächenbeschaffenheit, oder ob sie in der Sonne, im Schatten oder im Wasser gelegen haben, ganz unterschiedlich an.

Sie ändern im Wasser die Farbe, manche haben Maserungen oder sogar ein Gesicht. - Es gibt viel zu betrachten. Steine sind ein Stück Natur und wir können sie überall finden.

Steine wollen betastet und gefühlt werden. Aber auch Sehen und Hören, die Tiefensensibilität und das Gleichgewicht sind bei unterschiedlichen Spielen beteiligt. Steine haben ihren eigenen Geruch. Schmecken sollten Kinder die Steine allerdings höchstens, wenn sie gut abgeschrubbt sind.

Manche Kinder haben noch Schwierigkeiten die Steine zu greifen, das Berühren gelingt zunächst besser. Die Erzieherin kann auf unterschiedliche Weise das Begreifen unterstützen, z.B. indem die Steine auf die Hand gelegt oder in einem kleinen Behälter liegend angeboten werden.

Bei großen Steinen kann die Erzieherin, hinter oder neben dem Kind sitzend, die Hände führen und beim Umfassen des Steines unterstützen.

Spiele mit Steinen benötigen Aufmerksamkeit und eine ruhige Phase während der Psychomotorik-Stunde. Manchmal reichen ein paar Minuten, an anderen Tagen haben die Kinder viele zusätzliche Ideen und sind sehr lange aktiv.

Hierzu einige Spielvorschläge:

Rumpelstein und Co

Material	Steine in unterschiedlichen Größen und Formen, als Mitbringsel aus dem Urlaub, gemeinsam sammeln, Kinder sammeln mit Eltern usw. Sie werden in einem Korb, in Büchsen o.ä. aufbewahrt.
Spielidee	Die Kinder sitzen zusammen, eine Büchse mit den schweren Steinen wird vorsichtig reihum weitergegeben, jeder spürt die Schwere der Steine und hört das Rumpeln in der Büchse. Was mag da drinnen sein?
	Die Steine ausschütten und jedes Kind sucht sich einen schönen Stein oder auch zwei heraus. Wie fühlt sich dieser Stein an? Die Schwere, Wärme, Form und Oberfläche erspüren. Einen kalten Stein warm rubbeln. Zwei kleine Steine mit beiden Händen umfassen und schütteln, wie klingt das?
	Den eigenen Stein reihum weitergeben, bis er wieder angekommen ist.
	Gemeinsam einen Steineberg bauen, wie hoch kann er werden?

Einen Stein auf (nackte) Körperteile legen. Wie fühlt sich das an? Die Erzieherin legt den Stein auf ein Körperteil des Kindes. Das Kind spürt den Stein (geschlossene Augen) und benennt den Körperteil.

Der Stein (evtl. zwei Steine) wird auf der Handfläche balanciert. Wer kann damit herumgehen? Gelingt das Balancieren des Steines auch in Partnerform? Einen Stein auf dem Kopf balancieren und dabei ganz aufrecht vorwärts gehen u.v.m.

Klingende Steine

Material   Steine von handlicher Größe.

Spielidee   Die Kinder wählen sich zwei Steine aus, welche Töne gibt es beim aneinander Schlagen?

"Feuersteine" so lange aneinander schlagen, bis der Feuergeruch wahrgenommen wird. (Dies ist bei vielen Steinen möglich).

Den Stein eines anderen Kindes antippen, gemeinsam einen Rhythmus finden...

Jedes Kind hat zwei Steine, damit werden die Silben eines Namens rhythmisch geschlagen: "Kon - stan - tin" (alle Gruppennamen ausprobieren).

Einen Vers begleiten, z.B.
Es tröpfelt (zartes klopfen auf dem Fußboden)
Es regnet (stärker, lauter klopfen)
Es regnet ganz doll (noch stärker)
Es donnert (Donnern auf dem Fußboden)
Es blitzt (mit den Steinen durch die Luft "blitzen")
Und die Leute laufen schnell nach Haus. (Hände und Steine verschwinden hinter dem Rücken)
Andere "Steineverse" oder "Steinegeschichten" erfinden.

Steine-Karussell

Material   Große und kleine Steine, dazu unterschiedliche Unterlagen wie Gefäße, Teller, Schüssel, Brett, Teppichboden, Fliesen u.ä.

Spielidee   Ein Stein liegt auf der Erde. Wie kann man ihn zum Kreiseln bringen? (Z.B. mit zwei Fingern bei geübten Kindern, oder mit

beiden Händen greifen und drehen oder mit einer Hand anschubsen).
Wie lange dreht sich mein Stein?
Wie klingt mein Stein?
Steine auf verschiedenen Unterlagen kreiseln lassen. Gibt es andere, unterschiedliche Töne?
Abwarten bis der Stein ganz ruhig liegt.
Welcher Stein dreht am längsten?

Praxishinweis   Die Kinder experimentieren zunächst allein, die Erzieherin spielt mit und kann eventuell Impulse geben.
Wenn die Stein-Spiele auf der Sternendecke oder auf einer Wolldecke angeboten werden, haben die Kinder einen Orientierungsrahmen, eine Basis für ihre Spürerfahrungen. Hier finden auch jene Kinder einen Ort, die alle Spiele nur im Sitzen ausprobieren können.
Ein Abschlußritual für das Einsammeln und Aufbewahren der Steinesammlung beendet diese Spielphase, z. B. legen die Kinder die Steine in einen großen Korb, der an einen bestimmten Platz aufbewahrt wird.

Fühl - Säckchen

Sandsäckchen gehören oft zur Grundausstattung von Bewegungsgeräten im Kindergarten und sind für viele der nachfolgenden Spielideen nutzbar.
Einen besonderen sinnlichen Reiz und umfassendere Wahrnehmungserfahrungen bieten Säckchen, die aus unterschiedlichen Stoffresten selbst hergestellt und gefüllt sind.

Material   Aus ganz unterschiedlichen Stoffresten werden Säckchen genäht (etwa 15 cm x 20 cm), die mit Reis, Sand, Perlen, Erbsen, Korken usw. gefüllt werden.
Jeweils zwei Säckchen enthalten das gleiche Füllmaterial.
Aus der Vielzahl möglicher Wahrnehmungsspiele will ich einige nennen:

Spielidee   Die Säckchen liegen in der Mitte der Kindergruppe, jedes Kind nimmt sich ein Säckchen.
Wie fühlt sich das Säckchen an? (Möglichst mit geschlossenen Augen fühlen.)
Was könnte darin verborgen sein?
Kann ich etwas hören, wenn ich das Säckchen schüttele?
Wie riecht dieses Säckchen?

Die Säckchen werden im Kreis weitergegeben, wie fühlen sich die anderen an?

Wann kommt mein Säckchen wieder zu mir?

Die Kinder wählen ein Säckchen aus einem Säckchenberg und fühlen aus einem zweiten Säckchenberg das passende Säckchen heraus.
Fühlt es sich wirklich gleich an?
Ist es genau so schwer?

Wer kann mit geschlossenen Augen zwei Säckchen herausfühlen, die aus dem gleichen Stoff genäht sind?

Die Kinder suchen sich einen Partner, einer von beiden liegt mit geschlossenen Augen auf einer weichen Unterlage. Das Fühlsäckchen wird auf einzelne Körperteile gelegt, die Kinder spüren die Berührung und benennen oder zeigen die berührten Körperstellen.

Auf welchen Körperteilen können die Säckchen balanciert werden?
Kann man dabei auch gehen oder rennen?
Wer kann sogar zwei Säckchen balancieren?
Gelingt es auch zu zweit, ein oder mehrere Säckchen zu transportieren und zu balancieren?

Die Säckchen werden in die Luft geworfen, so hoch es geht. Das Auffangen ist meistens ziemlich schwierig.

Zielwerfen mit Säckchen kann z.B. in einen großen Karton oder durch einen aufgehängten Reifen u.ä. probiert werden.

Praxishinweis Fühlsäckchen sind für alle Kinder sehr anregend und interessant. Sie sind neugierig auf den Inhalt und beschäftigen sich, auch im freien Spiel auf vielfältige Weise mit diesem Spielgerät. Bevor der Erwachsene Spielimpulse anbietet, sollten die Kinder genügend Zeit für das eigene Experimentieren haben.

Bewegungsgestörte Kinder können die Säckchen gut greifen oder in ihren Händen halten, wenn sie nicht mit zu schweren Materialien gefüllt sind..

Die Säckchen regen zwar vorrangig zum Fühlen und Spüren an, jedoch sind alle anderen Sinne ebenfalls beteiligt. Auch Gleichgewicht, Körperkoordination, Bewegungsempfinden und andere motorische Fähigkeiten werden bei diesen Spielen gefördert.

Eine Fühlstraße für unsere Füße

Material

Viele unterschiedliche Materialien zum Tasten z.B. eine Wolldecke, ein Holzbrett, ein Kopfkissen gefüllt mit Styroporresten,
eine Plastikplane, ein großes Stück Schmirgelpapier, Verpak-
kungswatte, eine Luftmatratze, Teppichfliesen, ein Fell, eine
Isomatte, ein mit Kastanien gefülltes Kissen u.v.m.

Spielidee

Die unterschiedlichen Materialien werden zu einer Fühlstraße
aneinander gelegt. Mit nackten Füßen laufen die Kinder auf dieser Straße. Wie fühlt es sich unter den Füßen an, was ist angenehm und was ist eher unangenehm?

Die Kinder können auf der Fühlstraße auch krabbeln oder sich
auf einzelne Unterlagen legen, um taktile Information mit dem
ganzen Körper sammeln zu können.

Praxishinweis: Andere Wahrnehmungserfahrungen sind bei geschlossenen Augen möglich, allerdings ist das "blinde" Gehen für viele kleine Kinder noch sehr schwierig. An der Hand der Erzieherin riskieren viele Kinder schon eher das Schließen ihrer Augen. Für das Fühlen und Spüren der unterschiedlichen taktilen Reize brauchen Kinder viel Zeit. Damit auch entwicklungsverzögerte oder wahrnehmungsgestörte Kinder ihr individuelles Zeitmaß im Umgang mit den Materialien gewährt bekommen, ist es sinnvoll, einige Materialien zweifach nebeneinander zu legen. An diesen Orten können Kinder nach Bedarf länger verweilen und werden durch andere, schnellere Kinder nicht behindert.

Luftblasen-Knallen

Material   Kunststoff-Verpackungsmaterial mit Luftkammern

Spielidee   Diese Kunststoffolie mit ihren kleinen luftgefüllten Kammern erweckt stets die Neugier von Kindern. Sie können durch das Material hindurch sehen, und dennoch ist wenig zu erkennen. Was befindet sich in diesen kleinen Kammern? Es fühlt sich weich und prall an, wenn man mit den Füßen oder Händen Kontakt aufnimmt. Man kann diese Luftbläschen mit den Fingern mit einem kleinen Knall gut zerplatzen lassen.

Ist dieses Kunststoffteil groß genug, so können alle Kinder zugleich damit hantieren.

Praxishinweis Kinder mit feinmotorischen Schwierigkeiten drücken zunächst mit der ganzen Hand oder mehreren Fingern. Dadurch wird das Zerplatzen der Luftbläschen zwar schwierig oder unmöglich, jedoch sind viele Spürinformationen mit diesem weichen, veränderbaren Material möglich.

Wenn es angemessen erscheint, kann die Erzieherin die Hände des Kindes umfassen (hinter dem Kind) und Hilfestellung leisten.

Die Autowaschstraße

Spielidee Die Mitspieler stehen mit weit gegrätschten Beinen im Kreis zusammen. Sie sind eine Autowaschanlage, in der die Autos geschrubbt, mit Wasser begossen, trocken gerubbelt, gepustet werden u.ä.m.
Ein Kind beginnt und krabbelt langsam durch die Beine der Spielgefährten. Die Kinder waschen (rubbeln), trocknen (pusten) usw. das Auto, wenn es durch ihre Beine hindurch kommt.
Jedes Kind denkt sich seine Handlung aus.
Ein Hinweis, daß es dem Auto in dieser Waschstraße "gut gehen" soll, ist hilfreich, falls einige Kinder auf zu "ruppige" Weise den Berührungskontakt aufnehmen.

Praxishinweis Für manche Kinder ist das weite Grätschen der Beine schwierig und das Krabbeln durch die Beine wird beschwerlich. Hier kann die Spielleiterin die äußere Form verändern. Die Kinder, die die Waschanlage bilden, knien nun mit dem Gesicht zur Kreismitte, und das "Auto" krabbelt vor ihnen entlang.

Der Körperkontakt bei diesem Spiel ist sehr intensiv, mitunter wollen einige Kinder erst einmal von außen zuschauen oder nur einen kleinen Teil der Waschstraße passieren.

Die Wunschmaschine

Spielidee Die Wunschmaschine ist eine Variation der Autowaschstraße. Die Kinder, die durch die Beine der anderen Mitspieler krabbeln, befinden sich in einer "Wunschmaschine". Sie dürfen sich am Start wünschen, was die Maschine mit ihnen tun soll, z.B. streicheln, rubbeln, pusten oder mit den Fingerspitzen auf dem Rükken trommeln u.a.m.

Falls einige Kinder bei den Berührungskontakten anfangs zu grob oder ungestüm sind, hilft der Hinweis, daß Wünsche etwas Besonderes sind und Freude bereiten sollen.
Sensibilität, Kontaktaufnahme und taktil-kinästhetische Wahrnehmungsempfindungen werden bei diesem Spiel in besonderer Weise unterstützt.

Vogelkinder im Nest

Spielidee Eine Decke oder eine Matte symbolisiert das Vogelnest.
Alle Kinder (Vogelkinder) kuscheln sich mit ihrer Erzieherin (Vogelmama, wenn vorhanden auch Vogelpapa) eng aneinander, sie legen die Arme um Rücken oder Schultern des Nachbarn. Die Unterhaltung miteinander geschieht natürlich in zwitschernder und piepsender "Vogelsprache".

Ein kleiner Wind kommt auf (Windgeräusche), das Nest beginnt sanft zu schaukeln.
Der Wind wird stärker, das Nest bewegt sich immer bedrohlicher und die Vögel zwitschern aufgeregt.
Plötzlich stürmt es so sehr, daß das Vogelnest auseinander bricht und alle Vogelkinder aus dem Nest fallen.
Die Vogelkinder flattern überall umher und zwitschern laut und erregt.
Inzwischen "repariert" die Vogelmama das Nest und lockt ihre Kinder wieder an.
Zum Schluß ist alles wieder in Ordnung, das Nest ist wieder stabil, es ist gemütlich und sicher. Die Vögel können sich von dem aufregenden Erlebnis erholen und davon erzählen (zwitschern).

Praxishinweis Bei Bedarf kann der Sturmwind noch ein bis zweimal auftreten und der Ablauf wiederholt sich.

Eine andere Möglichkeit, um die Dynamik von Nähe, Berührung und "sich entfernen" zu spüren ergibt sich, wenn die "Vogelmama" die Kinder fortschickt, um Futter zu suchen oder fliegen zu üben. Zum Schluß kehren die Vogelkinder stets in das warme Nest zurück.

Eine Rückenschaukel

Spielidee Die Kinder liegen auf einer weichen Unterlage (Decke, Matte) auf den Bauch und rücken eng aneinander, sie sind die "Rückenschaukel".
Ein anderes Kind legt sich vorsichtig bäuchlings auf die Kinder.
Wenn es bequem liegt, kommt sein Startsignal "Los!" und die

"Rückenschaukel" beginnt mit sanften Rückenbewegungen das oben liegende Kind zu schaukeln.
Zur Beendigung wird ein Stopsignal vereinbart.

Praxishinweis   Bei diesem Spiel wird neben der taktilen und kinästhetischen Wahrnehmung, vor allem das Gleichgewichtssystem angeregt. Für Kinder, die noch ängstlich oder nicht sehr geübt sind, gibt es leichtere Variationen, z.b.: Nur die Hände, die Arme oder Arme und Oberkörper werden auf die "Rückenschaukel" gelegt. Eine kleine "Rückenschaukel", aus nur ein oder zwei Kindern gebildet, motiviert manchmal eher zum Ausprobieren. Hände und Füße können auf den Boden gesetzt werden und geben Sicherheit.

Streicheln und Massieren

Von jemandem berührt zu werden und eine andere Person sanft zu streicheln oder zu massieren, bedeutet sehr intensiven Hautkontakt und Nähe zuzulassen. Obwohl Berührungskontakte zu den grundlegenden menschlichen Bedürfnissen gehören, ist das Berühren oder Berührt-Werden für einige Kinder zunächst schwierig. Mit diesen Kindern müssen wir geduldig und behutsam umgehen, sie haben ihre Beweggründe für ihr Verhalten.
Zwischenschritte vor der direkten Berührung sind z.B.

Berührungen mittels Kuscheltieren o.ä.
Sanftes Streicheln mit einer Feder
Ausstreichen oder Massieren mit einer Bürste oder einem Schwamm
Eincremen oder Einölen
Massieren mit einem Tennisball oder einem Noppenball
u.ä.

Praxishinweis   Diese Übungen kann das Kind im Kontakt mit einem Spielgefährten, mit dem Erwachsenen, aber auch am eigenen Körper ausprobieren.
Die Spürinformationen werden jeweils ganz unterschiedlich erlebt.

Ein intensives Kontakterlebnis für die Kinder, wie für die Erzieherin ist möglich, wenn die Erwachsene von den Kindern "massiert" wird. Dafür legt sich die Erzieherin auf eine bequeme Unterlage, die Kinder sitzen um sie herum und berühren sie mit der Hand oder mittels eines Gegenstandes (Ball, Feder, Pinsel o.ä.).

Optische Wahrnehmung

Ich seh' etwas - siehst du es auch?

Spiele mit Luftballons

Luftballons mit ihren bunten Farben haben für alle Kinder eine enorme Anziehungskraft. Wenn sie in der Gruppe verteilt werden, sind zunächst keine Spielimpulse durch die Erzieherin notwendig. Die Kinder sind sofort motiviert etwas zu erproben. Sie werfen die Luftballons in die Luft und schauen ihnen hinterher, einige versuchen, den Ballon zu fangen oder mit den Füßen zu treten u.v.m.

Bei allen Luftballonspielen ist die Koordination von Auge und Hand (oder Fuß) erforderlich. Sie Kann mit einem Luftballon sehr gut geübt werden, denn dieses Spielgerät fliegt langsam und seine Flugbahn ist gut einzuschätzen.

Für Kinder mit spezifischen Behinderungen wird zunächst das Festhalten oder das Loslassen des Ballons eine Aufgabe und Herausforderung sein. Damit der Luftballon besser verfügbar ist, kann er an einen Faden gebunden und am Arm, an der Hose, am Rollstuhl o.ä. des Kindes angebunden werden.

Bei den Spielen mit Luftballons wird zwar die optische Wahrnehmung in besonderer Weise angeregt, jedoch sind auch alle übrigen Sinnesempfindungen beteiligt. Der Ballon muß behutsam umfaßt werden, sonst zerplatzt er schnell. Die Oberfläche fühlt sich rauh und glatt zugleich an. Man kann sogar Luftballongeräusche machen, z.B. wenn die Luft aus dem Hals des Luftballons entweicht oder wenn wir an der gespannten Haut reiben. Auch das Gleichgewichtsempfinden, die Raum-Lage-Orientierung, der Bewegungsinn sowie Geruchs- und Geschmackssinn sind angesprochen und ermöglichen den Kindern vielfältige Erfahrungen. Einige Spielvorschläge:

Luftballon-Tanz

Material	Luftballons, ein Musikstück mit langsamen und schnellen Rhythmen.
Spielidee	Die Kinder tanzen zur Musik und versuchen ihren Ballon dabei in der Luft zu halten.

Klingende Luftballons

Material	Viele Luftballons (nicht zu klein), dazu Perlen, Sand, Steinchen, Federn, Glöckchen (Bastelgeschäft), Papierkonfetti u.ä.
Spielidee	Die Luftballons mit den unterschiedlichen Materialien füllen und zuknoten. Welches Geräusch macht mein Luftballon beim Schütteln oder beim Fliegen? - Wie klingen die anderen Luftballons?

Zwei ähnlich klingende Luftballons herausfinden.

Zwei Kinder rollen oder pusten sich einen Ballon zu.

Die Luftballons werden auf eine schräge Bahn (Tuch, Brett, Matte o.ä.) gelegt und rollen hinunter. Welche Geräusche machen sie dabei? Wer kann sie unten auffangen oder anhalten?

Die Geräusche-Luftballons sind mit einem Faden an einer im Zimmer quer gespannten Schnur aufgehängt (etwa Überkopfhöhe).
Wer kann hochspringen und sie anschubsen?
Welcher Luftballon klingt am lautesten? u.v.m.

Praxishinweis   Partnerspiele gelingen unter jüngeren oder entwicklungsverzögerten Kindern selten, hier ist ein Erwachsener oder mitunter ein älteres Kind der geeignete Spielpartner.

Wasserbomben

Material   Gewöhnliche Luftballons und Miniluftballons (Wasserbomben)

Spielidee   Zunächst werden die Miniballons mit etwas Wasser gefüllt, zugeknotet und in den größeren gesteckt. Der nun gefüllte zweite Luftballon wird aufgepustet und zugeknotet. (die Kinder brauchen dabei Hilfe)
Der Ballon ist schwer und fliegt ganz anders mit der beweglichen "Wasserbombe" im Inneren. Kann man den Ballon trotzdem werfen und fangen?

Die Kinder erproben die Spielmöglichkeiten mit diesem Luftballon, z.B.
- den Ballon auf die andere Seite des Zimmers rollen,
- eine schiefe Ebene hinunter kugeln lassen. Wie merkwürdig dieser Ball rollt!
- den Wasserballon einem Spielpartner oder der Erzieherin zurollen u.a.m.

Vor der Kindergruppe (in angemessenem Abstand) steht ein großer Karton. Wer kann seinen Ballon hineinwerfen?

Praxishinweis   Manchmal platzt ein Luftballon, daher sind diese Spiele besonders gut geeignet für die Wiese oder für einen Raum mit Fliesen (z. B. Waschraum).

Stehauf-Männchen

Material   Luftballons und jeweils ein Fuß aus fester Pappe (Muster in Originalgröße)

Spielidee   Auf den Luftballon mit Filzstiften ein Gesicht, Ohren und Haare aufmalen, die Schuhe anziehen (Unterstützung durch Erwachsene) und fertig ist das Stehaufmännchen.

Praxishinweis   Diese Luftballon-Spielfigur hat für alle Kinder eine hohe Spielmotivation. Entsprechend ihrer Bewegungs- und Wahrnehmungsfähigkeiten experimentieren sie auf unterschiedliche Weise, z.B. streicheln, quietschen, darauf klopfen, mit ihm spazieren gehen oder auf dem Kopf balancieren, in die Luft werfen u.v.m.
Das Luftballonmännchen fällt immer wieder auf die Füße, meistens in der Nähe des Kindes und ist daher leicht wieder erreichbar.

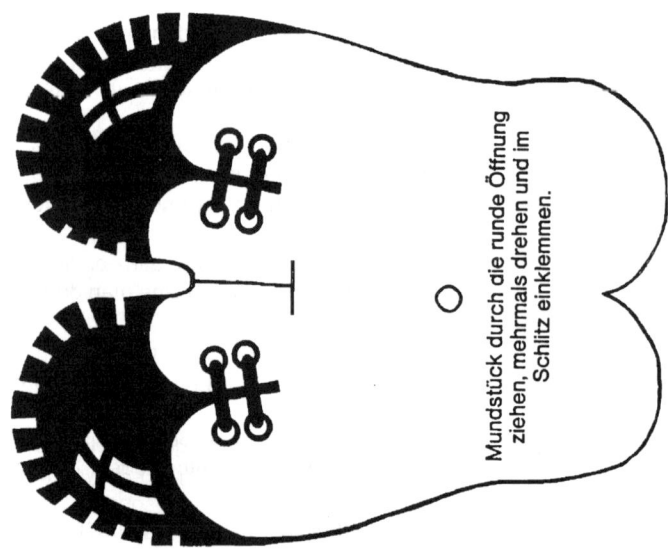

Mundstück durch die runde Öffnung ziehen, mehrmals drehen und im Schlitz einklemmen.

Luftballon über die Schnur

Material   Luftballons, Zauberschnur

Spielidee   Eine Zauberschnur wird im Bewegungsraum gespannt, so hoch, daß die Kinder mit ausgestreckten Armen nicht daran stoßen. Jedes Kind hat mindestens einen Luftballon.

Die Kinder stehen auf einer Seite der Zauberschnur und werfen alle Luftballons immer wieder über die Schnur.

Wer kann den Luftballon auf der anderen Seite auffangen? Die Kinder stehen paarweise auf beiden Seiten der Zauberschnur und werfen sich einen Luftballon zu.

Die Zauberschnur wird tiefer gespannt, die Kinder schießen den Luftballon mit den Füßen über die Schnur. u.a.m.

Praxishinweis   Diese Spiele setzen eine gewisse Koordinationsfähigkeit und ein Verständnis für Regeleinhaltung voraus. Innerhalb dieses ungebundenen Spielgeschehens kann die Erzieherin mit einzelnen Kindern das Werfen und Fangen des Luftballons üben (i.S. von Binnendifferenzierung).

Flatterbälle

Material   Dünnes Papier, das sich gut zusammenknüllen läßt, Kreppapierstreifen oder bunte Bänder (ca. 100 cm lang), Stoffreste, feste Schnur, eventuell einige dicke Perlen.
Die Flatterbälle können gemeinsam mit den Kindern hergestellt werden.

Zuerst wird das Papier zu einem kleinen Ball fest zusammengeknüllt (mit Unterstützung auch für schwerbehinderte Kinder möglich - (Feinmotorik und Muskelkraft der Hände werden gefördert)). Die Bänder aus Stoff oder Kreppapier (unterschiedliche Länge) werden dann in den Papierball hineingedrückt und angeklebt. Zum Schluß kommt ein quadratisches Stück Stoff (ca. 20 x 20 cm) als Mantel herum. Stoff und Bänder werden mit einer Schnur fest verknotet.

Ein Schnurende bleibt zum Anfassen. Damit die Schnur gut zu greifen und festzuhalten ist, kann am Ende eine Holzperle befestigt werden.

Spielidee

Der Flatterball sieht mit seinem langen Schwanz sehr lustig aus und motiviert sofort zum Werfen und Rollen. Meistens fassen die Kinder zunächst den Ballkörper an (nicht den Faden)

Wohin rollt der Ball?
Welcher fliegt weiter, der mit den kürzeren oder der mit den langen Schwanzbändern?

Die Kinder laufen mit den Flatterbällen an der Schnur durch den Raum, drehen sich im Kreis mit unterschiedlichen Armbewegungen oder ziehen die Flatterbälle am Boden hinter sich her u.ä.m.

Schaut wie die Bänder flattern!
Gibt es Geräusche dabei?

Wenn die Flatterbälle durch die Arm- oder Körperdrehungen genügend in Schwung sind, werden sie losgalassen und sausen durch den Raum.
Wohin fliegen sie? - Nach oben nach vorn?

Zur Musikbegleitung kann mit den Flatterbällen getanzt werden.

Praxishinweis

Für einige Kinder ist das Ergreifen der dünnen Schnur noch schwierig, sie werden den Ball vor allem mit beiden Händen fassen, den Körper des Balles und die Bänder ertasten und sanfte Schwünge ausprobieren.

Verkehrspolizist

Material

Ein rotes und ein grünes Tuch

Spielidee

Die Erzieherin (später auch ein Kind) steht in der Mitte des Raumes und hält beide Tücher in der Hand. Die Kinder sind Fußgänger, Radfahrer, Autofahrer usw.
Die Spielleiterin hebt den Arm mit dem grünen Tuch und alle Verkehrsteilnehmer krabbeln, gehen oder rennen durch den Raum.
Wird das rote Tuch hochgehalten, stoppen alle Mitspieler und verharren an ihrem Platz.

Variation

Die Kinder benutzen zur Fortbewegung Rollbretter, Rutschautos u.ä.m.

Praxishinweis — Eine Zielsetzung bei diesem Spiel ist zwar die Unterscheidung von Rot und Grün, auch im Hinblick auf das kindliche Verhalten im Straßenverkehr. Genauso bedeutsam ist jedoch das Wahrnehmen eines optischen Signals und das schnelle Reagieren darauf.
Optische Signale ohne verbale Hinweise zu verstehen, ist für viele Kinder noch schwierig und daher sind schnelle Reaktionen nicht leicht.
Hilfreich ist in diesen Situationen die sprachliche Unterstützung, wie etwa: "Halt, Stop!" (rotes Tuch) und: "Und weiter!" (grünes Tuch).

Sterne fangen

Material — Taschenlampen für jeden Mitspieler

Spielidee — Der Raum wird verdunkelt, Kinder und Erwachsene liegen gemütlich beisammen (Kissen, Decken, Matten) auf der Erde und schauen an die Decke.
An der Decke (Himmel) tanzen und hüpfen Sterne, die mittels Taschenlampen dorthin produziert werden. -
Wo ist mein Taschenlampenstern?
Wieviele Sterne sehe ich?
Was passiert, wenn ich die Hand vor die Taschenlampe halte?

Einige Sterne "rennen" hintereinander her, sie spielen "fangen".

Wolken ziehen auf, der Himmel wird dunkel. (Taschenlampen ausschalten), dann sind die Sterne wieder da.

Ein roter Stern taucht auf (es gibt Taschenlampen mit roter und grüner Farbscheibe), "rennt" hin und her und alle anderen Sterne versuchen, diesen roten Stern zu fangen.

Eine Sternengeschichte wird erzählt u.ä.m.

Praxishinweis — Jedes Kind kann sich an diesem Spiel nach seinen Möglichkeiten beteiligen. Einige Kinder schauen zunächst nur, andere benötigen etwas Unterstützung beim Hantieren mit der Taschenlampe.
Das zielgenaue Verfolgen eines Taschenlampensternes setzt eine gute Auge-Hand-Koordination voraus und gelingt zunächst nur einigen Kindern.
Das zwischenzeitliche Abschalten der Taschenlampe ermöglicht Entspannung und die besondere anheimelige oder auch unheimliche Atmosphäre in der Gruppe und im Raum kann besser gespürt werden.

Sandbilder

Material	Schuhkarton, Sand, buntes Papier. Jedes Kind erhält einen Schuhkarton oder den Schuhkartondeckel. Auf den Boden wird Papier von kräftiger Farbe gelegt und darauf eine Schicht Sand (ca. 1 cm).
Spielidee	Mit den Fingern malt das Kind Linien, Kreise, Muster usw. in den Sand und zum Vorschein kommt an diesen Stellen die Farbe des Untergrundpapieres. Wie sieht mein Bild aus? Welche Farbe kommt bei euch hervor? Fühlt ihr den weichen Sand und den stabilen Untergrund? Wie sieht der Abdruck meiner Hand aus?
	Die Schachteln können untereinander ausgetauscht werden. Welche Farbe kommt jetzt unter meinem Bild zum Vorschein?
Variation	Als Füllmaterial sind auch Perlen, Styroporreste, Papierschnipsel (Konfetti), Reis u.ä. möglich. Nicht nur die taktilen Empfindungen sind unterschiedlich, sondern auch die Umrisse der Muster verändern sich.

Würfel-Gesicht

Material	Großer Schaumstoffwürfel, Papier mit aufgemalten Gesichtern. Auf alle sechs Seiten wird ein Gesicht mit einem bestimmten emotionalen Ausdruck aufgeklebt (je zweimal), z.B. lachendes, weinendes und zorniges Gesicht (mit gefletschten Zähnen).
Spielidee	Ein Kind würfelt und das oben liegende Gesicht wird in seinem Ausdruck betrachtet und die emotionale Befindlichkeit mit den dazugehörigen Artikulationsformen (laut weinen, lachen, schimpfen usw.) von allen ausprobiert und nachgemacht. Wenn das Spiel im Stehen gespielt wird, werden die Kinder aufgefordert mit dem ganzen Körper und in Bewegung zu agieren.
Praxishinweis	Manche Kinder haben beim Interpretieren dieses aufgemalten Ausdruckssymbols noch Schwierigkeiten, sie orientieren sich aber an den anderen Kindern.

Ein Schuhe-Berg

Spielidee
Die Kinder sitzen im Kreis und haben ihre Schuhe in der Mitte zu einem Berg aufgetürmt.
Ein Kind (eventuell auch zwei) suchen aus dem Schuhe-Berg die richtigen Schuhe für jedes Kind heraus.

Praxishinweis
Wenn die oben genannte Spielform noch zu schwierig ist, erleichtert es den "Durchblick", wenn jedes Kind einen Schuh am Fuß behält und der passende gesucht wird.

Variation
Nicht nur Schuhe, sondern auch andere Kleidungsstücke können vertauscht und erraten werden.

Bälle - Bälle - Bälle

Bälle aus den unterschiedlichsten Materialien und in verschiedenen Größen (Japanbälle, Strumpfbälle, Tennisbälle, Gummibälle, Softbälle, Wasserbälle, Petzibälle usw.) motivieren alle Kinder zu Bewegungsaktivitäten. Die Kinder brauchen keine Anweisungen durch Erwachsene, jedoch kann die Erzieherin mitunter Impulse geben, wenn sie sich am Spiel beteiligt.
Neben den taktilen, kinästhetischen, akustischen und Gleichgewichtsempfindungen, werden vor allem die optische Wahrnehmung und die Auge-Hand- bzw. Auge-Körperkoordination und die Bewegungsphantasie gefördert.

Akustische Wahrnehmung

Hinhören - Zuhören - Weghören

Große Uhren - Kleine Uhren

Spielidee

Die Kinder stehen mit leicht vorgebeugtem Oberkörper im Kreis. Die Arme sind die Zeiger der Uhr und baumeln hin und her. Entsprechend des Textes bewegen sie sich immer schneller.

Große Uhren machen tick-tack, tick-tack,
kleine Uhren machen tick-tack. tick-tack, tick- tack,
und die ganz kleinen Taschenuhren machen ticke-tacke, ticke-
tacke, ticke-tacke, tick" (Melodie: Sprechgesang)

Variation

Der Vers wird abwechselnd ganz laut und ganz leise gesungen.

Der tickende Wecker

Material

Ein Wecker, der laut tickt

Spielidee

Der Wecker wird zunächst von allen Kindern genau betrachtet und das tickende Geräusch der Uhr erhält besondere Aufmerksamkeit.

Wie hört sich das Ticken an, wenn ein Tuch darüber gelegt wird? Wie klingt es, wenn ein dickes Kissen auf dem Wecker liegt?

Die Kinder halten sich die Augen zu oder gehen vor die Zimmertür, inzwischen wird der Wecker im Zimmer versteckt. - Wo tickt die Uhr?

Die Alarmglocke wird vor dem Verstecken so eingestellt, daß sie nach kurzer Zeit ertönt.

Ein Kind versteckt sich zusammen mit dem tickenden Wecker. Kind und Wecker werden gesucht.

Flaschendeckel-Konzert

Material

Verschlüsse von Mineralwasserflaschen in unterschiedlichen Farben sammeln (auf abgerundete Unterkante des Deckels achten).

Spielidee

Die Kinder suchen sich zwei Deckel von einer Farbe aus.

Wie klingt mein Instrument?
Viele Geräusch- und Klangmöglichkeiten werden ausprobiert (in der Luft und am Boden).

Die Silben eines lustigen Wortes werden rhythmisch begleitet, z.b. "Sau-er-kraut-sa-lat".

Reihum werden die Namen der Kinder genannt und rhythmisch begleitet, z.b. "Frie-de-ri-ke" - "Tom".
Die Namen können ganz laut - aber auch ganz leise (flüsternd) gesprochen werden.

Alle grünen Instrumente spielen, dann alle roten usw.

Ein Dirigent hebt bunte Tücher in den Farben der Flaschendeckel und jeweils erklingen diese farbigen Deckel-Instrumente.

Variation	Für viele der oben genannten Spiele eignen sich auch halbe Walnußschalen oder Pistazienkernschalen. Die Kinder spüren ganz unterschiedliche taktil-kinästhetische Signale, auch der Klang ist deutlich verschieden. Im Umgang mit den Pistazienkernschalen werden feinmotorische Fertigkeiten in besonderer Weise gefordert, was eventuell für einige Kinder noch zu schwierig ist.
Praxishinweis	Auch hier gilt (wie bei allen psychomotorischen Spielen mit neuen Materialien oder Geräten), daß die Kinder grundsätzlich zuerst frei experimentieren, bevor der Erwachsene Spielimpulse gibt.

Trommel-Gespräche

Material	Eine große Pauke, viele Handtrommeln oder selbstgefertigte Trommeln, einige Trommelschlegel.
Spielidee	Ein Kind an der großen Pauke beginnt zu trommeln, wenn die Pauke schweigt, "antworten" die anderen Kinder auf ihren Instrumenten. Im Wechsel erklingen große Pauke und die kleineren Trommeln in der Art von Frage und Antwort.
Variation	Die Kinder teilen sich mit ihren Instrumenten in zwei Gruppen und beginnen ein "Trommel-Gespräch" miteinander.
Variation	Zwei Kinder sind mit ihren Trommeln die Hauptakteure, die übrigen Kinder hören zu.

Praxishinweis · Trommel-Instrumente besitzen für Kinder einen hohen Aufforderungscharakter, sie wollen die Trommeln erklingen lassen (mit der Hand oder mit dem Schlegel).
Die oben beschriebenen Spiele setzen in besonderem Maße "Abwartenkönnen", Beobachten der Mitspieler, Rücksichtnahme und Einhalten von Spielregeln voraus. Daher können diese Trommelgespräche erst nach Erfahrungen mit elementaren Trommelspielen angeboten werden, z.B.

Laut - leise
Alle Kinder trommeln und der Spielleiter (später ein Kind) gibt mit seiner Trommel oder durch ein verabredetes Zeichen die Lautstärke an.

Regentropfen
Der bekannte Regentropfenvers:
Es tröpfelt, es regnet, es regnet immer mehr,
es blitzt, es donnert,
und die Leute laufen schnell nach Haus.
wird mit Fingern und Faust auf der Trommel begleitet u.a.m.

Zusammen spiel'n wir was

Material · Verschiedene Instrumente für alle Kinder

Spielidee · Die Kinder sitzen mit ihrem Instrument im Kreis zusammen, sie singen (einfache Melodie):
"Zusammen spiel'n wir was, das macht uns ganz viel Spaß,
mal laut mit Krach,
(Alle Instrumente erklingen ganz laut)
mal leis' ganz sacht,
(ganz leise spielen)
nun spielt die Steffie ganz allein,
die anderen lauschen fein.
Steffie spielt eine Weile allein auf ihrem Instrument, dann beginnt das Lied von vorn.

Praxishinweis · Jedes Kind möchte gern einmal seinen Namen gesungen hören und mit einem kleinen Instrumenten-Solo an der Reihe sein. Wenn die Gruppe allerdings sehr groß ist, dauert es ziemlich lange. Das bedeutet eine hohe Anforderung an Aufmerksamkeit und Konzentration.

Die Spielleiterin muß entscheiden, ob alle Kinder sofort an der Reihe sein können, oder ob eine Hälfte erst beim nächsten Mal in den Mittelpunkt rückt.

Ein Ohren-Spaziergang

Material	Kassettenrekorder
Spielidee	Die Kinder und die Erzieherin unternehmen einen Spaziergang durch die Kindertagesstätte und benutzen die Ohren dabei als hauptsächlichen Wahrnehmungskanal.

Wo hören wir sehr laute Geräusche?
Wo ist es ganz leise?
Wie klingt es in der Küche, im Heizungskeller, auf dem Spielplatz usw?
Die lauten und leisen Geräusche auf diesem Spaziergang werden mit dem Kassettenrekorder aufgenommen und später gemeinsam angehört.
Die Kinder versuchen herauszuhören, in welchem Teil des Kindergartens die Geräusche aufgenommen wurden. Wo ist es besonders laut und wo sehr leise?
Zu einer anderen Tageszeit oder an einem anderen Wochentag kann dieser Ohren-Spaziergang bestimmt ganz anders ausfallen.

Variation	Ein "Nasen-Spaziergang" durch die Kita.

Hörst du mich?

Material	Plastikrohr (Baugeschäft) oder "Heulrohr" (Spielwarengeschäft), eventuell jeweils zwei Trichter
Spielidee	Am Rohr wird auf jeder Seite ein Trichter befestigt (nicht unbedingt erforderlich) und jeweils zwei Kinder "telefonieren" miteinander.

Sucht euch Ecken, wo ihr ungestört seid.

Instrumente raten

Material	Einige Musikinstrumente
Spielidee	Drei Musikinstrumente, z.B. Glockenkranz, Klangstab und Rassel, liegen in der Mitte. Der Klang eines jeden Instrumentes ist den Kindern bekannt.

Zu Beginn halten sie ihre Augen zu oder legen sich mit dem Gesicht nach unten auf dem Boden. Ein Kind geht zu den Instrumenten und läßt eines (später zwei oder drei) erklingen.
Welches Instrument war das?
Wer es weiß, nimmt das Instrument und überprüft den Klang.

Praxishinweis Am Anfang empfiehlt es sich, im Klang sehr unterschiedliche Instrumente auszuwählen. Ein sehr differenziertes Hören und viel Konzentration ist erforderlich, wenn sich die drei Klangqualitäten sehr ähneln.

Geräusche-Memory

Material

Kaffeebüchsen, Filmdöschen, runde Käseschachteln u.ä., unterschiedliche Dinge zum Füllen, z.B. Perlen, Kronkorken, kleine Steine, Sand, Erbsen, Glöckchen, Büroklammern, Papierkonfetti usw.

Spielidee

Für ein Geräusche-Memory beschränkt man sich jeweils auf eine Behälterform (ca. 16 Behälter).

Gemeinsam mit den Kindern werden jeweils zwei Behälter mit dem gleichen Inhalt gefüllt (auch gleiche Anzahl von Perlen, Glöckchen usw., sonst ist der Klang unterschiedlich).

Besonders schön sieht ein Geräusche-Memory aus, wenn das Äußere des Behälters farbig gestaltet wird.

Die Geräusche-Büchsen (oder Schachteln) werden in zwei Reihen aufgestellt (eine Reihe wurde vorher durcheinander gemischt), und ein Kind beginnt mit dem Heraushören von gleichen Paaren.

Dabei behält das Kind eine Büchse in der Hand und versucht, aus der anderen Reihe durch schütteln und hören die Passende zu finden.

Variation

Das Spiel kann in Form eines Karten-Memorys gespielt werden.

Alle Büchsen stehen durcheinander, zu einer Büchse muß die passende herausgehört werden. Jeder Mitspieler hat drei Versuche.

Praxishinweis

Einfacher ist der Einstieg in dieses Spiel, wenn zunächst nur wenige Büchsenpaare aufgestellt und gleiche herausgehört werden.

Das Zuordnen (insbesondere beim Geräusche-Memory) wird erleichtert, wenn alle zweiten Büchsen eines Paares in der gleichen Farbe gestaltet sind.

Nehmen Kinder mit einer Hörbeeinträchtigung an diesen Spielen teil, so müssen die Geräusche laut und deutlich unterschiedlich sein. Meistens kann auch das unterschiedliche Vibrieren der Büchsen gespürt werden.

Hausbesitzer und Türklingel

Material

Reifen und einige unterschiedliche Instrumente

Spielidee

Die Reifen liegen im Raum verteilt, es sind "Häuser". Die Kinder stehen (sitzen) paarweise in einem .Haus. Ein Kind ist der Hausbesitzer, der Partner ist die Haustürklingel und hat ein Instrument in der Hand.
Alle Hausbesitzer gehen nun spazieren, nach einer Weile hören sie "ihre" Haustürklingel und laufen sofort zurück.
Die Klingel schickt seinen Hausbesitzer nach der Rückkehr wieder fort und "klingelt" nach einer Weile erneut.
Etwa nach drei Spielszenen ist Rollenwechsel.

Praxishinweis

Damit sich die Kinder auf ihr Türklingel-Instrument konzentrieren können, dürfen nicht zu viele Paare (Instrumente) vorhanden sein.
Bei vielen Mitspielern kann das Spiel variiert werden, indem zwei Hausbesitzer in jedem Haus wohnen.

Nehmen bewegungsbehinderte Kinder teil, können sie sich mit Rollbrettern, Rollstühlen u.ä. fortbewegen.

Bauernpferde

Spielidee

Die Kinder sitzen bei diesem Vers zunächst im Kreis zusammen.
Bauernpferde, Bauernpferde,
große, schwere Bauernpferde,
Bauernpferde steh'n jetzt still!

Kutschenpferde, Kutschenpferde,
kleine, feine Kutschenpferde,
Kutschenpferde steh'n jetzt still!

Der erste Vers wird sehr langsam und "schwerfällig" gesprochen.
Die Kinder begleiten den Vers mit rhythmischem Stampfen der Füße.
Der Sprachrhythmus des zweiten Verses ist etwas schneller und "leichter". Begleitet werden die Kutschenpferde z.B. durch rhythmisches Händeklatschen.

Variation

Die Kinder sind Pferde und stampfen wie Bauernpferde oder galoppieren leichtfüßig wie Kutschenpferde entsprechend der Vorgabe des Textes im Raum umher.
Ein Glockenband um einen Fuß gebunden kann den unterschiedlichen Rhythmus zusätzlich hörbar und spürbar machen.

Praxishinweis Eine Vorstellung von Bauernpferden und Kutschenpferden durch Bilderbücher ist für das Verständnis der Unterschiedlichkeit von Sprachrhythmus und Bewegungen hilfreich.

Die Bewegungen sind den Kindern vertraut noch bevor die Worte des Verses mitgesprochen werden können.

Ein Glockenband ist leicht und kostengünstig aus einem Gummiband mit drei, vier aufgenähten Glöckchen (Bastelgeschäft) herstellbar.

Körpererfahrungen

Das bin ich - und so sind wir!

Das folgende Projekt "Ein Füße-Tag" steht stellvertretend für viele andere Möglichkeiten, sich spielerisch mit Körperteilen zu beschäftigen und somit ganz vielfältige Körpererfahrungen zu sammeln.

Entsprechend dem aktuellen Interesse und dem Entwicklungsstand der Kinder, kann die Pädagogin nur einige Spiele auswählen oder aber einen großen Teil der Psychomotorik-Stunde mit vielen Spielangeboten zu einem Körper-Thema gestalten.

Ein "Füße-Tag"

Die Füße sind unsere Kontaktpunkte zur Erde, das ganze Gewicht ruht auf ihnen und sie tragen uns tagtäglich. Ein fester und sicherer Stand gibt Selbstvertrauen, Stärke und ermöglicht die Körperkoordination.

Die meiste Zeit werden die Füße in Strümpfe und feste Schuhe eingezwängt und somit sind die Möglichkeiten zum Spüren und Empfinden sehr eingeschränkt.

Kinder nutzen viele Gelegenheiten zum Barfußlaufen, es macht Spaß, die unterschiedlichen Unterlagen und Materialien mit nackter Haut zu fühlen. Was spüren unsere Füße überhaupt? Wie sehen sie aus? Was können die Füße alles?

Wenn wir die Füße in den Mittelpunkt einer (oder mehrerer) Psychomotorik-Stunden stellen, werden die Kinder dieses Körperteil ganz bewußt wahrnehmen und aktiv mit all ihren Sinnen neue Erfahrungen sammeln. Emotionales Erleben, Wahrnehmen, Bewegen und Sprache der Kinder erhalten auf diese Weise ein hohes Maß an Entwicklungsunterstützung.

Dieser pädagogische Ansatz für Psychomotorik erinnert an die Projektarbeit. Ein Thema wird von vielen verschiedenen Seiten betrachtet und beinhaltet eine aktive Auseinandersetzung auf dem jeweiligen individuellen Entwicklungshintergrund eines Kindes. Die Beschäftigung mit dem Thema "Füße", um bei diesem Beispiel zu bleiben, muß nicht auf die Psychomotorik-Stunde begrenzt bleiben, sondern (wie bei jedem anderen Projekt) wird in den Kindergartenalltag einbezogen.

Die folgende Auflistung von Spielvorschlägen ist als Ideensammlung gedacht, d.h. sie ist kein Vorschlag für eine Psychomotorik-Stunde, sondern aus dieser Spielesammlung kann für die jeweilige Kindergruppe Adäquates herausgenommen und durch viele andere Bewegungsspiele, Fingerspiele, Reime u.a.m. ergänzt werden.

Füße-Begrüßung

Die Kinder sitzen mit der Erzieherin eng zusammen, die Füße zeigen zur Mitte und die Begrüßung untereinander geschieht mit den nackten Füßen.
Sie berühren und begrüßen sich, z.b. "Guten Morgen ihr Mareika-Füße" oder "Ich bin Kay und wer bist du?".
Den Abschluß dieser Begrüßungsrunde kann ein lautes Fußgetrampel oder ein "Füße-Berg" bilden.

Praxishinweis

In der Begrüßungsrunde darf kein Kind übersehen werden. Bei jüngeren oder schwer behinderten Kindern übernimmt die Erzieherin mit ihren Füßen die Begrüßungsrunde.
Der anschließende "Füße-Berg" ermöglicht Kontakt unter allen Kindern.

Ein schwer behindertes Kind kann an dieser Eingangsrunde aufmerksam und einbezogen teilnehmen, wenn es vor der Erzieherin sitzt und den Körperkontakt spürt.

Was meine Fuße können!

Spielidee

Bei diesem Spiel sind die Kinder nacheinander an der Reihe, ihren Namen zu nennen und bestimmte Bewegungen mit den Füßen zu erfinden. Die Spielleiterin beginnt:
"Ich heiße Sabine
und meine Füße machen so: ..."
Z.B. mit den Zehen wackeln oder auf den Boden stampfen oder in der Luft zappeln u.a.m.
Die Kinder wiederholen den Text und die Fußbewegungen, dann ist das nächste Kind an der Reihe.

Praxishinweis

Wird dieses Spiel zum ersten Mal ausprobiert, dann ahmen vor allem jüngere Kinder, wenn sie an der Reihe sind, die Fußbewegungen der Erzieherin nach und machen auf diese Weise ihre Erfahrungen.

Die Spielvorgabe einzuhalten und isolierte Bewegungen mit einem bestimmten Körperteil nachzumachen, bedeutet für viele Kinder eine hohe Anforderung an Aufmerksamkeit, Körperkoordination, Gleichgewicht sowie bei diesem Spiel auch an Sprachvermögen und Rhythmusempfinden. Daher benötigt jedes Kind seine individuelle Zeit zum Ausprobieren.
Später können Kinder durch eine Frage wie z.B.: "Was können denn deine Füße Besonderes (oder Komisches) tun?", zu kreativen Eigengestaltungen ermuntert werden.

Hampel- und Strampelbeine

Spielidee

Die Kinder sitzen zusammen (eventuell auf der Sternendecke) und bewegen ihre Beine zur Geschichte des Verses.

Guten Morgen ihr Beine!
Wie heißt ihr denn?
Ich heiße Hampel,
und ich heiße Strampel.

Hampel und Strampel gehen auf große Reise.
Hampel läuft los...
Strampel läuft los...
Jeder auf seine Weise.
Husch - sind sie weg!

Praxishinweis

Viele Reime und Fingerspiele beschäftigen sich mit bestimmten Körperteilen und sind sehr geeignet für diesen "Füße-Tag". Die Worte werden mit Bewegungen begleitet und erleichtern somit das Begreifen der Worte.
Der Rhythmus der Verse erleichtert jüngeren oder sprachgestörten Kindern das Sprechen.
An Reimen, die von Bewegungen begleitet werden, kann sich jedes Kind auf seine eigene Weise beteiligen.
Auch wenn sich diese Beteiligung mitunter sehr sparsam äußert, z.B. durch wenige Bewegungen oder einzelne gesprochene Worte, so können wir in der Regel am aufmerksamen Blick der Kinder die aktive innere Beteiligung wahrnehmen.

Große Füße - kleine Füße

Material

Papier oder Pappe, dicke Buntstifte.

Spielidee

Die Umrisse von einem oder beiden Fußsohlen werden auf das Papier gemalt. Am besten gelingt es, wenn ein Kind auf dem Papier steht und ein anderes Kind (oder mitunter die Erzieherin) die Umrisse aufmalt. Die Kinder malen ebenfalls die Fußsohlenumrisse der Erzieherin.
Wer hat große Füße oder ganz kleine? Wieviele Zehen gibt es?
In fremde Fußstapfen treten, die Füße ausmalen oder die Umrisse ausschneiden sind einige Möglichkeiten, um die Fußbilder genauer zu betrachten.

Fußgesichter

Material	Fingerfarbe, eventuell Pinsel.
Spielidee	Die Kinder malen mit den Fingern oder mit Pinseln ein Gesicht, Haare und Ohren auf die Füße. Alle Füße zusammenstellen und betrachten. Wie sehen die Gesichter aus? Was ändert sich am Fußgesicht, wenn mit den Zehen gewackelt wird? Die Füße begrüßen und berühren sich und sprechen sogar miteinander u.v.m.
Praxishinweis	Das Abwaschen der Fußgesichter kann ebenfalls zu einem Ereignis für Berührungsempfindungen gestaltet werden. Beispielsweise können die Kinder gemeinsam im Waschraum die Füße abseifen, trocken rubbeln und anschließend ausgiebig eincremen.

Fußspuren

Material	Fußsohlen, die aus buntem Filz oder anderem derben Stoff ausgeschnitten werden.
Spielidee	Ein Kind legt mit diesen Fußsohlen Spuren auf den Fußboden, dieser Weg kann von allen anderen Mitspielern erspürt und verfolgt werden. Dabei können ganz unterschiedliche Fortbewegungsarten wie z.B. schleichen, hüpfen, krabbeln, große Schritte, Rückwärtsgehen usw. ausprobiert werden. Sogar mit geschlossenen Augen kann die Füße-Spur ertastet werden. Die Kinder stehen auf zwei Filzfüßen und gleiten auf ihnen durch den Raum u.a.m.
Praxishinweis	Neben den Füßen können auch Hände aus Stoff ausgeschnitten werden und diese Körperteile werden in die Spiele einbezogen.

Trampel - Füße

Material	Trommel
Spielidee	Füße können Geräusche machen, z.B. laut trampeln oder auf Zehenspitzen leise tippeln. Man kann auf dem Hacken, auf Zehenspitzen oder auf den Innen- und Außenkanten der Füße gehen.

Zu der unterschiedlichen Trommelbegleitung bewegen sich die Kinder durch den Raum.

Variation Bei Bedarf (bewegungsbehinderte Kinder) können die Fußaktivitäten zur Trommelbegleitung auch im Sitzen stattfinden.

Praxishinweis Lautes, wildes Fußgetrampel, begleitet von stimmlichen Äußerungen der Kinder sorgt nach Spielen, die viel Aufmerksamkeit und Konzentration erfordern, für Entspannung.

Fußmassage

Material Eine Sammlung von unterschiedlichen Bürsten, Schwämmen, Rasierpinseln u.ä.

Spielidee Zum Abschluß des Füße-Tages sollen die Füße verwöhnt werden. Zunächst massieren, drücken und streicheln die Kinder ihre Füße für kurze Zeit mit den Händen.
Anschließend suchen sie sich aus dem Bürstenkorb, der in der Mitte der Kindergruppe steht, einen Gegenstand heraus. Mit der Bürste oder dem Schwamm werden die eigenen Füße und danach (wenn möglich) die Füße eines Spielpartners massiert und ausgestrichen.

Praxishinweis Dieses Spiel ist gleichzeitig das Abschlußritual, daher ist es wichtig, daß alle Kinder beteiligt sein können.

Orgelpfeifen

Spielidee Wer ist am größten (längsten) und wer am kleinsten in der Kindergruppe?
Ein Kind stellt die Mitspieler der Reihe nach - wie Orgelpfeifen - auf. Dabei muß genau verglichen werden, am besten durch Handauflegen am Scheitel zweier Kinder.
Das Kind, das die Orgelpfeifen aufgebaut hat, ordnet sich zum Schluß in die Reihe ein.

Zweibein - Vierbein - Dreibein

Material Zeitungspapier oder Teppichfliesen.

Spielidee Die Kinder rennen auf beiden Beinen einige Male von einer Seite auf die andere.
Das ist noch nicht sehr schwierig (für die meisten Mitspieler).

Aus den Zweibeinern werden nun Vierbeiner, sie krabbeln auf "allen Vieren" zur anderen Seite. Das ist gar nicht so einfach!

Ganz schwierig wird es, wenn der "Vierbeiner" ein verletztes Hinterbein hat und mit diesem Bein nicht auftreten kann. Das Bein muß in die Höhe gehalten werden. Wer schafft es so, ein Stückchen vorwärts zu kommen?

Praxishinweis Bei diesem Spiel kann der Beobachter Hinweise auf Körpergefühl, Koordinationsfähigkeit oder Stützkraft der Arme von Kindern erhalten.

Vor allem das Dreibeinkrabbeln stellt hohe Anforderungen und benötigt viel Übung.

Jedes Kind soll nach seinen Möglichkeiten probieren, d.h. es darf nicht "um die Wette" gespielt werden.

Tiere zaubern

Material Eine Matte.

Spielidee Die Kinder sitzen auf der Matte und die Spielleiterin verzaubert (mit Zauberspruch und ausgebreiteten Armen) die Kinder in verschiedene Tiere, z.B.:
"Hokus-Fokus-Fidibus -
aus den Kindern werden Katzen und laufen los!"

Alle Katzen bewegen sich mit Katzengeschrei
durch den Raum, bis der Zauberer ruft:
"Schnell zurück!"
Sie versammeln sich wieder auf der Matte und der Zauberer (später auch ein Kind) zaubert erneut, z.B.
"Hokus-Pokus-Fidibus -
aus den Katzen werden Elefanten und laufen los!", usw.
Zum Abschluß werden die Tiere wieder in Kinder verwandelt.

Praxishinweis   Wenn die Pädagogin mitspielt, ergeben sich gute Möglichkeiten für Kontakte zu den Kindern.

Brücken und Schlangen

Spielidee   Wie kann man mit dem Körper eine Brücke bauen?
Auf Knien und Armen entsteht eine kleine Brücke, auf Füßen und Armen (Po in die Höhe) bekommen wir eine große Brücke. Manche Kinder gelangen sogar aus der Rückenlage in die Brücke.
Wer möchte eine Schlange sein und sich unter den Brücken hindurchschlängeln?
Einige Kinder sind Schlangen, später kann getauscht werden.

Praxishinweis   Körperspannung und Stützkraft werden gefordert, manche Kinder können die Brücke noch nicht sehr lange halten. Es ist jedoch nicht problematisch, wenn eine "Brücke" auf die "Schlange" fällt, in der Regel wird dieser plötzliche Körperkontakt als lustvoll erlebt.
Wenn sich die "Schlange" nur mit der Kraft aus den Händen vorwärts zieht, kann die Erzieherin den Vorschlag machen: "Lege doch mal an die Hände an den Körper."
Jetzt ist der ganze Körper an der Schlängelbewegung beteiligt.

Ringkämpfe

Ringkämpfe sind Bestandteil der psychomotorischen Spiele. Selten ist der Berührungskontakt so eng, wie beim Ringen miteinander. Die Körperkräfte werden deutlich gespürt und viele Kinder mobilisieren ungeahnte Energie-Reserven. Dabei wird in der Regel ein "gesundes" Maß an Aggression (i.s. von aggredere = auf die Welt zugehen) spürbar. Diese Kraft ist nötig, um sich auf die Welt zuzubewegen, sie sich anzueignen und um sich selbst entwickeln zu können.

Gerade behinderte Kinder benötigen Unterstützung, um diese ursprüngliche Kraft, die in ihrer frühkindlichen Form eher kreativ und lustbetont ist und nicht nur destruktiv gesehen werden sollte, fühlen und entfalten zu können.

Das Kräftemessen bei diesen Ringkämpfen erhält durch Regeln, die von allen Beteiligten verstanden und eingehalten werden müssen, einen stützenden äußeren Rahmen.

Dazu einige Beispiele

Ring frei

Spielidee

Der Ring wird durch ein bis zwei Matten angedeutet, bzw. eingegrenzt. Neben den beiden Hauptakteuren steht ein Schiedsrichter (Erzieherin oder Kind) auf der Matte.

Vor dem "Kampf" werden die Regeln besprochen,
Wichtige Regeln sind z.b.
• nicht beißen oder an den Haaren ziehen,
• den Kopf des Gegeners nicht verletzen,
• nicht treten.

Außerdem wird ein Signal vereinbart, bei dem einer der Kämpfer das Ende signalisieren kann, z.b. "Stop" rufen oder mit der Hand auf den Boden klopfen.

Der Schiedsrichter ist für die Einhaltung der Vereinbarungen zuständig.

Zu Beginn wird festgelegt, wieviele Runden der Kampf dauern soll. Zu Beginn jeder Runde und zum Schluß des Ringkampfes verbeugen sich die Ringer voreinander.

Der Schiedsrichter kann mit einem Gong oder einer Trommel Beginn und Ende des Kampfes anzeigen.

Und nun: "Ring frei".

Praxishinweis

Das genaue Festlegen und Einhalten von Regeln ermöglicht Kindern Vertrauen in die Situation und zu sich selber zu entwickeln. Viele Kinder mit einer Behinderung oder zaghafte, im Ringen und Raufen ungeübte Mädchen, werden durch diesen äußeren, schützenden Rahmen eher ermutigt, das Kräftemessen zu riskieren.

Einige Regeln können je nach Individualität und Möglichkeiten der Kinder verändert werden, z.B. die Ausgangsposition ist stets der Kniestand, wenn ein Kind nicht sicher stehen kann.

Die Kinder sollten in ihren Körperkräften nicht zu unterschiedlich sein, allerdings erleben wir oft, daß eine vermeintlich geringere körperliche Stärke durch Geschicklichkeit des Ringpartners ausgeglichen wird. Wenn sich die Erzieherin oder ein älteres, kräftiges Kind beteiligt, kann als Chancengleichheit ein "Handicap" vereinbart werden, wie z. B. eine Hand wird auf den Rücken gelegt o.ä.

Kampf mit Publikum

Material	Seil, verschiedene Instrumente
Spielidee	Mit einem Seil wird ein großer Kreis (Ring) gelegt, darin befinden sich die beiden Kämpfer. Kämpfer und Schiedsrichter verabreden, auf welche Weise der Wettstreit stattfinden soll, z.b.: Den Gegner mit ausgestreckten Armen aus dem Kreis schieben. Auf einem Bein hüpfen und mit den Schultern (Arme untergeschlagen) schubsen. Wer bleibt am längsten auf einem Bein? Mit einem Degen aus zusammengerolltem Zeitungspapier "fechten.

Miteinander ringen, wer hat zuerst ein Bein außerhalb des Ringes? u.v.m.

Die Regeln werden wieder genau festgelegt.
Das Publikum steht um den Kreis herum, hat Instrumente wie Rasseln, Glocken usw. bei sich und feuert die Kämpfenden mit den Instrumenten und mit Zurufen an.
Danach sind die nächsten beiden Kinder an der Reihe, sie wählen sich ihre eigene Kampftechnik aus.

Praxishinweis	Die Rahmenbedingungen (Schiedsrichter, Regelerklärung usw.) des weiter oben beschriebenen Ringkampfes gelten auch hier. Damit die kämpfenden Paare nicht von vornherein zu ungleich sind (dies gilt insbesondere für behinderte Kinder), muß die Erzieherin die Partnerwahl begleiten und sich möglicherweise auch für einen Wettstreit zur Verfügung stellen.

Es ist nicht notwendig, daß der Erwachsene stets den Kampf verliert, obwohl die Realität der Körperkräfte dagegen spricht. (als Frau ist es mitunter sogar von Bedeutung, die eigene Stärke zu zeigen).

Das Wichtigste bei diesen Ringkämpfen ist, daß es Spaß und Lust macht, miteinander zu ringen und Körperkräfte zu mobilisieren. Das Publikum hilft dabei auf seine Weise.

Im Gleichgewicht sein

Spiele mit dem inneren und äußeren Gleichgewicht

Mit dem Gleichgewicht spielen beinhaltet immer die Auseinandersetzung mit der Schwerkraft.
Jegliches Gehen, Rennen, Hüpfen, Drehen, Klettern, Balanciere, Wippen, Schaukeln und vieles mehr unterstützt das Gleichgewichtsgefühl und fördert das Lage- und Bewegungsgefühl und ebenso die Orientierung im Raum.

Alle Schaukeln, Hängematten oder Klettertaue, die für Kinder erreichbar aufgehängt sind, ermöglichen vielfältige Sinnes- und Bewegungserfahrungen.

Kinder mit einer Körperbehinderung, die sich noch nicht genügend festhalten oder sitzen können, liegen sicher in einer Schaukel-Matte, in einer Hängematte, die Seitenschutz bietet, auf einem Schaukelbrett oder in anderen behindertengerecht gestalteten Spielgeräten. Die Erzieherin kann an Mimik, Körperreaktionen oder sprachlichen Äußerungen erkennen, wann diese Aktivitäten jeweils beendet werden sollen.

Wenn diese schaukelnden und wippenden Spielgeräte gut gesichert sind, z.B. Matten unter der Hängematte und unter dem Klettertau, so können auch jene Kinder, die noch Schwierigkeiten mit ihrem Gleichgewichtsempfinden haben (z.B. wahrnehmungsgestörte Kinder), aktiv werden.
Einige Spielvorschläge:

Kletterparcours

Material	Stühle, Tisch, (Schuh-)Bänke, große Pappkartons, Kästen, Balancierbalken, Matten u.ä.
Spielidee	Alle verfügbaren Möbel, Kartons usw. werden so im Bewegungsraum aufgebaut, daß ein Rundweg zum Balancieren, Kriechen (z.B. durch Kartons) und Klettern entsteht.
	Matten oder Seile sind Verbindungsteile zwischen den übrigen Materialien und weisen den Rundweg.
Praxishinweis	Der Kletterparcours sollte viele Stationen erhalten, so daß alle Kinder ohne Wartezeiten vor Hindernissen in Bewegung sein können.
	Es empfiehlt sich, einige Stationen doppelt zu besetzten, z.B. zwei Kartons oder zwei Tische nebeneinander zu stellen, damit Kinder, die ein anderes Bewegungstempo haben, Ausweichmöglichkeiten vorfinden.

Schaukelbett und Schaukelboot

Material   Matten und Matratzen, Holzreifen

Spielidee   Die Matten werden in Längsrichtung zusammengebogen und mit zwei oder drei Reifen umhüllt. Ein Schaukelboot oder Schaukelbett ist entstanden, in dem alle Kinder in Bauch-, Rückenlage oder sitzend schaukeln können.
Stöcke oder Besenstiele sind bei Bedarf Paddel für die Bootsinsassen.
Wird die Matte in Querrichtung gebogen und von zwei Reifen gehalten, entsteht eine Schaukelröhre, die sich auch ganz um ihre die Achse drehen kann. Dieses geschlossene Schaukelgerät ermöglicht andere Sinnesempfindungen als im offenen Schaukelboot.

Praxishinweis   Das Schaukelboot ist besonders gut geeignet für schwer behinderte Kinder. Sie haben darin einen sicheren Halt durch die leicht gebogene Matte und dennoch einen guten Blick auf das weitere Spielgeschehen.

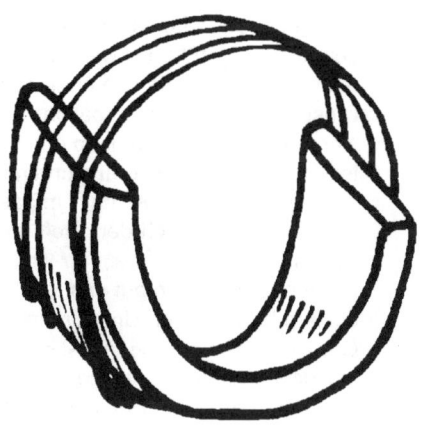

Wackel-Matten

Material   Weiche Matten, Matratzen, Luftmatratzen

Spielidee   Die Luftmatratzen werden nur etwa zur Hälfte aufgepustet, damit der Untergrund beim Betreten nachgiebig und instabil wird.
In durchsichtige Plastikluftmatratzen kann zusätzlich etwas Wasser eingefüllt werden, die Wasserverdrängung beim Betreten wird sichtbar.

Die weichen, federnden Matten und die Luftmatratzen werden im Raum verteilt, damit die Kinder genügend Platz zum Experimentieren haben.

Gehen, hüpfen oder liegen zwei Kinder gemeinsam auf einer Matratze, so gibt es neue Impulse für das Gleichgewichts- und Bewegungsverhalten.

Die Kinder laufen (Musikbegleitung) durch den Raum, auf ein Signal hin rennen alle Kinder zu einer Matratze. Vorher kann verabredet werden, ob sie darauf stehen, knien, sich drauf "werfen" sollen o.ä. Nach kurzem Aufenthalt auf der Matratze beginnt das Spiel von vorn.

Praxishinweis   Es hat sich bewährt, viele Matten und Luftmatratzen anzubieten. Kinder in der Gruppe, die ein eigenes, langsameres Tempo zum Sammeln von Gleichgewichtserfahrungen haben, geraten dann nicht durch andere aktivere Spielgefährten in Bedrängnis.

Luftballon-Bett

Material   Ein Bettbezug, viele Luftballons.

Spielidee   Der Bettbezug wird mit Luftballons, die nicht zu prall aufgepustet sein sollen, gefüllt. Es werden viele Luftballons benötigt, damit eine Schicht Ballons eng aneinander liegt.

Dieses Einfüllen der Luftballons kann ein eigenes lustiges Spiel werden, denn wenn jemand den halb gefüllten Bettbezug schüttelt, so fliegen viele heraus und müssen "eingefangen" werden.

Zunächst sitzen die Kinder um das Luftballonbett herum, fühlen die Luftballons durch den Stoff, trommeln mit den Händen darauf usw.

Die Kinder krabbeln auf das Bett und probieren aus, wie sie auf diesem beweglichen Untergrund liegen können.

Ganz unterschiedliche taktil-kinästetische Empfindungen gibt es in Rücken- oder Bauchlage.

Kann man auch über das Luftballonbett gehen? u.a.m.

Praxishinweis   Die meisten Kinder haben keine Scheu das Luftballonbett auszuprobieren, sie sind eher sehr aktiv und werfen sich, nach einer Anwärmphase, sogar aus dem Stand oder mit Anlauf auf das Luftballonbett. In der Regel halten die Luftballons stand.

Auch wenn mitunter einige Luftballons platzen, hat dies kaum Auswirkungen auf die Spielmöglichkeiten.

Einige Kinder mit Entwicklungsbehinderungen benötigen mehr Zeit, um sich behutsam mit diesem Spielgerät vertraut machen zu können.

Wird diese Anwärmphase durch den Spielleiter zu stark forciert, verspannen sich manche Kinder, werden ängstlich und können das sanfte Wiegen und Schaukeln noch nicht als angenehm und sinnlich empfinden
Eine behutsame Gewöhnung an das Luftballonbett für ein schwer behindertes Kind gelingt z.b. durch erste Berührungskontakte nur mit den Händen oder es sitzt gemeinsam mit der Erzieherin auf dem Luftballonbett.

Ein Matten-Berg

Material

Turnmatten, Matratzen oder Schlafmatten

Spielidee

Mit den zur Verfügung stehenden Matten und Matratzen wird in der Mitte des Raumes ein Mattenberg gebaut. Eine Seite wird treppenartig gestaltet, um das Besteigen oder Bekrabbeln des Mattenberges zu ermöglichen. Die gegenüberliegende Seite erhält eine oder mehrere Matten zur Absicherung des Sprunges. Die Kinder erklimmen den Mattenberg entsprechend ihrem Tempo und ihrer Experimentierfreude und springen auf der anderen Seite hinunter.

Praxishinweis

Für jene Kinder, die nicht hinabspringen können, wird eine dritte Bahn zum Herunterrutschen oder Krabbeln gebaut. Dafür ist eine schräg angelehnte Matte oder ein Rutschbrett geeignet.
Die Höhe des Mattenberges richtet sich nach den Möglichkeiten der Kinder.

Dickes Tau

Material	Ein dickes Ziehtau, andere möglichst dicke Seile
Spielidee	Das Tau wird auf die Erde gelegt und die Kinder balancieren mit nackten Füßen darüber. Die Hände können, wie Seiltänzerinnen im Zirkus, ausgleichend zu Hilfe genommen werden. Mit den übrigen Seilen und dem Tau können die Kinder Formen legen, z.B. eine Schnecke, eine Welle, einen Kreis usw. Jedes Kind benötigt genügend Raum und Zeit zum Balancieren (vorwärts, rückwärts, seitwärts) auf diesen unterschiedlichen Figuren. Wie kann ich rückwärts meinen Weg finden? Was geschieht mit den Zehen beim Seitwärtsgehen? u.a.m.

Spinnennetz

Material	Mehrere Zauberschnüre oder elastische Seile
Spielidee	Zwei oder drei Zauberschnüre werden im Raum zu einem Spinnennetz verspannt. Die Enden der Gummischnüre werden dafür so niedrig wie möglich an Tischbeinen, Heizungsrohren usw. fest angeknotet. Es gibt ganz unterschiedliche Möglichkeiten, sich in und auf dem Spinnennetz zu bewegen. Jeder probiert auf seine Weise.
Praxishinweis	Das Spinnennetz soll so gespannt werden, daß viele Kinder Raum zum Ausprobieren haben. Für einige behinderte Kinder ist allein das Greifen und Ziehen an dieser elastischen Schnur eine spannende Aufgabe.

Rundseil-Spiele

Material	Rundseile sind Taue oder Seile, deren Enden vom Fachmann (ohne Knoten) zusammengearbeitet wurden. Erhältlich sind sie im Psychomotorik-Fachhandel oder in Seilereien (Segelbootsbedarf). Aushilfsweise genügt auch ein zusammengeknotetes dickes Seil.
Spielidee	Das Rundseil liegt im Kreis auf dem Boden, mit beiden Händen ergreifen die Kinder gemeinsam das Seil, heben es auf und versuchen miteinander (ausgestreckte Armen) im Gleichgewicht zu stehen.

Was geschieht, wenn jemand nachgibt, wackelt oder besonders stark zieht?

Variation Das erste Spiel kann bei Bedarf auch im Sitzen ausprobiert werden. Der Kreis in der Mitte ist nun eine zerbrechliche Glasplatte, können wir sie vorsichtig gemeinsam durch den Raum tragen? Die Kinder lösen eine Hand, lehnen sich weit nach außen und rennen im Kreis. Nach dem "Stop!" wird die Hand gewechselt. Dazu kann der Vers von der alten Dampflok oder vom Karussell gesprochen werden. Geht es auch im Rückwärtsgang? Zum Abschluß fassen alle noch einmal mit beiden Händen das Seil und schütteln es kräftig aus, dann wird es wieder auf den Boden gelegt.

Praxishinweis Bei diesen Spielen ist Rücksichtnahme und eine gute Kooperation unter den Kindern erforderlich. Beides entwickelt sich im Prozeß und benötigt Zeit. Daher sollten anfangs nur kurze Phasen mit diesen Angeboten ausprobiert werden.

Haben die Kinder in der Gruppe einen sehr unterschiedlichen Entwicklungsstand, eignen sich kurze Sequenzen im Sitzen ohne Fortbewegung. Vorrangig ist dann das Greifen und Ziehen am Seil. Es entwickelt sich ein Gefühl von Gemeinsamkeit, wenn alle Mitspieler an "einem Seil hängen".

Schnecke mit Haus

Material Mindestens ein kleines Kissen für jedes Kind

Spielidee Die Kinder sind Schnecken, die ihr Haus (Kissen) auf dem Rücken tragen.
Wie schwer ist mein Schneckenhaus?
Wo spüre ich es auf dem Rücken?
Die Schnecken spazieren im Schneckentempo durch den Raum und achten darauf, daß das Schneckenhaus im Gleichgewicht bleibt und nicht herunterfällt.
Fällt dennoch ein Schneckenhaus vom Rücken herab, so kriecht eine andere Schnecke herbei und bringt das Haus wieder in die richtige Position.
Wer kann mehrere aufeinander getürmte Schneckenhäuser transportieren?

Variation Die Wege der Schnecken können durch kleine Hindernisse, wie z.B. Matten, Bänke u.ä. gestaltet werden, nun ist es noch viel schwieriger, das Haus auf dem Rücken zu balancieren.

Hibbel-Kinder

Spielidee
Die Kinder sitzen auf der Erde, auf einem Ball oder Kissen o.ä. und bewegen sich besonders zappelig und hibbelig zu folgendem Vers

Hibbel doch, hibbel doch,
hibbel nicht so!
Sitz doch endlich mal still auf dem Po!

Hibbel doch, hibbel doch,
hibbel nicht so,
Wir sind doch hier nicht im Zoo!

Praxishinweis
Dieses Spiel erfreut besonders Kinder, die wegen ihrer "Hibbeligkeit" viel ermahnt werden und motiviert jene Kinder zu Körperaktivitäten, die besonders sparsam mit Bewegungen umgehen.

Reifen-Trampolin

Material:
Autoreifen und ausgediente Schläuche von LKW-Reifen (bei Transportunternehmen nachfragen).
Die Autoreifen sehen lustiger aus, wenn sie von den Kindern bemalt werden. An den LKW-Schläuchen muß das vorstehende Ventil entfernt oder abgesichert werden.

Spielidee
Die Autoreifen und Schläuche sind im Raum verteilt (oder auf dem Spielplatz) und alle Kinder probieren aus, wie sie darauf balancieren, hüpfen oder von einem Reifen zum anderen gelangen können u.v.m.
Jedes Kind kann auf seine Weise aktiv werden, möglichst ohne Hilfestellung durch den Erwachsenen.
Gibt es noch andere Möglichkeiten, auf den Reifen zu wippen und zu federn? (z.B. in der Bauchlage oder im Sitzen)
Was geschieht, wenn ihr zu zweit auf einem Reifen hüpft oder wippt? u.v.m.

Praxishinweis
Die Höhe von Reifen und Schläuchen ist zwar gering und die Unfallgefahr daher unbedeutend, dennoch ist es für einige Kinder hilfreich, wenn die Erzieherin Matten daneben legt.
Schwerer behinderte Kinder, die noch nicht ohne Hilfe auf dem Schlauch sitzen oder stehen können, werden von den Kindern (oder Erzieherin) an den Händen gehalten.

Intensive aktive Spürerfahrungen (taktil, kinästhetisch, Gleichgewicht) werden möglich, wenn das Kind mit dem Oberkörper auf einem Schlauch liegt und ein Spielpartner wippt vorsichtig.

Allerlei Wippen

Diese Spielgeräte sind mit geringem Kostenaufwand selber herzustellen, allerdings wird ein wenig handwerkliches Geschick und Zeit verlangt. Daher eignen sich diese Bau-Vorschläge gut für gemeinsame Aktionen von Eltern und Pädagogen.

Material   Für eine Wippe benötigen wir stabile Röhren aus Pappe oder Kunststoff, Holzbretter, Holzleisten und Teppichreste.
Die Maße der jeweiligen Materialien richten sich nach dem Verwendungszweck des Spielgerätes.
Für eine Fuß-Wippe reicht eine Röhre von ca. 10 - 15 cm Durchmesser und etwa 25 cm Länge.
Das Holzbrett darauf hat in etwa die Maße 40 x 25 x 1-1 ½ cm.
Für eine Wippe, auf der zwei Kinder sitzen können, sind die Maße entsprechend größer.
Das Rohr wird zur größeren Haltbarkeit mit dem Teppichrest umklebt. Das Brett zum Auflegen wird gut geglättet und eine Holzleiste (ca. 2 x 2 cm) an jeder Schmalseite angenagelt, verringert die Unfallgefahr.

Praxishinweis   Während auf der großen Wippe zwei Kinder miteinander aktiv sein können, so ist die kleine Fußwippe für einen Akteur gedacht. Mit gegrätschten Beinen das Gleichgewicht zu halten, ist eine große Herausforderung. Gleichgewichtserfahrungen sind aber auch möglich, wenn die Fußwippe zunächst mit beiden Händen erprobt wird, oder wenn Puppen oder Spieltiere darauf gesetzt werden.

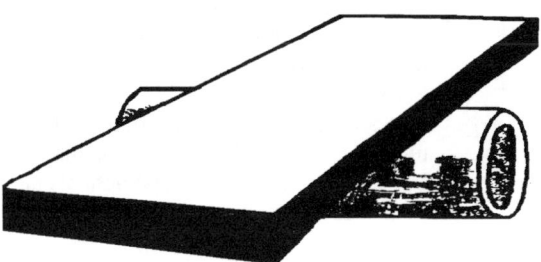

Kippelhölzer, Leitern und Balancierbalken

Die Bewegungs-Pädagogin Elfriede Hengstenberg hatte schon vor einigen Jahrzehnten Kletter- und Balanciergeräte entwickelt und in ihrer entwicklungsunterstützenden Arbeit mit Kindern erprobt. Heute sind diese Materialien wiederentdeckt, nachgebaut und weiterentwickelt worden in den Holzwerkstätten der Basisgemeinde Wulfshagener Hütte, 24214 Gettorf.
Interessierte können dort Informationsmaterial zu den Geräten und Berichte über die Erprobungsprojekte in Kindertagesstätten erhalten.

Anspannung und Entspannung

Ein erstrebenswertes Ziel für jeden Menschen ist es, nicht nur äußerlich sichtbar, sondern auch innerlich im Gleichgewicht zu sein. Wir fühlen uns ruhig und
kraftvoll, wenn Harmonie besteht zwischen den Ansprüchen der Umwelt an uns
und unseren eigenen Bedürfnissen. Wenn wir innerlich nicht im Gleichgewicht
sind, nicht abschalten können oder von äußeren Reizen und Impulsen überrannt
werden, fühlen wir uns in unserem Körper nicht wohl. Bereits an kleinen Kindern
beobachten wir Verspannungen und nervöse Störungen, die mitunter sogar medikamentös behandelt werden.

In letzter Zeit sind eine Reihe von Büchern zum Thema Entspannung mit Kin-
dern veröffentlicht worden, die auf kindgemäße Weise Übungen und Methoden zur
Bewältigung von Anspannung und Streß vermitteln wollen, z.b.: Ulrike Rückert-
Vogler, Bewegen und Entspannen, Verlag Ravensburg.

Nach sehr bewegungsintensiven Spielphasen oder als Ritual am Ende der
Psychomotorik-Stunde eingeplant, verhelfen diese Entspannungsübungen oder
Traumreisen Kindern wie den beteiligten Erwachsenen zum "Sich-selbst-spüren",
zu neuen Körpererfahrungen und innerer Ruhe.
Einige Beispiele:

Katzenkinder

Spielidee   Katzen sind vorbildliche Anschauungsobjekte für Entspannungs-
techniken. Selbst sehr kleine Kinder besitzen eine Vorstellung
von Katzen, die für dieses Spiel genutzt werden können.

Alle Kinder suchen sich einen Platz im Raum, sie sind Katzen-
kinder und schlafen ganz zusammengekauert. Die Stirn berührt
den Boden, die Hände liegen entspannt neben den angehockten
Füßen.
Nun wird die Katze wach, hebt den Kopf, schaut sich um und
reckt die Beine und die Vorderpfoten.
Die Katze putzt ihr Fell, dann geht sie ein bißchen spazieren und
zum Schluß legt sie sich wieder entspannt zum Schlafen nieder.

Eine Schlange Namens Kobra

Spielidee   Die Kobra ist eine große Schlange, aus manchen Märchen und
Bilderbüchern bekannt, die sich zusammenrollen und ganz hoch
aufrichten kann.

Bewegt euch wie eine Schlange "schlängelnd" über den Boden,
die Schlange kann dabei Zischlaute von sich geben.
Nun ist die Schlange müde und rollt sich ganz eng zusammen.
Plötzlich spürt die Kobra Gefahr, sie richtet sich immer mehr

auf, atmet ganz tief ein und zischt laut beim Ausatmen. Sie wendet ihren Kopf nach allen Seiten, dabei atmet sie weiter mit hörbarem Ton beim Ausatmen.
Die Gefahr ist vorüber und die Kobra legt sich wieder entspannt und ruhig atmend auf den Boden.

Ein Schmetterling

Spielidee

Die Kinder sitzen auf dem Fußboden, die Knie sind angewinkelt und weisen nach außen.
Versucht die Fußsohlen aneinander zu legen, die Zehen fest mit den Händen zu umfassen und zieht sie möglichst nahe an den Po. (Vorübung für den Schneidersitz).
Ihr seid nun Schmetterlinge und die Beine sind eure Schmetterlingsflügel.

Wenn die Knie leicht auf und ab wippen, so fliegt der Schmetterling.
Sinken die Knie weit zum Boden und bleiben ganz ruhig, dann ruht sich der Schmetterling gerade aus und läßt sich von der Sonne bescheinen.
Nun fliegt er wieder weiter.

Zum Schluß werden die Knie geschlossen, die Arme darum geschlungen und die Stirn ruht auf den Knien. - Der Schmetterling schläft.
Wie fühlen sich die Beine an?
Spürst du deinen Rücken?

Praxishinweis

Wenn die Erzieherin bei diesen Entspannungsspielen mitmacht, können die Kinder die Bewegungen (ohne viele erklärende Worte) gut nachmachen.
Bei diesem wie bei allen übrigen Spielen zu Körpererfahrungen ist eine "korrekte" Ausführung der Bewegung unwichtig, d.h. es geht nicht um richtig und falsch, sondern primär um das Spüren.
Im Laufe der Zeit werden die Kinder diese Übungen immer genauer nachempfinden können.

Den Atem spüren

Praxishinweis

Atemübungen oder Atemmeditationen wie sie Erwachsene kennen, sind für Kinder im vorschulischen Alter nicht verständlich und angemessen.
Dennoch können sie auf spielerische Weise ihren Atem spüren und mit ihrem individuellen Atemrhythmus vertraut werden.

Spielidee	Die Kinder halten ihre Hände vor den Mund und pusten wie ein sanfter Wind oder wie ein kräftiger Sturm hinein. Wie fühlt sich das an? Wo kommt die Luft her?
Variation	Die Kinder haben einen kleinen Handspiegel, gegen den sie atmen. Kann man Atem sehen?

Der Teddy atmet mit

Spielidee	Die Kinder liegen entspannt auf einer Decke (Matte), auf ihrem Bauch liegt ein Kuscheltier. Beim Ein- und Ausatmen hebt und senkt sich der Teddy und verdeutlicht den Atemrhythmus. Die Kinder können auch ihre Hände auf den Bauch legen und den Atem spüren. Besonders intensiv gelingt das Spüren, wenn die Augen geschlossen sind.
Praxishinweis	Nach diesen Atem-Spür-Übungen recken und strecken sich alle Kinder kräftig, um wieder "wach" zu sein. Einige behinderte Kinder benötigen längere Zeit, bzw. können manche Übungen noch nicht nachvollziehen. Sie spüren jedoch die entspannte Atmosphäre im Raum und partizipieren auf ihre Weise. Für diese Kinder ist es meistens sehr hilfreich, wenn die Erzieherin in ihrer Nähe sitzt.

Orientierung im Raum

Bin ich oben - unten - vorne - hinten, und wo seid ihr?

Spiele mit dem Riesenschwungtuch

Das Schwungtuch wurde vor vielen Jahren in der Bewegungstherapie, bzw. in der "Psychomotorischen Übungsbehandlung" entwickelt und mit Kindern und Jugendlichen erprobt. Inzwischen ist das Schwungtuch aus der allgemeinen Bewegungserziehung im Kindergarten und der Psychomotorik nicht mehr wegzudenken.

Dieses Tuch aus leichter, aber sehr strapazierfähiger Kunstfaser ist in vielen Farben und unterschiedlichen Größen im Fachhandel erhältlich. Die Maße für ein Schwungtuch richten sich nach der Größe der Kindergruppe und den zur Verfügung stehenden Räumlichkeiten. Das kleinste Schwungtuch (etwa 3,5 m x 3,5 m) ist gut geeignet für Krippen- und Kindergartenkinder und entspricht im Ausmaß den meisten Gruppenräumen.

Ein größeres Tuch hat andere Vorteile, es kann zum Beispiel in eine Schwungtuchrutsche verwandelt werden für Spielaktionen mit vielen Kindern oder für gemeinsame Spiele von Kindern und Eltern verwendet werden.

Runde Schwungtücher mit und ohne Loch in der Mitte ergänzen die Vielfalt der Anwendungsmöglichkeiten.

Behelfsweise kann ein Schwungtuch auch aus zusammengenähten Bettlaken oder bunten Stoffresten genäht werden. Eine dicke Schnur oder Wäscheleine, die in den Rand eingearbeitet wird, erleichtert das Greifen und Festhalten.

Das Schwungtuch übt auf alle Kinder eine große Faszination aus, es hat leuchtende Farben, ist mit wenig Kraftanstrengung in Bewegung zu bringen und der Luftzug dabei ist deutlich zu spüren. Man kann darüber und darunter krabbeln, sich darin einwickeln, Kinder darunter verstecken, eine Höhle bauen u.v.m. Das Schwungtuch motiviert zu spontanen Bewegungsaktivitäten, deshalb ist es wichtig, stets genügend Raum für Eigentätigkeit und Experimentiermöglichkeiten mit diesem Spielgerät einzuplanen.

Neben diesen freien Bewegungsaktionen gibt es eine Vielzahl von Spielen nach vereinbarten Regeln, die auf die Bedürfnisse und Fähigkeiten der beteiligten Kinder abgestimmt werden können.

Es gibt kaum ein vergleichbares Sportgerät, bei dem eine größere Anzahl von Kindern gemeinsam aktiv werden und Bewegungsaktionen kreativ gestalten kann.

Sehen, Hören, Fühlen, Gleichgewichtsvermögen und Bewegungsempfinden, also alle Sinne und die individuellen motorischen Fähigkeiten werden bei diesen Spielaktionen angeregt und in ihrer Entwicklung unterstützt.

In einer Gruppe mit behinderten und nichtbehinderten Kindern steht das gemeinsame Tun mit den jeweils individuellen Möglichkeiten im Mittelpunkt, d.h. die Spielpartner wahrnehmen, aufeinander Rücksicht nehmen und Spielvereinbarungen so zu gestalten, daß möglichst alle Kinder (für eine gewisse Zeit) beteiligt sein können. Die Erzieherin kann unterstützend eingreifen, indem sie z.B. beim Greifen des Tuches die Hände des Kindes führt oder sich gemeinsam mit dem Kind auf das Tuch setzt u.ä.

An Regeln gebundene Schwungtuchspiele erfordern Kooperation, Konzentration und Koordinationsfähigkeit von den Mitspielern, die jeweilige Zeitdauer eines Spieles sollte in einer Integrationsgruppe nicht zu lang bemessen sein. Kinder lernen beim Wiederholen und Variieren von Spielen, daher ist es unnötig, in einer Psychomotorik-Stunde sehr viele verschiedene Spiele anzubieten. Einige Spielvorschläge:

Meereswellen

Material	Luftballons, Flaschendeckel, leichte Bälle
Spielidee	Alle Mitspieler sitzen oder knien am Boden und halten das Tuch leicht gespannt. Gemeinsam werden kleine Wellenbewegungen mit dem Tuch geschwungen. Kann man die Wellen beobachten? Wohin fließen sie?- Nun weht ein kräftiger Sturmwind (Windgeräusche dazu), und die Wellen werden immer größer, der Luftzug ist deutlich zu spüren.

Ein oder zwei Kinder gehen (krabbeln) in diesen Wellen umher.
Wie können die Bewegungen koordiniert und das Gleichgewicht gehalten werden?
Wie fühlt es sich an, wenn man in den Wellen liegt? (Rückenlage, Bauchlage)

Kleine, leichte Bälle, Luftballons oder Flaschendeckel werden in das Tuch gelegt, und sie tanzen mit kleinen und großen Bewegungen auf den Wellen.
Ein oder zwei Kinder gehen, laufen oder krabbeln zwischen den Luftballons (Flaschendeckel) umher. Kann man einen Ballon fangen?

Variation	Ein passendes Musikstück begleitet die schwingenden Auf- und Abbewegungen.
Praxishinweis	Bei Schwungtuchspielen, die im Sitzen stattfinden, können sich entwicklungsverzögerte Kinder oder Kinder mit Bewegungsbehinderungen besser mit dem Spielgerät vertraut machen als beim Schwingen im Stehen. Das Tuch ist einfacher zu greifen, denn es ist nicht so stark gespannt und die Luftverdrängung geringer. Die Bewegungen sind insgesamt ruhiger und besser zu koordinieren. Die Erzieherin kann bei diesen Spielen in der Sitzposition einzelne Kinder gut unterstützen.

Krokodile im Wasser

Spielvorschlag Zunächst kriechen die Krokodile (2 oder 3 Kinder je nach Größe des Tuches) auf dem Schwungtuch durch die Wellen. Sie reißen ihr Maul auf und knurren gefährlich.

Variation Die Krokodile kriechen unter dem Schwungtuch, die Kinder halten das Tuch locker gespannt.

Variation Ein oder zwei Krokodile befinden sich unter dem Schwungtuch, ein anderes Kind geht oben auf dem Tuch umher und steigt behutsam über die Krokodile hinweg.

Variation Die Kinder sitzen und halten das Schwungtuch kurz über dem Boden. Sie haben ihre Beine unter dem Tuch ausgestreckt. Ein Krokodil kriecht nun unter dem Tuch umher und "schnappt" nach den Beinen der Mitspieler, indem es an den Beinen zieht. Dieses Kind wird nun ebenfalls zum Krokodil und kriecht unter das Tuch. Das Spiel endet, wenn alle Kinder als Krokodile unter dem Schwungtuch umherkriechen.

Praxishinweis Möglicherweise haben einige Kinder zunächst etwas Angst vor dem "Krokodil". Sie können ihre Beine unter dem Tuch hervornehmen und signalisieren damit, daß sie noch nicht von den Krokodilen geschnappt werden wollen. Am Spielgeschehen bleiben sie als Beobachter dennoch aktiv beteiligt.

Ein fliegendes Schwungtuch

Bei den folgenden Spielen stehen die Mitspieler um das Schwungtuch. Kinder im Rollstuhl oder in einem speziellen Stuhl können sich an den meisten Spielen nach ihren Möglichkeiten beteiligen. Die anderen Kinder nehmen Rücksicht auf jene Kinder, die noch nicht so kräftig oder so hoch schwingen können.

Spielidee Gemeinsam ganz kräftig (wie Frau Holle) das Bettuch schütteln. Unterschiedliche Gegenstände liegen auf dem Tuch und hüpfen beim Schütteln. Welcher Gegenstand fliegt am höchsten? Welcher fällt als erster hinunter? u.a.m.
Das Tuch wird hoch und nieder geschwungen (auch mit Bällen u.ä. auf dem Tuch), dabei soll ein gemeinsamer Rhythmus gefunden werden. Begleitende Worte, wie z.B. "und hoch!" unterstützen die Kooperation.
Mindestens zwei Erwachsene halten die Enden des Schwungtuches, und die Kinder laufen oder krabbeln unter dem Tuch hindurch.

Anschließend legen sich alle Kinder zur Entspannung auf den Bauch oder auf den Rücken und spüren den Luftzug und das Tuch, das die Erzieherinnen über ihnen sanft auf und ab bewegen. Wer mag, schließt die Augen.

Praxishinweis   Gemeinsame Spiele mit dem Schwungtuch erfordern ein hohes Maß an Ausdauer, Abwartenkönnen, Kooperationsbereitschaft und Rücksichtnahme. Jüngere Kinder oder Kinder mit Konzentrations- und Koordinationsschwierigkeiten sind überfordert, wenn die Spiele zu lange dauern. Daher ist es gut, wenn zwischendurch freie Spielphasen eingeplant werden oder diese Kinder sich anderen Aktivitäten zuwenden können.

Eine Schwungtuch-Rutsche

Material   Großes Schwungtuch, Sprossenwand und Matten

Spielidee   Das Schwungtuch wird mit einer Seite an den oberen Sprossen der Sprossenwand fest verknotet. Ein oder zwei Erwachsene halten das andere Ende straff gespannt, es entsteht eine Schwungtuch-Rutsche. Darunter liegen Matten, um unsanften Berührungskontakt mit dem Fußboden zu vermeiden.
Die Kinder erklimmen nacheinander die Sprossenwand, steigen in das Tuch (stets in Rückenlage) und rutschen hinunter.

Variation
Wenn die Kinder heruntergerutscht sind, werden sie sanft im Tuch geschaukelt.

Praxishinweis
Das erste Erproben dieser Rutsche erfordert Mut und Geschicklichkeit, dabei kann die Erzieherin Hilfestellung leisten.
Sehr schnell gelingt es jedoch auch jüngeren oder entwicklungsgestörten Kindern Ängste abzubauen und diese Herausforderung zu meistern. Durch ein individuelles Gestalten von Höhe und Gespanntheit des Tuches kann die Erzieherin gehemmten Kindern Unterstützung geben.

Zauberschnur-Spiele

Eine Zauberschnur (ca. 20,- DM) ist nahezu in jeder Kindertagesstätte vorhanden und für Bewegungsspiele im Freien oder im Raum vielseitig verwendbar. Im Gegensatz zu Sprungseil oder Ziehtau, ist das Material der Zauberschnur elastisch und in die gewünschte Länge dehnbar. (Zum "Tauziehen" ist die Zauberschnur allerdings nicht geeignet, denn bei einem unkontrollierten Loslassen, ist die Verletzungsgefahr groß.) Die Zauberschnur bietet viele Spielmöglichkeiten, die neben Spaß und Freude am gemeinsamen Tun, insbesondere zur Entwicklungsunterstützung von Geschicklichkeit, Gewandtheit, Gleichgewichtsempfinden, Körperkoordination, Bewegungsempfinden, Raum-Lage-Orientierung und Erprobung des eigenen Mutes beitragen.

Rücksichtnahme und Kooperation mit den Spielgefährten ist für einige Spiele mit der Zauberschnur eine weitere Zielsetzung.

Ein Zauberschnur-Hindernis

Material

Die Zauberschnur wird von zwei Personen gehalten (oder nur von der Erzieherin, wenn das zweite Ende an einem Türgriff o.ä. befestigt ist).
Die Schnur ist zunächst ganz niedrig gespannt und wird entsprechend den motorischen Fähigkeiten der Kinder immer höher gehalten.

Spielidee

Die Kinder probieren aus, wie das Zauberschnur-Hindernis zu überwinden ist, die Bewegungsformen werden nicht vorgegeben.
Möglichkeiten sind u.a.:
Übersteigen (vorwärts - rückwärts),
einbeiniges und beidbeiniges Hüpfen - Hinüberkrabbeln auf Händen und Füßen, unter dem Seil durchkriechen oder -schlängeln.

Praxishinweis

Die Kinder sind bei diesen Spielen hochmotiviert und wollen die Schnur immer wieder überqueren. Meistens nutzen Aufforderungen wie "kommt alle nur von einer Seite, sonst gibt es Zusammenstöße" nur für kurze Zeit.
Einen räumlichen Orientierungsrahmen kann die Erzieherin schaffen, wenn zusätzliche Materialien den Weg weisen. Wenn beispielsweise an beiden Seiten kleine Kästen zum Überklettern, Taue zum Balancieren, offene Kartons zum Durchkriechen oder Bierdeckelwege vorhanden sind, orientieren sich die Kinder an diesem Rundweg.
Kinder, die ein langsameres Tempo haben, geraten bei diesem zusätzlichen Angebot weniger in Kollision mit anderen.

Praxishinweis

Bewegungsbehinderte Kinder versuchen auf dem Rollbrett unter dem Seil hindurch zu rollen.

Doppelschnur

Spielidee

Die Zauberschnurr wird mit beiden Händen zweifach gespannt, der Abstand zwischen den Seilen (Händen) variiert. Es ergibt sich auf diese Weise eine neue Hindernisform, die auf ähnliche Weise wie oben überwunden werden soll.

Variation

Die Zauberschnur wird nicht waagerecht doppelt gespannt, sondern in der Senkrechten.

Schwingende Zauberschnur

Spielidee

Die Zauberschnur wird an beiden Seiten gehalten (oder eine Seite an der Türklinke o.ä. festgemacht) und flach über den Boden geschlängelt.
Wer kann auf die andere Seite gelangen, ohne von der gefährlichen Schlange berührt zu werden?

Variation

Die Zauberschnur wird kurz über dem Boden gleichmäßig hin und her gependelt, wer findet den richtigen Zeitpunkt zum Hinüberspringen?

Variation

Das Seil wird "durchgeschlagen" und die Kinder laufen nacheinander, möglichst wenn das Seil am höchsten Punkt schwingt, unter dem Seil hindurch. (Hinweis: Die Zauberschnur muß in Richtung der Läufer geschlagen werden.)

Praxishinweis

Alle Bewegungsspiele mit der Zauberschnur sind gut geeignet, um Kinder mit unterschiedlichen Entwicklungsständen gemeinsam aktiv werden zu lassen.
Gemäß dem eigenen Können und Selbstvertrauen experimentieren die Kinder, wenn sie durch die Aufgabenstellung nicht eingeengt sind.
Die Erzieherin kann durch das Variieren der Hindernishöhe Impulse setzen oder Mut machen.
Das Anpassen der eigenen Bewegung an ein sich ebenfalls bewegendes Sportgerät (wie bei dem zuletzt beschriebenen Spiel) erfordert ein hohes Maß an Koordination und Konzentration. Die Bewegung des Seiles muß vorweggedacht (antizipiert) werden, und diese Fähigkeit entwickelt sich durch Übung und Reifung des Zentralen Nervensystems.
Der Einsatz der Zauberschnur gibt der Erzieherin außerdem eine gute Möglichkeit zu ausführlichen Bewegungsbeobachtungen.

Karussell-Fahrt

Material Eine Zauberschnur, die zum Kreis gebunden ist, meistens muß sie doppelt gelegt werden.

Spielidee Die Kinder fassen mit einer Hand an das Seil, sie sind ein Karussell und bewegen sich zum Tempo des Verses:

Langsam, langsam fängt es an,
immer schneller wird es dann,
sausend schnell, sausend schnell,
dreht sich nun das Karussell,
bis der große Schwung vergeht,
und - es - steht.

Die Hand wird gewechselt, die Reise beginnt zur anderen Seite.

Praxishinweis Behinderte Kinder, die auf dem Arm der Erzieherin an diesem Spiel teilnehmen, können auf diese Weise Tempo- und Raumveränderungen körperlich spüren.

Bärenjagd

Wir sind in einem Indianerdorf. Alle Indianerkinder liegen oder sitzen in ihren Zelten und schlafen. Auf ein Zeichen des Spielleiters (ein Hahnenschrei, ein Glockenton o.ä.) wird die Zelttür aufgemacht, die Kinder schauen nach "draußen", recken und strecken sich, und jemand (Spielleiter, ein Kind) fragt:

Was machen wir heute?
Wir gehen heut' auf Bärenjagd, wir gehen heut' auf Bärenjagd!
(laut rufen, dabei aufgeregt herumhüpfen)

Wir sind so **groß** (Arme hoch über dem Kopf)
Wir sind so **stark** (Arme seitlich mit geballten Fäusten, die Muskeln zeigen)
Und wir haben **so so viele Freunde** (Arme seitlich ausgestreckt und einen Kreis bis über den Kopf beschreiben)

Alle gehen los, plötzlich:
Halt! Ein großer Fluß!
Da können wir nicht **rechts** *vorbei.* (Arme nach rechts schwingen)
Da können wir nicht **links** *vorbei.* (Arme nach links)
Da können wir nicht **oben drüber.** (auf Zehenspitzen, Arme hoch)
Da können wir nicht **unten drunter.** (Körper beugen, Arme tief)

*Da müssen wir **mitten durch**!* (Die Kinder gehen mit Schwimm-
bewegungen durch das Wasser, Lautmalerei dazu "schwimm-
schwimm-schwimm..." - Auf der anderen Seite angekommen,
laut rufen:)
Geschafft!

Wir gehen heut' auf Bärenjagd, wir gehen heut' auf Bärenjagd!
Wir sind so groß (Bewegungen siehe 1. Vers)
Wir sind so stark
Und wir haben so viele Freunde

Halt! Eine große Wiese mit hohem Gras!
Da können wir nicht rechts vorbei
Da können wir nicht links vorbei
Da können wir nicht oben drüber
Da können wir nicht unten drunter
Da müssen wir mitten durch
(Wir nehmen eine Sichel in beide Hände und sicheln uns mit
großen Armbewegungen einen Weg durch das Gras. Dazu die
Laute "zack-zack-zack...)
Geschafft!

Wir gehen heut' auf Bärenjagd! Wir gehen heut' auf Bärenjagd!
Wir sind so groß
Wir sind so stark
Wir haben so viele Freunde

Halt! - ein Sumpf!
Da können wir nicht ...
Da müssen wir mitten durch!
(Mit großen, festen Schritten mitten durch den Sumpf stampfen,
mit den Lauten "schmatz-schmatz-schmatz...")
Geschafft!

Wir gehen heut' auf Bärenjagd usw.
Halt! - ein Feuer!"
Da können wir nicht ...
Da müssen wir mitten durch
(Eine Decke umlegen, mit Wasser bespritzen und schnell mitten
durch das Feuer gehen, mit den Lauten "zisch-zisch-zisch ...")
Geschafft!

Wir gehen heut' auf Bärenjagd usw.
Halt! Da ist ein kleiner Berg, da steigen wir hinauf! Wir können
hier oben ganz weit schauen. (Hand über die Augen, in die Runde schauen)
Ich sehe eine Höhle, kommt wir laufen dort hin.

Die Höhle ist dunkel, wir tasten uns vorsichtig hinein.
Immer weiter, vorsichtig, leise ...
Huch, was ist das?
Fühlt mal, etwas Weiches, ein dickes Fell.
Der Bär, der Bär!
(Schreiend aus der Höhle hinaus laufen, alle Hindernisse in ent-
sprechender Reihenfolge wieder überwinden, dazu gehören auch
die entsprechenden Laute.)

Über den Berg – geschafft!
Durch das Feuer (zisch...) *– geschafft!*
Durch den Sumpf (schmatz...) *– geschafft!*
Durch die Wiese (zack...) – geschafft!
Durch den Fluß (schwimm...) *– geschafft!*
(Zurück ins Indianerdorf, hinsetzen, ausruhen, verschnaufen und)
Heute geh'n wir nicht mehr auf Bärenjagd!

Praxishinweis   In diesem Spiel sind alle Sinne aktiv am Geschehen beteiligt.
Raumbeziehungen wie links, rechts, oben usw. können spiele-
risch erfahren werden. (Bitte nicht falsche Handbewegungen im
Spiel korrigieren.)
Besonders beliebt, weil geheime Wunsch- und Omnipotenzphan-
tasien angesprochen werden, sind jene Zeilen, in denen Größe,
Stärke und Freundschaftsbeziehungen beschrieben sind.

Nicht alle Kinder können den langen Text sprechen oder behalten, daher sind vor allem die Körperbewegungen und die Laut-
malereien ein wichtiges Ausdrucksmittel.
Es ist völlig ausreichend, wenn die Erzieherin zunächst nur ein
oder zwei Hindernis-Arten in das Spiel einbezieht.

Fingerspiele, Reime und Bewegungsgeschichten

Fingerspiele und Reime sind allen Eltern und Erzieherinnen gut bekannt. Sie sind ein altes Volksgut und haben eine lange Tradition. Viele Fingerspiele sind uns von Friedrich Fröbel bekannt (z.b. Wie das Fähnlein auf dem Turme ...), der Reime und Gedichte in seiner Zeit gesammelt und in seine pädagogische Arbeit einbezogen hatte. Manche Texte passen nicht mehr in unsere Zeit und können verändert werden. Viele sind jedoch nach wie vor verständlich und bei Kindern wie Erwachsenen beliebt. Neue Fingerspiele und Reime aus dem heutigen Lebensalltag von Kindern sind hinzugekommen und weitere können gemeinsam mit Kindern erfunden werden.

Fingerspiele sind ein Bestandteil der Psychomotorik geworden. Sie sind ein wichtiges Kommunikationsmittel, mit deren Hilfe sich Eltern, Erzieherinnen und Therapeuten vor allem jüngeren und behinderten Kindern liebevoll zuwenden können. Aufmerksamkeit, Nähe und Berührungskontakte werden bei Fingerspielen möglich und schaffen eine vertrauensvolle Beziehung zwischen Kind und Erwachsenem. Zusätzlich sind viele Körper- und Umwelterfahrungen sowie Impulse für die Sprachentwicklung in kindgemäßer und lustiger Weise in diesem Tun enthalten.
Das Wichtigste beim Einsetzen von Fingerspielen und Reimen ist die Begleitung durch Bewegungen. Einzelne Finger, die Hände, Arme und Beine oder der ganze Körper bewegen sich zum Rhythmus der erzählten Geschichte. Ob die Kinder dabei sitzen oder sich sogar im ganzen Raum bewegen ist abhängig von der jeweiligen Kindergruppe, der aktuellen Situation und von den kreativen Einfällen des Erwachsenen.

Die meisten Fingerspiele sind zwar in einer Zweierbegegnung zwischen Erwachsenem und Kind entstanden, sie können jedoch von der Erzieherin kreativ verändert und auch in Gruppen gespielt werden.
"Fingerspiele gelten als "Dramatisierung" von volkstümlichen Reimen und Geschichten." (Herm, (2), S. 56) Ihre Handlungen sind überschaubar, die Bewegungen sind einfach und leicht nachzuahmen. Sie enthalten überraschende, lustige Situationen, die trotz häufiger Wiederholungen für die Kinder reizvoll bleiben.
Die Literatur zum Thema Reime und Fingespiele ist inzwischen sehr umfangreich, daher möchte ich hier nur einige Anregungen vermitteln

Praxishinweis   Kinder begreifen den Inhalt der Geschichte und die Worte durch viele Wiederholungen. Der Sprachrhythmus wird mit dem Körper gefühlt, wird zu einem Körperrhythmus. Der Erwachsene muß sich allerdings auf ein kindgemäßes, langsameres Tempo einstellen, wenn er Kinder nicht überfordern, sondern mit ihnen "mitschwingen" will. Der Sprach- und Bewegungsrhythmus ist Teil der Persönlichkeit eines Menschen.

Auch wenn ein Kind noch nicht über gesprochene Sprache verfügt oder die Worte und die Bewegungen nicht angemessen koordinieren kann, findet es dennoch Gefallen an den Klangbildern und an den rhythmischen Elementen von Sprache und Bewegung. Es spürt zusätzlich die Nähe und die Berührung und ist auf seine Weise "innerlich" bewegt.

Die angegebenen Variationen eines Finger- oder Bewegungsspiels sind als Anregungen gedacht, Bekanntes zu vertiefen und zu verändern.
Spontane Einfälle und Veränderungswünsche der Kinder sind stets willkommen. Damit wird ihre Kreativität und die Erweiterung der kindlichen Handlungsfähigkeit unterstützt.

Der Bär

Da kommt ein Bär,
der tappt daher
und fragt, wo mein lieber (Sebastian) *wär.*
Mit zwei Fingern bis an den Hals des Kindes spazieren und dort kitzeln.

Fische fangen

Ich hab' gefischt,
ich hab' gefischt,
ich hab' die ganze Nacht gefischt
und hab' doch keinen Fisch erwischt.
Nur — dich!

Die Hände aller Kinder liegen auf der Tischplatte, ein Spielleiter kreist mit seinen Händen darüber und spricht den Vers. Beim letzten Wort, "... nur dich", will der Fischer mit seiner Hand einen "Fisch" erwischen, indem er leicht auf die Hand eines Kindes schlägt. Die Kinder ziehen jedoch schnell die Hände vom Tisch herunter.
Wer erwischt wird, kann der neue Fischer sein.
Ist der Vers bekannt, dann können die Kinder den Vers mit dem jeweiligen Fischer mitsprechen.

Variation   Die Kinder liegen in Bauchlage auf der Erde, die Hände sind zur Mitte ausgestreckt und müssen, wenn der Fischer einen Fisch fangen will, schnell auf dem Rücken verschwinden.

Variation   Die Kinder stehen mit ausgestreckten Händen in einem Zauberschnurkreis, wenn der Fischer fangen, d.h. auf eine ausgestreckte Hand schlagen will, laufen sie aus dem Kreis heraus in Sicherheit.

Fünf Männlein und der Osterhase

Fünf Männlein sind in den Wald gegangen,
die wollten einen Hasen fangen.

Der Erste, der war so dick wie ein Faß
und brummte immer:
"Wo ist der Has', wo ist der Has'?"

Der Zweite, der schrie:
"Da sitzt er ja! Da sitzt er ja!"

Der Dritte, der war der Längste,
aber auch der Bängste,
der fing gleich an zu weinen:
"Ich sehe keinen. Ich sehe keinen!"

Sprach der Vierte:
"Das ist mir zu dumm. Ich kehre wieder um!"

Der Kleinste aber - wer hätte das gedacht?
Der hat's gemacht,
der hat den Hasen nach Hause gebracht.

Da haben alle Leute gelacht:
"Ha - Ha - Ha - Ha!"

Jeder der fünf Finger wird zum jeweiligen Vers angefaßt und bewegt. Die Sätze der Männlein können mit verstellter Stimme gerufen werden.

Variation

Das Fingerspiel wird zum Bewegungsspiel im Raum, alle Kinder agieren entsprechend der Vorgabe. Ein Kuscheltier-Hase kann zusätzlich zum Spielpartner werden. Er wird vor dem Spiel versteckt und von dem "Kleinsten" gefunden.

Patsch - Matsch

Pitsch - Putsch - Patsch,
barfuß durch den Matsch!
Der Matsch quatscht durch die Zehen,
doch stört's uns nicht beim Gehen.
Pitsch - Putsch - Patsch!

Die Hände sind die Füße und patschen zum Rhythmus des Verses auf dem Tisch umher. Im Mittelteil werden die Finger wie Zehen bewegt. Bevor die Kinder den ganzen Text sprechen können, gelingt die Lautmalerei "Pitsch-Putsch-Patsch".

Variation

Die Kinder gehen stampfend (und händeklatschend) im Rhythmus des Verses durch den Raum.

Der kranke Frosch

Denkt euch nur, der Frosch ist krank!
Liegt nur auf der Gartenbank,
quakt nicht mehr, wer weiß wie lang.
Ach, wie fehlt mir sein Gesang
"Quak - Quak - Quak!"

Der kranke Frosch (eine Hand) wird mit der anderen Hand gestreichelt und gepustet, und plötzlich hüpft der Frosch quakend
fort.

Variation   Zum Bewegungsspiel im Raum wird dieses Fingerspiel, wenn
einige Kinder als Frösche auf der Erde liegen und von den anderen Kindern "gesund" gestreichelt werden.
Zum Schluß hüpfen sie quakend von dannen. - Die Rollen werden gewechselt.

Daumenspiel

Ein Daumen, der heißt Peter,
der andere Marie.
Guten Tag Peter!
Guten Tag Marie!

Sie wackeln, sie wackeln,
sie wackeln überall.
Sie wackeln, sie wackeln
und rennen weg mit Knall.
Päng!

Die Kinder bewegen den Daumen zum Text, zum Schluß die
Hände über den Kopf heben (weglaufen) und laut in die Hände
klatschen.

Katz und Maus

Katzen können Mäuse fangen,
haben Krallen wie die Zangen.

Mäuschen mit dem Ringelschwänzchen,
machen auf dem Dach ein Tänzchen.

Leise, leise kommt die Katz, -
fängt die Maus mit einem Satz!

Die Hände zu Katzenkrallen formen und durch die Luft "schreiten". Im nächsten Teil wird der kleine Finger zum Mäuseschwänzchen, dann formen die Hände ein Dach über dem Kopf. Zum Abschluß schleicht die Katze mit den Tatzen und springt mit einem Satz nach vorne.

Käferlied

(Die Kinder sitzen am Boden.)
Und der Kopf, der wackelt hin und her,
(Mit dem Kopf wackeln.)
die Flügel gehen auf und ab,
das ist ja gar nicht schwer.
(Angewinkelte Arme sind die Flügel.)

Und der Po, der wackelt hin und her,
(Hände stützen auf dem Boden, der Po wird etwas abgehoben und wackelt hin und her.)
die Beine zappeln auf und ab,
das ist ja gar nicht schwer.
(Beine zappeln auf und ab.)

Wir wandern, wir wandern,
wir wandern durch das Gras.
Wir wandern, wir wandern,
denn Käfersein macht Spaß.
(Die Käfer wandern im "Po-Sitz" vorwärts durch den Raum.)

Eine alte Dampflok

Ein Gummiband wird zum Kreis verknotet, alle Kinder fassen mit der rechten Hand an das Seil. Sie sind Anhänger einer alten Lokomotive, die losfahren will.
Die Dampflok beginnt schnaufend und langsam (*helft mir ...*), dann wird sie mit jeder Zeile des Verses schneller und bleibt schließlich stehen.
Die Hände am Seil werden gewechselt und die Fahrt der Lokomotive beginnt von Neuem.

"Helft mir, helft mir, helft mir ...
Geht schon besser, geht schon besser ...
Danke, danke, danke, danke ..."

Das Lauftempo entspricht dem Rhythmus der jeweiligen Zeile. Die Anzahl der Wiederholungen der Worte ist beliebig. Das Ende der Fahrt kann die Erzieherin durch Armhochhalten oder die Worte "und Stop" ankündigen.

Die Sudelhexe

Die dürre Hexe Plitsch-Platsch-Plum
steigt in dem ärgsten Dreck herum.
Am liebsten geht sie nach dem Regen
auf durchgeweichten Modderwegen.

Und wenn der Dreck so richtig spritzt,
freut sich die Hexe, und sie flitzt
durch Pfützen, Moor und fetten Matsch,
durch Wasser, Schlamm und Gille-Patsch.

Der Dreck spritzt ihr auf Strumpf und Kleid.
Ach, was sich da die Hexe freut:
platsch-plum, platsch-plum, platsch-plum.

Mit Teppichfliesen, Decken, Matten u.a.m. kann eine wunderbare Pfützen-, Schlamm- und Moorlandschaft hergestellt werden, in der sich die Moorhexen mit Vergnügen tummeln können.
Einige Kinder, eventuell jene, die Bewegungsschwierigkeiten haben, bekommen Musikinstrumente und machen eine "Matsch- und Hexenmusik" dazu.

Hexentanz

Eine kleine Hexe
tanzt im Mondenschein
und wo sie mit dem Besen stampft,
der tanze hinterdrein

Die Kinder sitzen mit einem Besenstiel (Stock o.ä.) im Kreis zusammen, eine "Hexe" beginnt, sie reitet und tanzt auf ihrem Besenstiel und stampft schließlich vor einem oder zwei Kindern mit dem Besenstiel auf. Gemeinsam tanzen sie weiter und stampfen dann vor neuen Hexen.
Wenn alle Hexen aufgestanden sind und auf ihren Besen reiten, gibt es einen wilden Hexentanz mit Hexengeschrei.

Hundertzwei Gespensterchen

Hun – dert – zwei Ge – spen – ster – chen sa – ßen ir – gend – wo

hin – ter mei – nem Fen – ster – chen. Da er – schrak ich so!

Hun – dert – zwei Ge – spen – ster – chen

*Hundertzwei Gespensterchen
saßen irgendwo,
hinter meinem Fensterchen.
Da erschrak ich so!*

*Hundertzwei Gespensterchen
haben mich erschreckt.
Weit entfernt vom Fensterchen
hab ich mich versteckt.*

*Hundertzwei Gespensterchen
waren plötzlich fort.
Schlich mich schnell zum Fensterchen.
fand sie nicht mehr dort.*

*Hundertzwei Gespensterchen,
denkt euch wie famos,
waren an dem Fensterchen
Regentropfen bloß!*

Text: James Krüss
Melodie: Wilhelm Keller

Praxishinweis

Dieses Gespensterlied birgt je nach Gruppensituation viele Spielmöglichkeiten.
Der Vers wird noch geheimnisvoller, wenn er abwechselnd laut,
leise oder flüsternd gesprochen wird. Zusätzlich können allerlei
selbsthergestellte Geräuschemacher für eine Gespenstermusik
verwendet werden.

Wenn das Lied als Gespenstergeschichte gespielt wird, verklei-
den sich die Kinder mit Tüchern und Bettlaken.
Das Abdunkeln des Zimmers bringt eine zusätzliche gruselige
Atmosphäre.

Indianer-Geschichte

Die Indianerkinder sitzen oder liegen bequem auf Decken, in der Mitte kann eine Kerze stehen, die das Lagerfeuer symbolisiert. Die Erzieherin erzählt die Geschichte, begleitet sie durch bestimmte Bewegungen und Geräusche, die von den Kindern wiederholt und nachgeahmt werden.

Es ist Nacht, die Indianer schlafen. (schnarch ...)
Nur der Indianerhäuptling ist wach und steht leise auf.
Er gähnt. (...)
Ganz leise schleicht ("schleichende" Handbewegungen)
er zum Fluß,
um sich zu waschen. (...)

Dann schleicht (...) er zu seinem Pferd und begrüßt es leise mit den Worten:
"Abe nuno, ei - jei - jei - jei!" (Die Kinder wiederholen diesen Ruf leise.)
Er bindet es los. (...).
Dann steigt er auf. (...) und reitet davon (Zügel halten und "Hopp-Hopp" o.ä.)

Er kommt an eine Wiese und reitet durch das Gras. (Arme ausstrecken, Hände reiben)
Dann reitet er über eine Holzbrücke. (auf die Brust klopfen)
Jetzt kommt er durch ein sumpfiges Moor. (Hände patschen auf die Oberschenkel, dazu "Patsch-patsch..."o.ä.)
Am Mittag kommt er am Fuße eines hohen Berges an. (Arme hoch über den Kopf halten.)

Er steigt von seinem Pferd ab (...)
und verabschiedet sich von ihm:
"Abe nuno, ei-jei-jei-jei!" (lauter rufen als vorher)
Dann steigt er auf den Berg hinauf, (...),
es ist so heiß, er schwitzt. (Stirn abwischen)
Endlich kommt er oben an und er ruft seinem Pferd laut zu:
"Abe nuno, ei-jei-jei-jei!"

Nun gräbt er ein tiefes Loch in den Sand (...),
dabei fühlt er einen großen Stein (...)
und holt ihn heraus (hau-ruck, hau-ruck)
Der Häuptling legt sein Tomahawk in das Loch (...)
und den Stein wieder oben drauf *(hau-ruck,...)*
und macht das Loch mit Sand wieder zu. *(festklopfen)*
Nun ruft er noch einmal laut sein Pferd:
"Abe nuno, ei-jei-jei-jei!"

Dann klettert er den Berg hinunter (...)
und geht zu seinem Pferd.
Unten angekommen begrüßt der Häuptling das Pferd:
"Abe nuno ei-jei-jei-jei!" und steigt auf (...).
Er reitet zurück - durch das sumpfige Moor (*patsch, patsch..*),
über die Holzbrücke (*Hände auf die Brust*),
über die Wiese *(Hände reiben).*
Als er ins Indianerlager zurückkommt,
schlafen alle anderen noch immer.
Er steigt vom Pferd (...),
bindet es wieder an (...)
und verabschiedet sich ganz leise:
"Abe nuno, ei-jei-jei-jei!
Dann schleicht der Häuptling leise (...)
in sein Zelt zurück und legt sich schlafen.(*schnarch ...*)

Praxishinweis Die Erzählerin muß sich nicht wortgetreu an diesen Text halten, sondern kann die Geschichte situationsgerecht verkürzen oder andere Ideen hinzufügen.
Dieses Spiel kann auch den gemeinsamen Abschluß einer Spielaktion zum Thema bilden.

"Wo die wilden Kerle wohnen"

Unser wichtigstes Ausdrucksmittel ist zwar die gesprochene Sprache, aber auch über die Sprache unseres Körpers, über Mimik, Gestik oder Bewegungen und Haltungen des ganzen Körpers, können wir anderen Menschen Mitteilungen machen. Körperlicher Ausdruck als jahrhundertealter Bereich der Kunst wird "Pantomime" (alles ausdrückend) genannt. Bei allen Kindern ist diese Form des Sichausdrückens und Mitteilens sehr beliebt und reicht von einfachen Tierdarstellungen bis zu komplexen Bewegungsgeschichten ohne viele Worte. Gerade Kinder mit Entwicklungsverzögerungen oder Entwicklungsstörungen können ihre kreativen Fähigkeiten bei diesem wenig reglementierten Spielen zum Ausdruck bringen. Häufig schlüpfen Kinder dabei auch in die Rolle einer anderen Person (Rollenspiel) und lernen auf diese Weise, andere Menschen besser zu begreifen und zu verstehen.

Spiele dieser Art benötigen keine aufwendigen Materialien oder Vorbereitungen, sie sind in der Regel spontan möglich. Soll dieser Spielbereich vertieft werden, lohnt sich die Anschaffung von guter Theaterschminke und einer Kiste mit Stoffresten und Verkleidungsstücken aller Art.

Eine weitere kreative Spielmöglichkeit, ganz im Sinne der Psychomotorik, ist das Nachspielen von Geschichten aus beliebten Bilderbüchern. Dabei kann der Inhalt auch phantasievoll verändert werden, um für alle Kinder passende Spiel- und Ausdrucksmöglichkeiten bereit zu halten. Ein sehr gut geeignetes Bilderbuch für das Spiel in einer Integrations-Gruppe ist: Maurice Sendak, Wo die wilden Kerle wohnen, Diogenes Verlag.

Die Erzieherin liest oder erzählt die Geschichte von Max, der mit seiner Mutter Ärger hat, ins Bett geschickt wird und in seinem Traum eine Reise ins Land der "wilden Kerle" unternimmt. Die Kinder improvisieren den Verlauf dieses Abenteuers. Zu diese Bilderbuchinterpretation benötigt man nur einen Hauptdarsteller, den Max, alle anderen Kinder können nach Herzenslust mit viel Lärm (auch auf Instrumenten) die "wilden Kerle" spielen. Wenige Stoffreste, Tücher oder zur Verfügung stehende Mäntel und Jacken reichen aus, damit sich die Kinder in die Spielakteure verwandeln können. Die "Bühne" ist überall zu improvisieren und mit wenigen Materialien (z.B. ein Schwungtuch oder Bettlaken für das Meer, auf dem Max reist, oder einen Karton für sein Schiff) in einen phantasievollen Ort des Geschehens zu verwandeln.

Literatur

Affolter, Felicie: Wahrnehmung, Wirklichkeit und Sprache, Neckar Verlag 1991- 5. A.

Ayres, A. Jean: Bausteine der kindlichen Entwicklung, Springer Verlag 1984

Aucouturier, Bernhard / Lapierre, André: Bruno, Ernst Reinhardt Verlag, 1995 - 2. A.

Bleidick, Ulrich u.a.: Einführung in die Behindertenpädagogik, Verlag W. Kohlhammer 1989

Dmitriev, Valentine: Frühförderung für "mongoloide" Kinder, Beltz Verlag 1990

Dries, Anke u.a.: Gemeinsame Erziehung von behinderten und nichtbehinderten Kindern in Kindertagesstätten, FIPP Verlag 1990

Esser, Marion: Beweg-Gründe, Ernst Reinhardt Verlag 1992

Faller, Adolf: Der Körper des Menschen, dtv 1970

Hegi, Fritz: Improvisation und Musiktherapie, Junfermann Verlag 1990

Hengstenberg, Elfriede: Entfaltungen, Arborg Verlag Valentin 1991

Herm, Sabine (1): Psychomotorische Spiele für Kinder in Krippe und Kindergärten, FIPP Verlag 1991 - 9. A.

Herm, Sabine (2): Psychomotorische Erziehung in der Kindertagesstätte, Sportjugend Berlin / Sozialpädagogische Fortbildungsstätte Haus am Rupenhorn 1991a

Herm, Sabine (3): Psychomotorische Spiele als Möglichkeit zur Förderung der Sprachentwicklung von Krippenkindern. In: Motorik, Heft 2/1978

Herm, Sabine (4): Gemeinsam leben, spielen und wachsen. In: kindergarten heute, Heft 3/95

Höhne, Stefan: Das pädagogische Förderkonzept von A. Milani-Comparetti und seine Bedeutung für die Psychomotorik. In: Motorik, Heft 2/1991

Hünnekens, Helmut / Kiphard, Ernst J.: Bewegung heilt, Flöttmann Verlag 1970

Jonas, Monika: Behinderte Kinder - behinderte Mütter? Fischer Taschenbuch Verlag 1990

Kast, Verena: Trauern, Phasen und Chancen eines psychischen Prozesses, Stuttgart 1984 4. A.

Kiphard, Ernst, J. (1): Leibesübung als Therapie, Flöttmann Verlag 1970

Kiphard, Ernst J. (2): Motopädagogik, verlag modernes lernen 1984 - 4. A.

Kiphard, Ernst J. (3): Mototherapie, verlag modernes lernen 1990 - 3. A.

Krenz, Armin: Beobachtung von Kindern. In: kindergarten heute, Heft 4/88

Lüpke, Hans von: Psychodynamische Aspekte bei der "Minimalen Cerebralen Dysfunktion" (MCD). In: Jahrbuch für Psychoanalytische Pädagogik 1, Matthias Grünewald Verlag 1989

Lüpke, Hans von / Voß, Reinhard (Hrsg.): Entwicklung im Netzwerk, Centaurus Verlagsgesellschaft 1994

Mahler, Margret, S.: Symbiose und Individuation, Klett-Cotta 1986 - 4. A.

Marbacher Widmer, Pia: Bewegen und Malen, Borgmann 1991

Milani-Comparetti, Adriano: Von der "Medizin der Krankheit" zu einer "Medizin der Gesundheit". In: Dokumentation einer Fachtagung des Paritätischen Bildungswerkes, Frankfurt 1986

Muth, Jakob: Gemeinsame Erziehung in der Bundesrepublik. In: Gemeinsame Erziehung von behinderten und nichtbehinderten Kindern im Kindergarten, SPI Nordrhein-Westfalen, Verlag Kohlhammer 1988

Niedecken, Dietraut: Namenlos - Geistig Behinderte verstehen, Piper Verlag 1989

Piaget, Jean: Das Erwachen der Intelligenz beim Kinde, Klett Verlag 1969

Pikler, Emmi: Laßt mir Zeit, Pflaum Verlag, 1988

Pahlen, Kurt: Musiktherapie, Heyne Verlag 1975

Regel, Gerhard / Wieland, Axel Jan: Psychomotorik im Kindergarten, ebv Rissen 1984

Richter, Horst Eberhard: Eltern, Kind und Neurosen, Verlag Reinbeck 1976 - 11. A.

Röhr, Ullrich: Verhaltensauffälligkeiten, unveröffentlichtes Manuskript, Berlin 1993

Rückert-Vogler, Ursula: Bewegen und Entspannen, Ravensburger Buchverlag 1994

Schaar, Michael: Wie funktionieren unsere Spürnase und unser guter Geschmack? In: Theorie und Praxis der Sozialarbeit, 5/93

Schöler, Jutta: Integrative Schule - Integrativer Unterricht, Rowohlt TB Verlag 1993

Schramm, Karl-Heinz: Einführung in die Heilpädagogik, Verlag H. Stam 1994

Seitz, Rudolf: Tast-Spiele, Don Bosco Verlag 1989 - 4.A.

Sozialpädagogisches Institut NRW: Gemeinsame Erziehung von behinderten und nicht-behinderten Kindern im Kindergarten, Verlag W. Kohlhammer 1988

Speck, Otto: Geistige Behinderung - was ist das? In: Lotusblätter, 4/92

Tietze-Fritz, Paula: Handbuch der heilpädagogischen Diagnostik; verlag modernes lernen 1994 - 2. A.

von Viebahn, Ilsabe: Seelische Entwicklung und ihre Störungen, Verlag Vandenhoek und Ruprecht 1989 - 4. A.

Voß, Reinhard (Hrsg.): Das Recht des Kindes auf Eigensinn, Ernst Reinhardt Verlag 1989

Wendlandt, Wolfgang: Sprachstörungen im Kindesalter, Thieme Verlag 1992

Zinke-Wolter, Petra: Spüren - Bewegen - Lernen, Borgmann Verlag 1992

Zacharias, Wolfgang: Ich seh' etwas, was du nicht siehst! In: Theorie und Praxis der Sozialpädagogik, 6/91

Zimmer, Katharina: Das Leben vor dem Leben, Kösel Verlag 1995 - 4. A.

Zimmer, Renate / Clausmeyer Ingrid / Voges Ludwig: Tanz - Bewegung - Musik, Verlag Herder 1991

Zimmer, Renate: Motorik und Persönlichkeitsentwicklung bei Kindern im Vorschulalter, Hofmann Verlag 1981

Nachtrag

Die Arbeit an diesem Buch hat einen weitaus längeren Zeitraum umfaßt, als zu Anfang von mir geplant wurde. Zu vielen Überlegungen und wieder neuen Fragestellungen, die immer wieder eingearbeitet wurden, gelangte ich in meiner Supervisions- und Beratungspraxis mit Sozialpädagogen und Therapeuten, die mit viel Engagement und großer Verantwortlichkeit die gemeinsame Erziehung behinderter und nichtbehinderter Kinder begleiten.

Gemeinsam sind wir in den letzten fünf Jahren unserem Ziel, eine Kindertagesstätte für alle Kinder aus dem Wohnumfeld zu gestalten, in der sich Kinder, Pädagogen, Therapeuten und Eltern begegnen und wohlfühlen können, einige Schritte näher gekommen.

Mit Sorge betrachte ich allerdings die jüngste gesellschaftspolitische Entwicklung in Berlin und andernorts; mit unverantwortlichen Sparmaßnahmen im Bereich der öffentlichen Kindererziehung wird die gesunde Entwicklung der Kinder - unserer Kinder - behindert. Ich wünsche mir sehr, daß das Engagement der professionellen Begleiter der kindlichen Entwicklung dadurch nicht gelähmt wird und daß die gesellschaftspolitisch Verantwortlichen, aber auch jedes Individuum in diesem Gemeinwesen seine Verantwortung für die Gestaltung der kindlichen Entwicklung erkennt.

Zum Schluß möchte ich einigen Menschen für die Anteilnahme und Unterstützung an meinem Lern- und Arbeitsprozeß für dieses Werk danken.

An erster Stelle danke ich den vielen unterschiedlichen Kindern (mit und ohne Behinderung) in Kindertagesstätten der Arbeiterwohlfahrt in Berlin, die ich in der Beratung oder durch meine Psychomotorische Praxis begleitet habe, die mir viel Vertrauen entgegengebracht haben und an und mit denen ich so viel Neues lernen konnte.

Einigen meiner Kolleginnen und Kollegen, insbesondere Edeltraud Freitag, Christa Frauenberger, Annemarie Krumm, Klaus-Dieter Oldenburg und Henry Just, gebürt mein Dank für ihre Unterstützung durch viele Diskussionen zu einzelnen pädagogischen oder psychologischen Fragestellungen.

Danksagen möchte ich auch meiner Tochter Mareike, die - obwohl noch Schülerin in der Endphase - unermüdlich meine Texte durchgelesen und verbessert hat und mich viele Male mit den Worten "so kann man das aber nicht formulieren" korrigiert und damit hilfreich unterstützt hat.